交通行业高职高专规划教材

Zidong Biansuqi Gouzao yu Weixiu
自动变速器构造与维修

主　编　李永刚　蔡东岭
副主编　王宝昌　高　娟　曲　磊
主　审　仇桂玲

人民交通出版社股份有限公司
China Communications Press Co.,Ltd.

内 容 提 要

本书主要内容包括：液力偶合器和液力变矩器、行星齿轮变速器、定轴齿轮变速器、离合器、制动器及单向离合器、液压控制系统、电子控制系统、典型变速器结构及工作原理、自动变速器拆装与检修、自动变速器故障诊断程序。另外，针对以上部分内容配有自动变速器项目教学任务单。

本书适用于高等职业院校的港口机械、物流机械、起重运输机械、汽车等专业，还可以用于相关专业的职业资格培训和各类在职培训，也可供相关技术人员参考。

图书在版编目(CIP)数据

自动变速器构造与维修 / 李永刚,蔡东岭主编. —
北京：人民交通出版社股份有限公司，2015.4
交通行业高职高专规划教材
ISBN 978-7-114-12204-0

Ⅰ.①自… Ⅱ.①李… ②蔡… Ⅲ.①汽车–自动变速装置–构造–高等职业教育–教材②汽车–自动变速装置–车辆修理–高等职业教育–教材 Ⅳ.①U472.41

中国版本图书馆 CIP 数据核字(2015)第 083161 号

交通行业高职高专规划教材

书　　名：	自动变速器构造与维修
著 作 者：	李永刚　蔡东岭
责任编辑：	赵瑞琴
出版发行：	人民交通出版社股份有限公司
地　　址：	(100011)北京市朝阳区安定门外外馆斜街 3 号
网　　址：	http://www.ccpress.com.cn
销售电话：	(010)59757973
总 经 销：	人民交通出版社股份有限公司发行部
经　　销：	各地新华书店
印　　刷：	北京市密东印刷有限公司
开　　本：	787×1092　1/16
印　　张：	12.5
字　　数：	286 千
版　　次：	2015 年 4 月　第 1 版
印　　次：	2015 年 4 月　第 1 次印刷
书　　号：	ISBN 978-7-114-12204-0
定　　价：	32.00 元

(有印刷、装订质量问题的图书由本公司负责调换)

交通行业高职高专规划教材编委会

主　　任　宋士福

副 主 任　杨巨广

委　　员　（以姓氏笔画为序）
　　　　　仇桂玲　刘水国　刘俊泉　刘祥柏　苏本知
　　　　　张来祥　周灌中

编写组成员　（以姓氏笔画为序）
　　　　　王　峰　井延波　孙莉莉　李凤雷　李永刚
　　　　　李君楠　吴广河　吴　文　佟黎明　张　阳
　　　　　范素英　郑　渊　赵鲁克　郝　红　徐先弘
　　　　　徐奎照　郭梅忠　谭　政

前　言

　　自动变速器是随着车辆技术及其相关技术的发展而产生的,纵观自动变速器发展历史,大体可分为三个阶段:用液压逻辑油路控制的液力自动变速阶段、电液综合控制自动变速阶段和微机控制自动变速阶段。与手动变速器相比,自动变速器无论是结构还是工作原理都要复杂得多。因此,对从事自动变速器维修、自动变速器设计和生产等专业技术员,都提出了很高的要求。

　　本书分为四个单元,按照读者认知规律编写。单元1和单元2是自动变速器结构与原理的分析与理解过程,单元3是典型自动变速器现场认知,实际操作的过程。单元4是自动变速器故障诊断程序,帮助学习者培养诊断自动变速器的能力。本书突出最新汽车自动变速器技术,有大众01M、大众6速02E(DQ250)自动变速器、大众7速干式双离合自动变速器、手自一体变速器、本田平行轴式自动变速器、飞度无级变速器,以使读者更好地掌握自动变速器的前沿技术。本书突出最新技术技能培养,理论讲解简明易通,与实践维修相结合,以培养与企业接轨、实用型、技能型人才为出发点。

　　为了拓展自动变速器检修方面的知识,本教材选取了典型的工作任务,形成了教师检修指导和学习者检修实训工作任务单。

　　本书适用于高等职业院校的港口机械、物流机械、起重运输机械、汽车等专业,还可以用于相关专业的职业资格培训和各类在职培训,也可供相关技术人员参考。

　　本书在编写过程中参考了大量国内外有关书籍并借鉴了汽车行业维修手册和培训资料,谨在此向其作者及资料提供者表示感谢。由于编者水平有限,书中不妥之处,恳请专家和读者批评、指正。

编者

2015年4月

目 录

绪论 …………………………………………………………………………………………… 1
    0.1 自动变速器的发展历程 ……………………………………………………………… 1
    0.2 自动变速器的优缺点 ………………………………………………………………… 4
    0.3 自动变速器的类型和应用 …………………………………………………………… 5
    0.4 自动变速器的型号识别 ……………………………………………………………… 8
    思考题 …………………………………………………………………………………… 10

单元 1 自动变速器的结构与原理 ……………………………………………………… 11
    1.1 液力偶合器和液力变矩器 ………………………………………………………… 11
    1.2 行星齿轮变速器 …………………………………………………………………… 18
    1.3 定轴齿轮变速器 …………………………………………………………………… 20
    1.4 离合器、制动器及单向离合器 …………………………………………………… 26
    1.5 液压控制系统 ……………………………………………………………………… 34
    1.6 电子控制系统 ……………………………………………………………………… 56
    思考题 …………………………………………………………………………………… 70

单元 2 典型自动变速器结构及工作原理 ……………………………………………… 72
    2.1 拉威娜式自动变速器 ……………………………………………………………… 72
    2.2 辛普森式自动变速器（A341E） …………………………………………………… 79
    2.3 无级自动变速器（CVT） …………………………………………………………… 82
    2.4 双离合器自动变速器（DSG） …………………………………………………… 104
    思考题 ………………………………………………………………………………… 115

单元 3 自动变速器检测与维修 ………………………………………………………… 116
    3.1 自动变速器基本检查和性能测试 ………………………………………………… 116
    3.2 自动变速器的检修 ………………………………………………………………… 128
    思考题 ………………………………………………………………………………… 141

单元 4 自动变速器故障诊断程序 ……………………………………………………… 142
    4.1 自动变速器故障诊断步骤 ………………………………………………………… 142
    4.2 实施自动变速器基本检查与调整程序 …………………………………………… 145
    4.3 自动变速器电子控制系统故障诊断程序 ………………………………………… 147
    4.4 自动变速器机械系统测试程序 …………………………………………………… 150

4.5 自动变速器典型故障的诊断与排除 ……………………………………… 153
思考题 …………………………………………………………………………… 170
附录 自动变速器项目教学任务单 …………………………………………… 171
参考文献 ………………………………………………………………………… 192

绪　　论

由于发动机输出的转速和转矩与车辆驱动轮所需的转速和转矩之间存在着矛盾,必须设立传动系来解决,即通过传动系改变传动比,调节发动机的性能,将动力传至车轮,以适应外界负荷与道路条件变化的需要。因此,车辆行驶性能的好坏,不仅取决于发动机,而且在很大程度上还依赖于传动系以及传动系与发动机的匹配。

传动系的性能,很重要的两个标志是经济性和方便性。经济性就是传动系本身的功率损失要小,即效率要高。方便性则是指挡位的变换容易实现。在汽车 100 多年的发展历史中,传动系的发展始终围绕着这两个目标。从最初挡位固定的变速器,到有多个挡位可变换的齿轮变速器,直到现在应用计算机控制实现换挡的自动变速器,都有力地推动了汽车技术和汽车工业向前发展。车辆传动系的自动变速一直是人们追求的目标,也是目前汽车技术发展到高级阶段的标志。自动变速技术最早仅用于军用车辆和客车上,随着机械制造、电子和计算机技术的发展,使得自动变速装置的制造和控制越来越完善,在越来越多的车辆上得到应用。

0.1　自动变速器的发展历程

0.1.1　国外汽车自动变速器的发展历程

自动变速器能够根据车速和发动机负荷状况自动完成换挡,减轻了驾驶人劳动程度,提高了汽车运行安全性,因此自汽车发明以来针对自动变速器的研究和开发一直没有止步。

1940 年,波士顿的斯图凡德兄弟发明了第一个自动变速器,这个变速器有两个前进挡,通过离心力的作用使齿轮啮合或脱开,无需踩离合器踏板。当发动机转速低时,离心力较小、变速器啮合在低速段。随着发动机转速提高,低速段会退出啮合、高速段进入啮合。这种换挡装置常因离心力产生啮合弹跳而失效。1904 年凯迪拉克汽车第一次采用行星齿轮变速器。1907 年福特车上大量使用行星齿轮变速器,它的出现实现了不切断动力的"动力换挡",并解决了固定轴式变速器中的"同步问题"。而液力偶合器的出现为自动操纵的实现提供了可能。1914 年,由德国奔驰公司最先推出第一个自动齿轮变速器,当时装在少数为高级官员制造的汽车上。

1938 年至 1941 年,美国通用(GM)和克莱斯勒(Chrysler)公司推出了装有液力偶合器、省去了离合器踏板的变速器。它依据车速和节气门两个参数信号,采用液压油路控制换挡,这就是最初的液力自动变速器。变矩器的运用,使发动机在变速器挂有挡位的情况下还能保持怠速运转。

该阶段从 1939 年的通用 Oldsmobile 车上的 Hydromantic 开始,液力自动变速器得到迅速发展和应用。这个阶段的液力自动变速器由液力变矩器和行星齿轮变速器所组成,控制系统是通过液压系统来实现的,控制信号的产生,主要是通过反应节气门开度大小的节气门阀和反映车速高低的速控阀来实现,其控制系统是由若干个复杂的液压阀和油路构成的逻辑控制系统,按照设定的换挡规律,控制换挡执行机构的动作,从而实现自动换挡。代表性的产品有:丰田A40系列自动变速器、通用的CHPE9等系列产品。由于液压系统的控制精度较低,难以适应车辆行驶状况的变化,无法按使用者愿望实现精确的换挡品质控制,因此这种液控自动变速器迫切需要改进。

自动变速器最重要的技术突破是别克公司为坦克开发了液力变矩器。1948年,这种液力变矩器与变速机结构成为最早的相对成熟的自动变速器。

1949年,帕卡德的超自动传动装置(ULTRAMATIC)采用了锁止液力变矩器。但由于该变矩器具有工作冲击性,而美国47%的轻便汽车使用了自动变速器。同时德国、英国及一些东欧国家也大量应用自动变速器。

20世纪50年代末期,日本从西方引进并开发自动变速器,很快便投入成批生产,其发展速度之快,超出人们想象。

1956年,克莱斯勒汽车公司投产了陶克福利特变速器(TORQUEFLITE),这种变速器是带着有变矩器的3速自动变速器,它最先采用辛普森(SIMPSON)复合行星齿轮机构。

1968年法国雷诺公司率先在自动变速器上使用了电子元件。

1969年法国的雷诺R16TA轿车首先使用了电子控制自动变速器,与全液压的区别在于自动换挡的控制是由电脑来实现的,当时电子技术不成熟,应用范围较窄。

1977年美国克莱斯勒公司首先开发了带锁止离合器的液力变矩器。锁止离合器锁止时,变矩器主被动部分连为一体,这就提高了传动效率,改善燃料的经济性,降低变速器的温度。到1978年,城市运输车辆的自动变速器装车率在美国为80%,在西欧为50%。

20世纪70年代,美国每年生产的600~800万辆轿车中,AT的装备率已超过了90%。这种趋势很快也波及欧洲、日本等汽车工业大国,各大汽车公司竞相开发自己的自动变速器产品。

1982年丰田汽车公司生产了A140E型自动变速驱动桥,这是第一种相对成熟的电控换挡自动变速器,这种自动变速器代表着电控自动变速器的发展方向。1983年德国成功地研制出电控发动机和电控自动变速器共用的电控单元。

到20世纪80年代末,电子控制技术的发展日趋势成熟,越来越多的自动变速器采用了电子控制。电控液力自动变速器(AT)被普遍采用。此类自动变速器的控制系统包括电控和液控两部分,电控系统由电脑、各种传感器、电磁阀及控制电路等组成,它将控制换挡的参数(如车速和节气门开度等)通过传感器转换为电信号输送给电脑,电脑通过处理这些换挡的信号,最终将换挡指令传给换挡电磁阀,换挡电磁阀控制液压换挡执行机构现实自动换挡。由于电脑储存和处理多种换挡规律,在改善换挡品质方面,体现出明显的优越性,并且与整车的其他控制系统的兼容性好,可以实现车辆电子控制系统一体化。

在日本,20世纪80年代后期对AT的需求已经超过65%,并且仍在不断提高。AT不仅在小轿车上得到了最广泛的应用,同样在城市公共汽车、各种城市用汽车、矿用汽车以及越野军用车辆中也迅速得到应用。装用自动变速器的比例越来越高,各大汽车公司都已建成了大规模生产AT的专业化工厂。

　　自动变速驱动桥就是将自动变速器、主减速器和差速器集成,安装在同一个外壳(常称为变速器壳)之内的总成部件。这样的设计可以有效地简化结构,减少体积,提高传动效率。由于取消了传动轴,可以使汽车整备质量减轻。自动变速驱动桥广泛应用于发动机前置、前轮驱动的轿车上。从1990年起,大部分轿车自动变速器都采用了电控自动变速器,特别是美国国内的各汽车制造厂,至少各推出了一种电控自动变速器(ECT)。如1991年通用汽车公司在前轮驱动的豪华型轿车上,装用了4T60-E型自动变速器,福特汽车公司也在其生产的林肯的轿车上装用了AXOD-E型4速电控自动变速驱动桥。

　　无级变速一直以来是人们的梦想。随着汽车技术进步,无级变速器也得到了发展。近年来,福特、菲亚特、奥迪等汽车公司纷纷推出了能够匹配大排量发动机的无级变速器。目前国内装车的自动变速器以液力自动变速器为主。无级变速器(CVT)装车率虽少,但发展速度可不小视。奥迪、广本飞度、日产天籁等轿车均配装无级变速器。无级变速器比传统的自动变速器重量轻、结构更简单而紧凑。

　　汽车电子化的发展,使自动变速器性能产生了质的飞跃。智能型的电子控制自动变速器的电子系统可以在汽车行驶过程中,对汽车的运行参数进行控制,合理地选择换挡点,而且在换挡过程中对恶化的参数进行修正。当今自动变速器具有强大的自诊断功能,这为高效排除自动变速器故障创造了条件。为实现平顺换挡,在换挡瞬间,电控单元使发动机转矩降低,与此同时,使进入工作的执行元件供油压力线性增长。

　　随着汽车技术和自动变速技术的发展,人们不再满足于简单的功能实现,车辆自动变速技术已经进入智能化阶段,控制策略的不断改进成为自动变速技术发展的主要特点。德国的宝马公司从1992年起,陆续推出了用于四速和五速自动变速器的自适应控制系统,能够自动识别驾驶人的类型、环境条件和行驶状况,并依次对换挡规律做出适当调整。日产的E4N71B自动变速器,采用模糊推理对高速公路坡道进行识别,采取禁止升挡的措施消除循环换挡。

0.1.2　我国汽车自动变速器的发展历史

　　我国从20世纪60年代起,就在红旗770轿车上使用了具有2个前进挡的液力自动变速器,1975年又研制出了具有3个前进挡的CA774液力自动变速器。随着中国的改革开放,大量国外轿车进入我国市场,使国内汽车企业加快了自动变速器的发展步伐。

　　1998年上海通用汽车公司(SGM)生产的用于别克轿车上的4T65E电子控制自动变速器正式下线,1999年开始批量生产并投放市场,率先在国内将AT作为标准配置装于轿车。1999年中日合资生产的本田雅阁轿车也正式投资,其AT为本田技术PAX型,它采用行星齿轮,而选择常啮合平行轴式结构,零件少、易制造是其长处。与此同时,上海大众的帕萨特B5、一汽大众的捷达都市先锋都装备了自动变速器AG4-95。近几年,国产轿车自动变速器装车率明显提高,但总体装车率仍不足10%,发展空间巨大。

　　城市客车(即公共汽车)频繁起步换挡,劳动强度大,更适合装配自动变速器。国外几乎是100%装用,我国1995年首次在过国产公共汽车上装备了Allison自动变速器,但普及率还不高。

　　近年来,机械自动变速器(AMT)在货车上也得到了推广和应用。2008年以来,中国重汽、一汽、二汽、福田欧曼等推出了自己的AMT产品。

0.2 自动变速器的优缺点

0.2.1 自动变速的优点

1.整车具有更好的驾驶性能

汽车驾驶性能的好坏,除与汽车本身的结构有关外,还取决于正确的控制和操纵。自动变速能通过系统的设计,使整车自动去完成这些使用要求,以获得最佳的燃料经济性和动力性,使得驾驶性能与驾驶员的技术水平关系不大,因而特别适用于非职业驾驶。

例如,发动机处于非经济转速区域内运转与处于经济转速区域内运转相比较,其油耗率相差近一倍。此外,变速挡位不同,传动效率的高低也有所不同。因此,要让汽车在每一种负载、路况下都能同时兼顾发动机的最低油耗和变速器的最高效率,即使对职业驾驶员而言也不是件容易的事。但依靠自动变速技术,按照预先设定的最佳规律变换挡位就能实现。

2.良好的行驶性能

自动变速装置的挡位变换不但快而且平稳,提高了汽车的乘坐舒适性。通过液体传动或微电脑控制换挡,可以消除或降低动力传动系统中的冲击和过载。这对在地形复杂、路面恶劣条件下作业的工程车辆、军用车辆尤其重要。实验结果表明,在坏路行驶时,自动变速器的车辆传动轴上,最大动载转矩的峰值只有手动变速器的20%~40%。原地起步时最大动载转矩的峰值只有手动变速器的50%~70%,且能大幅度延长发动机和传动系统零部件的寿命。

3.提高行车安全性

在车辆行驶过程中,驾驶员必须根据道路、交通条件的变化,对车辆的行驶方向和速度进行改变和调节。以城市大客车为例,平均每分钟换挡3~5次,而每次换挡有4~6个手脚协同动作。正是由于这种连续不断的频繁操作,使驾驶员的注意力被分散,而且易产生疲劳,造成交通事故增加;或者是减少换挡,以操纵油门大小代替变速,即以牺牲燃油经济性来减轻疲劳强度。自动变速的车辆,取消了离合器踏板和变速操纵杆,只要控制加速踏板,就能自动变速,从而改善了驾驶员的劳动强度,使行车事故率降低,平均车速提高。

4.降低废气排放

发动机在怠速和高速运行时,排放的废气中CO或CH化合物的浓度较高。而自动变速器的作用,可使发动机经常处于经济转速区域内运转,也就是在较小污染排放的转速范围内工作,从而降低了排气污染。

0.2.2 自动变速的缺点

从目前的情况来看,自动变速还存在着两方面的缺点:

1.结构比较复杂

与手动变速器相比,自动变速器机构较复杂,零件加工难度大,生产成本较高,修理也较麻烦。

2. 效率不够高

与手动变速器相比,自动变速器的效率还不够高。当然,通过发动机的匹配优化、液力变矩器闭锁、增加挡位数等措施,可使自动变速器接近手动变速的效率水平。

0.3 自动变速器的类型和应用

目前,由于车辆自动变速技术的理论和设计已比较成熟,产品品种相当多,适用对象除军用车辆外,还有轿车、客车、重型自卸车、货车、工程机械等车辆。车辆自动变速装置大致有以下三类:

0.3.1 液体传动

液体传动是以液体为工作介质的传动机械,其基本原理是利用工作装置实现部件与工作液体之间的相互作用,引起机械能和液体能相互转换,以此传递动力。这其中有液力传动和液压传动。他们都具有传力柔和,吸收振动的特点。

1. 液力传动

液力传动装置的基本部件有液力偶合器或液力变矩器。它们都是通过液体动量矩的变化来改变转矩的传动元件。液力变矩器具有无级连续变速和改变转矩的能力,对外负载有良好的自动调节和适应性。它使车辆起步平稳,加速迅速、均匀。其减振作用降低了传动系的动载和扭振,延长了传动系的使用寿命,提高了乘坐舒适性、行驶安全性、通过性及车辆的平均速度。

液力变矩器出现于 19 世纪初,是船舶工业发展过程中的产物。由于其具有的对外负载的自动适应性,更适合于地面行驶车辆的要求。20 世纪 30 年代,瑞典的里斯豪姆与英国利兰汽车公司的史密斯合作,创立了三级液力变矩器,应用于公共汽车上,随后又用于其他车辆。

然而,液力变矩器存在着效率不够高,变矩范围有限的问题。因此,使用单个液力变矩器并没有很大的实用意义,而需串联或并联一个定轴式或者旋转轴式机械变矩器,以扩大变速和变矩范围。

以液力偶合器或液力变矩器与旋转轴式变速器组合,就可得到动力换挡变速器。这种变速器被较多地运用于工程机械和运输机械和重型机械车辆。若在动力换挡变速器的基础上,再加上自动变速控制系统,便得到液力自动变速器(Automatic Transmission,简称 AT)。这种动力换挡变速器或自动变速器中的液力元件除可与旋转轴式变速器串联,传递全部发动机功率外,还可与旋转轴式变速器进行多种方式并联。实现内分流、外分流、混合分流等多种自动变速。

从 20 世纪 50 年代起,装备液力自动变速器的汽车开始增多,但自动变速器的效率低于机械变速器,使得装备自动变速器的汽车存在燃油经济性较差的问题,从而限制了它的发展。为解决液力自动变速器效率低的问题,汽车界的工程技术人员做了大量的工作。60 年代的研究重点是采用多元件工作轮来提高液力变矩器的效率。70 年代时使用闭锁离合器来提高液力自动变速器在高速时的效率。20 世纪 80 年代则采取增加行星齿轮变速器挡位的方法。20世纪90年代,电子技术的大量应用,使液力自动变速器的发展进入了一个新的时期,综合经济性能也得到了提高。表0-1为国外在同一种轿车上安装液力自动变速器和手动机械变速器所进行的油耗比较。

同一轿车安装液力和机械两种变速器时油耗的比较   表0-1

公司、车型	变速器	等速油耗(L/100km)		城市油耗(L/100km)
		$v_a=90$km/h	$v_a=120$km/h	
Renault 30TS（法国）	五速手动	8.5	11.6	17.3
	三速自动	9.1	12.1	16.5
Audi 100GL5E（德国）	五速手动	6.4	8.3	13.3
	三速自动	8.3	10.5	13.2
BMW 728i（德国）	五速手动	8.1	10.4	17.8
	三速自动	9.6	12.1	17.4
Benz 280SE（德国）	四速手动	9.1	11.3	17.4
	四速自动	9.4	11.7	16.8

由表0-1可见,同一汽车装备3挡自动变速器时,高速行驶的百公里油耗大于装备五挡手动机械变速器,但城市行驶百公里油耗则小于装备5挡手动机械变速器。而汽车装备4挡自动变速器时,不仅城市行驶百公里油耗小于同一汽车装备5挡手动机械变速器,而且高速行驶时的百公里油耗与同一种汽车装备五挡手动机械变速器相比,几乎没有差别。

长春汽车制造厂也对发动机排量相等、整车质量接近的两种轿车进行过类似的对比试验,结果与上述结论相近(表0-2)。

两种安装不同变速器的轿车耗油比较   表0-2

车型		BMW728i（德国）装机械变速器	Datsun280C（日本）装液力自动变速器
公路行驶	平均车速(km/h)	61.1	65.4
	油耗(L/100km)	10.9	11.28
城市行驶	平均车速(km/h)	28.24	29.4
	油耗(L100/km/h)	13.7	12.87
整车试验质量(kg)		1674	1625

最近,通过设计理论的改进,采用CAD/CAM(通过计算机辅助设计和计算机辅助制造)技术来提高液力变矩器的效率,加之电子技术的应用,使液力自动变速器的性能日趋完善。

目前,液力自动变速器在轿车上的装备率,美国高达95%左右,日本在大、中型轿车上的装备率达80%以上。液力传动在城市客车上的装备率,美国为100%,西欧国家为95%。在工程机械、军用车辆上的应用也很普遍。

2.液压传动

液压传动与液力传动的主要区别是:液压传动是依靠液体压力能来传递和变换能量的。

其基本元件是液压泵和液压马达。液压泵将发动机动力转变为工作液体的压力能,经由控制元件输入液压马达,在工作油压的作用下驱动车轮。系统油压的大小取决于负载,车辆的速度取决于系统流量。液压传动具有在大范围内连续进行正、倒驶工况平稳无级变速的特点,性能接近理想特性;还具有吸振和减小冲击的能力;系统总布置也很方便。因此,在推土机、装载机上得到广泛应用。但由于液压传动的效率显著低于机械传动,元件的制造成本高,故常与行星齿轮并联并构成液压—机械无级传动系统。

0.3.2 机械传动

1.有级式机械传动

由液力元件、旋转轴式齿轮变速器、自动变速控制系统所组成的自动变速器,有时也被归于有级式机械传动一类。但这里所指的有级式机械传动是有级式机械自动变速器,即由普通齿轮式机械变速器组成的有级式自动变速器(Automatic Mechanical Trsnsmission,简称AMT)。这种自动变速器主要有三个部分:自动离合器、齿轮式机械变速器和电子控制系统。

提出这种变速器的设想是由于液力机械变速器存在着效率较低、结构复杂、成本高等缺点,因而希望尝试在效率高、结构简单的固定式手动变速器上实现自动化。这只有在电子技术相当发展的条件下才有可能实现,从20世纪60年代起,开始出现了对传统的离合器和手动机械变速器的半自动操纵,如美国伊顿公司的半自动变速器"SAMT"、德国ZF公司的半自动变速器"Semishift"等。但这些变速器仍未能实现控制过程中最困难的起步过程自动化,即还没有达到全自动变速。其中的关键技术是对离合器的最佳控制。

1983年,日本五十铃公司在世界上率先研制成功电子控制全机械式有级自动变速器"NAVI-15",并装于ASK轿车上。在车速为60km/h时,可比液力自动变速器节油10%~30%左右。日野的蓝带大客车也于同时期安装了这种类型的变速器。伊顿公司在1983年也宣布成功地将重型货车的手动变速实现了可自动化。ZF公司的一种16挡的变速器也实现了自动换挡,于1988年将这种称之为"Autoshift"的变速装置装备在Geneva货车上。此外,德国大众公司、意大利菲亚特公司、法国雷诺公司和日本丰田公司相继开展AMT的研究和开发。我国有关部门也正在进行这方面的研究。

采用现代电子技术改造传统手动变速器而得到的机械式自动变速器,既有液力自动变速器能自动变速的优点,又有普通齿轮变速器传动效率高、价格低的优点。目前的应用虽然还不普遍,但具有较大的潜在意义。

2.无级式机械传动

机械无级传动(Continuously Variable Transmission,简称CVT),即常称的机械无级变速器,具有节油、操纵方便、形式舒适等特点。早期的机械无级变速器是通过两个锥体改变接触半径而实现传动比连续变化,但由于接触部分挤压应力太高,难以进入实用化。后来发展成为采用橡胶材料的带传动,又受传动带寿命的影响。德国的PIV公司从1956年起,开始研究链传动的CVT,德国大众等公司也曾在轿车上装用过这种变速器。到20世纪80年代,出现了技术上的突破,橡胶带被由许多薄钢片穿成的钢环代替直流驱动,使其与两个锥轮的槽在不同半径上"咬合"来改变速比。1987年,福特公司首次在市场上推出装用这种钢环的CVT,富士重工、菲亚特等公司也已批量投产。

从理论上说，CVT可以使发电机始终在其经济转速区域内运行，从而大幅度改善燃油经济性。但由于CVT是摩擦传动，与齿轮传动相比效率并不高，从目前的情况来看，节省燃油10%~20%是可能实现的。此外，CVT在加速时不需切断动力，因此，装备CVT的汽车乘坐舒适，超车加速性能好。据制造商称，装备CVT的汽车每年约生产数十万辆，但从市场情况来看，这种车并不多见。

0.3.3 电力传动

电力传动取消了机械传动中的传统结构，它用电动机（通常为电动轮）驱动汽车。电力传动有多种形式，如发电机—直流驱动，交流发电机—直流变频—交流驱动等，后者把经过晶闸管整流得到的直流电，经逆变装置变为频率可变的交流电，使电动机在变频交流电驱动下实现变速，它的结构简单、尺寸小、代表了技术发展方向。

电力传动除具有起动及变速平稳，可无级变速的优点外，还可按汽车行驶公率要求，以最经济的转速运行；能将电动机转换为发电机状态实现制动。

电力传动的主要缺点是价格高，比液力传动还贵20%，自重也大，故目前主要用在载重量8.5t以上的矿用自卸车上。

以蓄电池、燃料电池作为能源的电动汽车不属于上述电力传动汽车的范畴，它不使用石油燃料，无污染，能量转换效率高，可制成轿车、客车、小型货车，是未来汽车发展的一个方向。

0.4 自动变速器的型号识别

一种自动变速器可能被用在多个公司不同的汽车上，而同一种车型也可能装用不同型号的自动变速器。如果不了解自动变速器的型号，在维修中就会对故障分析、资料查找、零配件采购等造成障碍。下面介绍自动变速器型号含义及常见自动变速器的主要识别方法。

1.自动变速器型号含义

自动变速器型号一般可反映以下内容：

(1)变速器的性质 A表示自动变速；M表示手动变速器；AM表示自动手动一体化变速器。

(2)生产公司如德国ZF公司、日本AISIN公司等。

(3)驱动方式 F表示前驱，R表示后驱。丰田公司用数字表示驱动方式，有的四轮驱动车辆在型号后面加"H"或"F"表示驱动方式。

(4)前进位位数用数字表示。

(5)控制类型电控为E，液控为H，电液控为EH。

(6)改进序号表示该变速器是在原变速器上作过改进的。

(7)额定驱动转矩通用、宝马公司的自动变速器型号中有此参数。

下面对几个公司的自动变速器型号做具体说明：

(1)宝马ZF4HP22-EN：ZF表示是ZF公司生产，4表示前进挡数，H表示液压，P表示行星轮类,22表示额定转矩,EH表示电液控。

(2)丰田自动变速器:其型号有两类:一类除字母外还有两位阿拉伯数字;另一类除字母之外有3位阿拉伯数字。

①有两位数字的如:A40、A41、A55、A40D、A43DL、A44DL、A45DL、A45DF、A43D等。A表示自动变速器;第一位数字为1、2、5表示前驱,3、4、6为后驱;第二位数字表示生产序号。后面的D表示有超速挡,L表示有锁止离合器,E表示电控有锁止离合器,无E表示全液控。

②有三位数字的如:A130L、A131L、A132L、A140L、240L、A241L、243L、A440L、A440F、442F、A340E、A340H、A340F、A341F、140E、A141E、A240H、A241H、A540E、A540H等。A表示自动变速器;第一位数字为1、2、5表示前驱,3、4、6表示后驱;第二位数字表示前进位数;第三位数字表示产生序号。

特别说明:A340H、A340F、A540H后省了E,均为电控,有锁止离合器。A241H、A440F、A45DF后省了L,均有锁止离合器。若改进后的自动变速器只增加了锁止离合器或增加了驱动轮的个数,其余未做改动,则只在原型号后加注"L"、"H"、"F",原型号不变。"H"、"F"表示四轮驱动。

(3)克莱斯勒自动变速器型号识别:1992年克莱斯勒公司规定变速器型号由两位数字和两个字母组成,如41TE、42RE、42LE等。

第一位数字代表前进挡。

第二位数字代表输入转矩负荷。0表示轻负荷,1表示中负荷,2表示重负荷。

第三位字母:R表示后驱,T表示发动机横置前驱,L表示发动机纵置前驱,A表示四轮驱动。

第四位字母:E表示电控,H表示液压控制。

(4)通用公司型号有4T60E、4L60E。4表示前进挡数,T表示变速器横置,L表示后置驱动,60表示额定驱动转矩,E表示电控。

2.变速器型号识别方法

(1)看变速器铭牌:一般有:生产公司、型号、序号代码、日期等。如丰田A341E自动变速器,型号03-41LE。宝马车上直接标ZF4HP-22等。有的没标型号,而是型号代码,如通用4T65E等。

(2)看汽车铭牌:一部分汽车在发动机室内、驾驶室内、门柱等位置有汽车铭牌,这些铭牌上有生产厂商名称、汽车型号、车身型号、底盘型号、发动机型号、变速器型号、出厂编号等内容。

(3)壳体标号识别:奔驰自动变速器型号为数字代码,刻在变速器壳体侧面与油底壳接合面向上一点,有一长串字符,其中722X XX共6位数字即为变速器型号。

(4)零部件识别:看滤清器、油底壳、油底壳封垫、电磁阀个数、导线端子数等。

(5)根据结构特征识别:油底壳在上方的日产千里马RE4F0A自动变速器,有一大一小两个油底壳的宝马或欧宝4L30E变速器,有加长壳体奔驰S320轿车的722.502五速自动变速器,有油底壳在前面的马自达626轿车GF4A-EL变速器等。

思考题

1. 自动变速器与手动变速器相比有何优缺点？
2. 简述自动变速器的类型。
3. 简述自动变速器的发展过程。

单元1 自动变速器的结构与原理

📋 本单元重点

- 液力偶合器和液力变矩器工作原理
- 行星齿轮变速器整体构造
- 离合器、制动器及单向离合器原理
- 自动变速器液压控制系统工作原理
- 自动变速器电子控制系统工作原理

本单元难点

- 液力变矩器的工作原理
- 行星齿轮变速器的工作原理
- 自动变速器液压控制系统工作原理
- 自动变速器电子控制系统工作原理

1.1 液力偶合器和液力变矩器

现代汽车上所用自动变速器,在结构上虽有差异,但其基本结构组成和工作原理却较为相似,自动变速器主要由液力变矩器、变速齿轮机构、供油系统、自动换挡控制系统、自动换挡操纵装置等部分组成。本章将分别介绍自动变速器中各组成部分的常见结构和工作原理,为自动变速器的拆装和故障检修提供必要的基本知识。

汽车上所采用的液力传动装置通常有液力偶合器和液力变矩器两种,二者均属于液力传动,即通过液体的循环液动,利用液体动能的变化来传递动力。

1.1.1 液力偶合器的结构与工作原理

1.液力偶合器的结构组成

液力偶合器是一种液力传动装置,又称液力联轴器。在不考虑机械损失的情况下,输出力矩与输入力矩相等。它的主要功能有两个方面,一是防止发动机过载,二是调节工作机构的转速。其结构主要由壳体、泵轮、涡轮三个部分组成,如图1-1所示。

液力偶合器的壳体安装在发动机飞轮上,泵轮与壳体

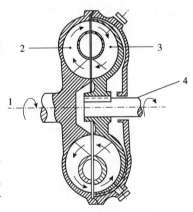

图1-1 液力偶合器的基本构造
1-输入轴;2-泵轮叶轮;3-涡轮叶轮;
4-输出轴

焊接在一起,随发动机曲轴的转动而转动,是液力偶合器的主动部分;涡轮和输出轴连接在一起,是液力偶合器的从动部分。泵轮和涡轮相对安装,统称为工作轮。在泵轮和涡轮上有径向排列的平直叶片,泵轮和涡轮互不接触。两者之间有一定的间隙(约 3~4mm);泵轮与涡轮装合成一个整体后,其轴线断面一般为圆形,在其内腔中充满液压油。

2. 液力偶合器的工作原理

当发动机运转时,曲轴带动液力偶合器的壳体和泵轮一同转动,泵轮叶片内的液压油在泵轮的带动下随之一同旋转,在离心力的作用下,液压油被甩向泵轮叶片外缘处,并在外缘处冲向涡轮叶片,使涡轮在液压冲击力的作用下旋转;冲向涡轮叶片的液压油沿涡轮叶片向内缘流动,返回到泵轮内缘的液压油,又被泵轮再次甩向外缘。液压油就这样从泵轮流向涡轮,又从涡轮返回到泵轮而形成循环的液流。

液力偶合器中的循环液压油,在从泵轮叶片内缘流向外缘的过程中,泵轮对其作功,其速度和动能逐渐增大;而在从涡轮叶片外缘流向内缘的过程中,液压油对涡轮作功,其速度和动能逐渐减小。液力偶合器要实现传动,必须在泵轮和涡轮之间有油液的循环流动。而油液循环流动的产生,是由于泵轮和涡轮之间存在着转速差,使两轮叶片外缘处产生压力差所致。如果泵轮和涡轮的转速相等,则液力偶合器不起传动作用。因此,液力偶合器工作时,发动机的动能通过泵轮传给液压油,液压油在循环流动的过程中又将动能传给涡轮输出。由于在液力偶合器内只有泵轮和涡轮两个工作轮,液压油在循环流动的过程中,除了受泵轮和涡轮之间的作用力之外,没有受到其他任何附加的外力。根据作用力与反作用力相等的原理,液压油作用在涡轮上的扭矩应等于泵轮作用在液压油上的扭矩,即发动机传给泵轮的扭矩与涡轮上输出的扭矩相等,这就是液力偶合器的传动特点。

液力偶合器在实际工作中的情形是:汽车起步前,变速器挂上一定的挡位,起动发动机驱动泵轮旋转,而与整车连接着的涡轮即受到力矩的作用,但因其力矩不足于克服汽车的起步阻力矩,所以涡轮还不会随泵轮的转动而转动。加大节气门开度,使发动机的转速提高,作用在涡轮上的力矩随之增大,当发动机转速增大到一定数值时,作用在涡轮上的力矩足以使汽车克服起步阻力而起步。随着发动机转速的继续增高,涡轮随着汽车的加速而不断加速,涡轮与泵轮转速差的数值逐渐减少。在汽车从起步开始逐步加速的过程中,液力偶合器的工作状况也在不断变化,这可用如图 1-2 所示的速度矢量图来说明。假定油液螺旋循环

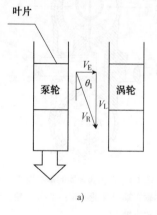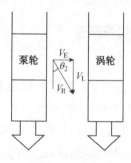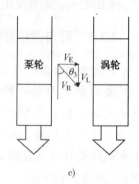

图 1-2 涡轮处于不同转速时的液流情况
a) 涡轮不动；b) 中速；c) 高速

流动的流速 V_T 保持恒定，V_L 为泵轮和涡轮的相对线速度，V_E 为泵轮出口速度，V_R 为油液的合成速度。

当车辆即将要起步时，泵轮在发动机驱动下转动而涡轮静止不动。由于涡轮没有运动，泵轮与涡轮间的相对速度 V_L 将达最大值，由此而得到的合成速度，即油液从泵轮进入涡轮的速度 V_R 也是最大的。油液进入涡轮的方向和泵轮出口速度之间的夹角 θ_1 也较小，这样液流对涡轮叶片产生的推力也就较大。

当涡轮开始旋转并逐步赶上泵轮的转速时，泵轮与涡轮间的相对线速度减小，使合成速度 V_R 减小，并使 V_R 和泵轮出口线速度 V_E 之间的夹角增大。这样液流对涡轮叶片的冲击力及由此力产生的承受扭矩的能力减小，不过随着汽车速度的增加，需要的驱动力矩也迅速降低。

当涡轮高速转动，即输出和输入的转速接近相同时，相对速度 V_L 和合成速度 V_R 都很小，而合成速度 V_R 与泵轮出口速度 V_E 间的夹角很大，这就使液流对涡轮叶片的推力变得很小，这将使输出元件滑动，直到有足够的循环油液对涡轮产生足够的冲击力为止。

由此可见，输出转速高时，输出转速赶上输入转速是一个连续不断的趋势，但总不会等于输入转速。除非在工作状况反过来，变速器变成主动件，发动机变成被动件，涡轮的转速才会等于或高于泵轮转速。这种情况在下坡时可能会发生。

1.1.2 液力变矩器的结构与工作原理

液力变矩器是液力传动中的又一种型式，是构成液力自动变速器不可缺少的重要组成部分之一。它装置在发动机的飞轮上，其作用是将发动机的动力传递给自动变速器中的齿轮机构，并具有一定的自动变速功能。自动变速器的传动效率主要取决于变矩器的结构和性能。

常用液力变矩器的型式有一般型式的液力变矩器、综合式液力变矩器和锁止式液力变矩器。其中综合式液力变矩器的应用较为广泛。

1.一般型式液力变矩器的结构与工作原理

液力变矩器的结构与液力偶合器相似，它有3个工作轮即泵轮、涡轮和导轮。泵轮和涡轮的构造与液力偶合器基本相同；导轮则位于泵轮和涡轮之间，并与泵轮和涡轮保持一定的轴向间隙，通过导轮固定套固定于变速器壳体上(图1-3)。

发动机运转时带动液力变矩器的壳体和泵轮与之一同旋转，泵轮内的液压油在离心力的作用下，由泵轮叶片外缘冲向涡轮，并沿涡轮叶片流向导轮，再经导轮叶片内缘，形成循环的液流。导轮的作用是改变涡轮上的输出扭矩。由于从涡轮叶片下缘流向导轮的液压油仍有相当大的冲击力，只要将泵轮、涡轮和导轮的叶片设计成一定的形状和角度，就可以利用上述冲击力来提高涡轮的输出扭矩。为说明这一原理，可以假想地将液力变矩器的3个工作轮叶片从循环流动的液流中心线处剖开并展平，得到图1-4所示的叶片展开示意图；并假设在液力变矩器工作中，发动机转速和负荷都不变，即液力变矩器泵轮的转速 n_p 和扭矩 M_p 为常数。

在汽车起步之前，涡轮转速为0，发动机通过液力变矩器壳体带动泵轮转动，并对液压油产生一个大小为 M_p 的扭矩，该扭矩即为液力变矩器的输入扭矩。液压油在泵轮叶片的推动

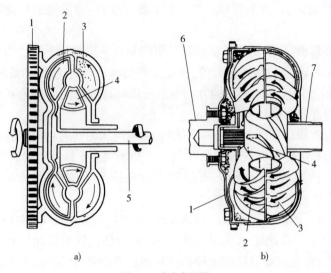

图 1-3 液力变矩器
1-飞轮；2-涡轮；3-泵轮；4-导轮；5-变矩器输出轴；6-曲轴；7-导轮固定套

下，以一定的速度，按图 1-4b)中箭头 1 所示方向冲向涡轮上缘处的叶片，对涡轮产生冲击扭矩，该扭矩即为液力变矩器的输出扭矩。此时涡轮静止不动，冲向涡轮的液压油沿叶片流向涡轮下缘，在涡轮下缘以一定的速度，沿着与涡轮下缘出口处叶片相同的方向冲向导轮，对导轮也产生一个冲击力矩，并沿固定不动的导轮叶片流回泵轮。当液压油对涡轮和导轮产生冲击扭矩时，涡轮和导轮也对液压油产生一个与冲击扭矩大小相等、方向相反的反作用扭矩 M_t 和 M_s，其中 M_t 的方向与 M_p 的方向相反，而 M_s 的方向与 M_p 的方向相同。根据液压油受力平衡原理，可得：$M_t = M_p + M_s$。由于涡轮对液压油的反作用，扭矩 M_t 与液压油对涡轮的冲击扭矩（即变矩器的输出扭矩）大小相等，方向相反，因此可知，液力变矩器的输出扭矩在数值上等于输入扭矩与导轮对液压油的反作用扭矩之和。显然这一扭矩要大于输入扭矩，即液力变矩器具有增大扭矩的作用。液力变矩器输出扭矩增大的部分即为固定不动的导轮对循环流动的液压油的作用力矩，其数值不但取决于由涡轮冲向导轮的液流速度，也取决于液流方向与导轮叶片之间的夹角。当液流速度不变时，叶片与液流的夹角愈大，反作用力矩亦愈大，液力变矩器的增扭作用也就愈大。一般液力变矩器的最大输出扭矩可达输入扭矩的 2.6 倍左右。

当汽车在液力变矩器输出扭矩的作用下起步后，与驱动轮相连接的涡轮也开始转动，其转速随着汽车的加速不断增加。这时由泵轮冲向涡轮的液压油除了沿着涡轮叶片流动之外，还要随着涡轮一同转动，使得由涡轮下缘出口处冲向导轮的液压油的方向发生变化，不再与涡轮出口处叶片的方向相同，而是顺着涡轮转动的方向向前偏斜了一个角度，使冲向导轮的液流方向与导轮叶片之间的夹角变小，导轮上所受到的冲击力矩也减小，液力变矩器的增扭作用亦随之减小。车速愈高，涡轮转速愈大，冲向导轮的液压油方向与导轮叶片的夹角就愈小，液力变矩器的增扭作用亦愈小；反之，车速愈低，液力变矩器的增扭作用就愈小。因此，与液力偶合器相比，液力变矩器在汽车低速行驶时有较大的输出扭矩，在汽车起步、上坡或遇到较大行驶阻力时，能使驱动轮获得较大的驱动力矩。

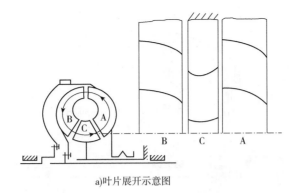

a)叶片展开示意图

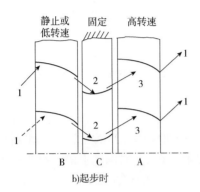

b)起步时

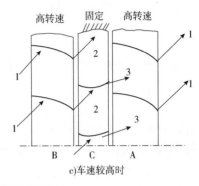

c)车速较高时

图 1-4 液力变矩器工作原理图

A-泵轮;B-涡轮;C-导轮;1-由泵轮冲向涡轮的液压油方向;2-由涡轮冲向导轮的液压油方向;3-由导轮流回泵轮的液压油方向

当涡轮转速随车速的提高而增大到某一数值时,冲向导轮的液压油的方向与导轮叶片之间的夹角减小为0,这时导轮将不受液压油的冲击作用,液力变矩器失去增扭作用,其输出扭矩等于输入扭矩。

若涡轮转速进一步增大,冲向导轮的液压油方向继续向前斜,使液压油冲击在导轮叶片的背面,如图1-4c)所示,这时导轮对液压油的反作用扭矩 M_s 的方向与泵轮对液压油扭矩 M_p 的方向相反,故此涡轮上的输出扭矩为二者之差,即 $M_t = M_p - M_s$,液力变矩器的输出扭矩反而比输入扭矩小,其传动效率也随之减小。当涡轮转速较低时,液力变矩器的传动效率高于液力偶合器的传动效率;当涡轮的转速增加到某一数值时,液力变矩器的传动效率等于液力偶合器的传动效率;当涡轮转速继续增大后,液力变矩器的传动效率将小于液力偶合器的传动效率,其输出扭矩也随之下降。因此,上述这种液力变矩器是不适合实际使用的。

2.综合式液力变矩器的结构与工作原理

目前在装用自动变速器的汽车上使用的变矩器大多是综合式液力变矩器(图1-5),它和一般型式液力变矩器的不同之处在于它的导轮不是完全固定不动的,而是通过单向超越离合器支承在固定于变速器壳体的导轮固定套上。单向超越离合器使导轮可以朝顺时针方向旋转(从发动机前面看),但不能朝逆时针方向旋转。

当涡轮转速较低时,从涡轮流出的液压油从正面冲击导轮叶片,如图1-4b)所示,对导轮

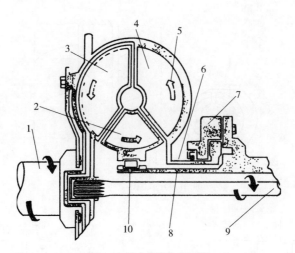

图 1-5 综合式液力变矩器

1-曲轴；2-导轮；3-涡轮；4-泵轮；5-液流；6-变矩器轴套；7-油泵；8-导轮固定套；9-变矩器输出轴；10-单向超越离合器

施加一个朝逆时针方向旋转的力矩，但由于单向超越离合器在逆时针方向具有锁止作用，将导轮锁止在导轮固定套上固定不动，因此这时该变矩器的工作特性和液力变矩器相同，涡轮上的输出扭矩大于泵轮上的输入扭矩即具有一定的增扭作用。当涡轮转速增大到某一数值时，液压油对导轮的冲击方向与导轮叶片之间的夹角为0°，此时涡轮上的输出扭矩等于泵轮上的输入扭矩。若涡轮转速继续增大，液压油将从反面冲击导轮，如图1-4c)所示，对导轮产生一个顺时针方向的扭矩。由于单向超越离合器在顺时针方向没有锁止作用，可以像轴承一样滑转，所以导轮在液压油的冲击作用下开始朝顺时针方向旋转。由于自由转动的导轮对液压油没有反作用力矩，液压油只受到泵轮和涡轮的反作用力矩的作用。因此这时该变矩器的不能起增扭作用，其工作特性和液力偶合器相同。这时涡轮转速较高，该变矩器亦处于高效率的工作范围。

导轮开始空转的工作点称为偶合点。由上述分析可知，综合式液力变矩器在涡轮转速由0至偶合点的工作范围内按液力变矩器的特性工作，在涡轮转速超过偶合点转速之后按液力偶合器的特性工作。因此，这种变矩器既利用了液力变矩器在涡轮转速较低时所具有的增扭特性，又利用了液力偶合器涡轮转速较高时所具有的高传动效率的特性。

3.锁止式液力变矩器的结构与工作原理

变矩器是用液力来传递汽车动力的，而液压油的内部摩擦会造成一定的能量损失，因此传动效率较低。为提高汽车的传动效率，减少燃油消耗，现代很多轿车的自动变速器采用一种带锁止离合器的综合式液力变矩器。这种变矩器内有一个由液压油操纵的锁止离合器。锁止离合器的主动盘即为变矩器壳体，从动盘是一个可作轴向移动的压盘，它通过花键套与涡轮连接（图1-6）。压盘背面（图中右侧）的液压油与变矩器泵轮、涡轮中的液压油相通，保持一定的油压（该压力称为变矩器压力）；压盘左侧（压盘与变矩器壳体之间）的液压油通过变矩器输出轴中间的控制油道与阀板总成上的锁止控制阀相通。锁止控制阀由自动变速器电脑通过锁止电磁阀来控制。

自动变速器电脑根据车速、节气门开度、发动机转速、变速器液压油温度、操纵手柄位置、控制模式等因素，按照设定的锁止控制程序向锁止电磁阀发出控制信号，操纵锁止控制

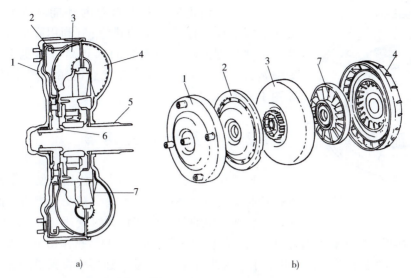

图 1-6 带锁止离合器的综合式液力变矩器

1-变矩器壳；2-锁止离合器压盘；3-涡轮；4-泵轮；5-变矩器轴套；6-输出轴花键套；7-导轮

阀，以改变锁止离合器压盘两侧的油压，从而控制锁止离合器的工作。当车速较低时，锁止控制阀让液压油从油道 B 进入变矩器，使锁止离合器压盘两侧保持相同的油压，锁止离合器处于分离状态，这时输入变矩器的动力完全通过液压油传至涡轮，图 1-7a）所示。当汽车在良好道路上高速行驶，且车速、节气门开度、变速器液压油温度等因素符合一定要求时，电脑即操纵锁止控制阀，让液压油从油道 C 进入变矩器，而让油道 B 与泄油口相通，使锁止离合器压盘左侧的油压下降。由于压盘背面（图中右侧）的液压油压力仍为变矩器压力，从而使压盘在前后两面压力差的作用下压紧在主动盘（变矩器壳体）上，如图 1-7b）所示，这时输入变矩器的动力通过锁止离合器的机械连接，由压盘直接传至涡轮输出，传动效率为

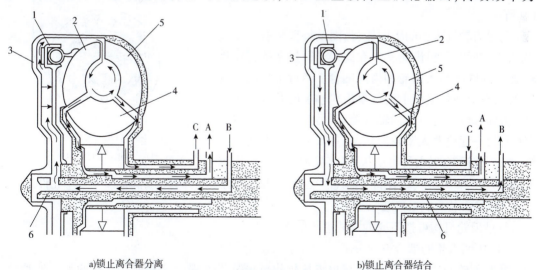

a) 锁止离合器分离　　　　　　　　　　　b) 锁止离合器结合

图 1-7 锁止离合器工作原理示意图

1-锁止离合器压盘；2-涡轮；3-变矩器壳；4-导轮；5-泵轮；6-变矩器输出轴弯矩器出油道；C-锁止离合器控制油道

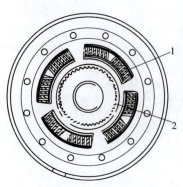

图1-8 带减振弹簧的压盘
1-减振弹簧；2-花键套

100%。另外，锁止离合器在接合时还能减少变矩器中的液压油因液体摩擦而产生的热量，有利用降低液压油的温度。有些车型的液力变矩器的锁止离合器盘上还装有减振弹簧，以减小锁止离合器在接合时瞬间产生的冲击力，如图1-8所示。

1.2 行星齿轮变速器

变矩器在自动变速器中的主要作用是使汽车起步平稳，在换挡时减缓传动系的冲击负荷。在变速增扭方面，变矩器虽然能够在一定的范围内实现无级变速，但由于变矩器只有在输出转速接近于输入转速时才具有较高的传动效率，而且它的增扭作用不够大，只能增加2~4倍，此值远不能满足汽车的使用要求。为此，在汽车自动变速器中设置了变速齿轮机构，它能使扭矩再增大2~4倍。

自动变速器中的变速齿轮机构和传统的手动齿轮变速机构一样，具有空挡、倒挡及2~4个不同传动比的前进挡，只不过自动变速器中的挡位变换不是由驾驶员直接控制的，而是由自动变速器的液压控制系统或电子控制系统控制换挡执行机构的动作来改变变速齿轮机构的传动比，从而实现自动换挡的。

变速齿轮机构主要包括行星齿轮机构和换挡执行元件两部分。

1.行星齿轮机构的基本结构

行星齿轮机构有很多类型，其中最简单的行星齿轮机构是由1个太阳轮、1个齿圈、1个行星架和支承在行星架上的几个行星齿轮组成的，称为1个行星排，如图1-9所示。

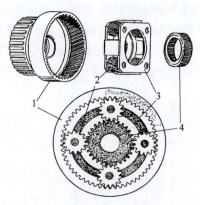

图1-9 行星齿轮机构
1-齿圈；2-行星齿轮；3-行星架；4-太阳轮

行星齿轮机构中的太阳轮、齿圈及行星架有一个共同的固定轴线，行星齿轮支承在固定于行星架的行星轮轴上，并同时与太阳轮和齿圈啮合。当行星齿轮机构运转时，空套在行星架上的行星齿轮轴上的几个行星齿轮一方面可以绕着自己的轴线旋转，另一方面又可以随着行星架一起绕着太阳轮回转，就像天上行星的运动那样，兼有自转和公转两种运动状态(行星齿轮的名称即因此而来)，在行星排中，具有固定轴线的太阳轮、齿圈和行星架称为行星排的3个基本元件。

2.行星齿轮机构的类型

行星齿轮机构可按不同的方式进行分类：

(1)按照齿轮的啮合方式分类

按照齿轮的啮合方式不同，行星齿轮机构可以分为外啮合式和内啮合式两种。外啮合式行星齿轮机构体积大，传动效率低，故在汽车上已被淘汰；内啮合式行星齿轮机构结构紧凑，传动效率高，因而在自动变速器中被广为使用。

(2) 按照齿轮的排数分类

按照齿轮的排数不同,行星齿轮机构可以分为单排和多排两种。多排行星齿轮机构是由几个单排行星齿轮机构组成的。汽车自动变速器中,行星排的多少因挡位数的多少而有所不同,一般三挡位有2个行星排,四挡位(具有超速挡的)有3个行星排,通常使用的是由2个或2个单排行星的齿轮机构组成的多排行星齿轮机构。

(3) 按照太阳轮和齿圈之间的行星齿轮组数分类

按照太阳轮和齿圈之间的行星齿轮组数的不同,行星齿轮机构可以分为单行星齿轮式和双行星齿轮式两种。

双行星齿轮机构在太阳轮和齿圈之间有两组互相啮合的行星齿轮,其外面一组行星轮和齿圈啮合,里面一组行星齿轮和太阳轮啮合。它与单行星齿轮机构在其他条件相同的情况下相比,齿圈可以得到反向传动。

用行星齿轮机构作为变速机构,由于有多个行星齿轮同时传递动力,而且常采用内啮合式,充分利用了齿圈中部的空间,故与普通齿轮变速机构相比,在传递同样功率的条件下,可以大大减小变速机构的尺寸和重量,并可实现同向、同轴减速传动;另外,由于采用常啮合传动,动力不间断,加速性好,工作也可靠。

3. 行星齿轮机构的变速原理

由于单排行星齿轮机构有两个自由度,因此它没有固定的传动比,不能直接用于变速传动。为了组成具有一定传动比的传动机构,必须将太阳轮、齿圈和行星架这三个基本元件中的一个加以固定(即使其转速为0,也称为制动),或使其运动受到一定的约束(即让该构件以某一固定的转速旋转),或将某两个基本元件互相连接在一起(即两者转速相同),使行星排变为只有一个自由度的机构,获得确定的传动化。

图1-10所示为行星齿轮机构的传动简图。设太阳轮的齿数为 Z_1,齿圈齿数为 Z_2,太阳轮、齿圈和行星架的转速分别为 n_1、n_2、n_3,并设齿圈与太阳轮的齿数比为 α,即

$$\alpha = Z_2/Z_1$$

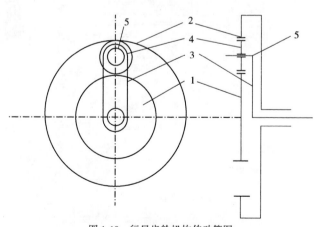

图1-10 行星齿轮机构传动简图
1-太阳轮;2-齿圈;3-行星架;4-行星齿轮;5-行星齿轮轴

则行星齿轮机构的一般运动规律可表达为：

$$n_1 + \alpha n_2 - (1+\alpha) n_3 = 0$$

由上式可以看出，在太阳轮、齿圈和行星架三个基本元件中，可任选两个分别作为主动件和从动件，而使另一个元件固定不动（使该元件转速为零）或使其运动受一定约束（使该元件的转速为某一定值），则整个轮系即以一定的传动比传递动力。不同的连接和固定方案可得到不同的传动比，三个基本元件的不同组合可有 6 种不同的组合方案，加上直接挡传动和空挡，共有 8 种组合，相应能获得 5 种不同的传动比。

1.3 定轴齿轮变速器

1.3.1 BAYA & MAYA 自动变速器简介

BAYA & MAYA 自动变速器是电子控制 5 挡自动变速器，用于 2003 年以后生产的本田雅阁 V6 3.0L 轿车，其结构如图 1-11 所示，传动系统如图 1-12 所示。与国内外一般常见的行星齿轮变速器不同，BAYA & MAYA 自动变速器是典型的定轴式自动变速器，换挡执行元件有 6 个离合器和 1 个单向离合器。变速器的主轴与液力变矩器涡轮轴相连并被其驱动，在主轴上装有 4 挡、5 挡离合器以及 4 挡、5 挡、倒挡齿轮（倒挡齿轮与 4 挡齿轮制为一体）和惰轮。中间轴（副轴）上装有主减速器驱动齿轮及 1 挡、2 挡、3 挡、4 挡、5 挡、倒挡、驻车挡齿

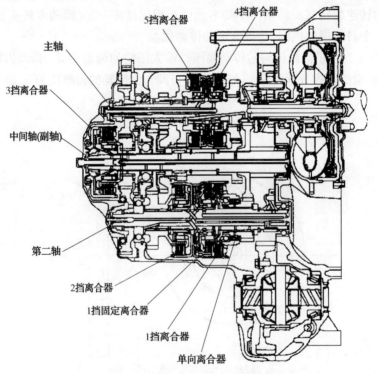

图 1-11 BAYA & MAYA 自动变速器结构

轮和3挡离合器。第二轴上装有1挡、2挡离合器和1挡、2挡齿轮、单向离合器及惰轮。中间轴5挡齿轮及倒挡齿轮可以锁止在轴的中部,工作时是锁止5挡齿轮还是倒挡齿轮取决于接合套的移动方式。主轴和第二轴上的齿轮与中间轴上的齿轮保持常啮合状态,当通过控制系统使变速器中某一组齿轮实现啮合时,动力将从主轴经过第二轴传递到中间轴,并由中间轴输出。

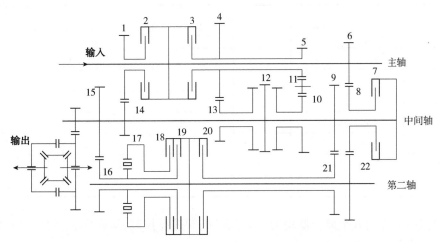

图1-12　BAYA & MAYA自动变速器传动系统简图

1-主轴4挡齿轮;2-4挡离合器;3-5挡离合器;4-主轴5挡齿轮;5-主轴倒挡齿轮;6-主轴3挡齿轮;7-3挡离合器;8-中间轴3挡齿轮;9-中间轴2挡齿轮;10-中间轴倒挡齿轮;11-倒挡惰轮;12-倒挡结合套;13-中间轴5挡齿轮;14-中间轴4挡齿轮;15-中间轴1挡齿轮;16-第二轴1挡齿轮;17-单向离合器;18-1挡离合器;19-手动1挡离合器;20-2挡离合器;21-第二轴2挡齿轮;22-第二轴惰轮

各轴上齿轮和离合器的特点和作用如下:

1.主轴

(1)4挡齿轮通过4挡离合器与主轴啮合或分离。

(2)5挡齿轮通过5挡离合器与主轴啮合或分离。

(3)倒挡齿轮通过5挡离合器与主轴啮合或分离。

(4)3挡齿轮通过花键与主轴连接并随主轴旋转。

2.中间轴

(1)主减速器驱动齿轮与中间轴集成在一起,随中间轴旋转而旋转。

(2)1挡、2挡、4挡齿轮和驻车挡齿轮通过花键与中间轴相连接,并随中间轴旋转。

(3)3挡齿轮在中间轴上自由旋转,通过3挡离合器与第二轴实现啮合或分离。

(4)5挡齿轮和倒挡齿轮在中间轴上自由旋转,倒挡接合套轴套通过花键与中间轴相连接,以便通过轴套使5挡齿轮或倒挡齿轮与中间轴啮合。

3.第二轴

(1)1挡齿轮通过1挡离合器与第二轴啮合或分离。

(2)2挡齿轮通过2挡离合器与第二轴啮合或分离。

(3)惰轮与第二轴通过花键相连接,与第二轴一起旋转。

(4)主轴3挡齿轮通过中间轴3挡齿轮驱动第二轴惰轮,从而驱动第二轴旋转。

4.倒挡惰轮

倒挡惰轮将动力从主轴倒挡齿轮传递到中间轴倒挡齿轮,并使中间轴反向旋转。

5.换挡执行元件工作状态

各挡位与换挡执行元件关系见表1-1。

各挡位与换挡执行元件关系 表1-1

挡位	执行元件	C0	C1	C2	C3	C4	C5	F
前进(D)	1	○						○
	2			○				
	3				○			
	4					○		
	5						○	
1	1		○					
倒挡	R						○	

换挡执行元件的6个离合器均通过换挡电磁阀进行控制,从而实现换挡。各挡位与电磁阀工作关系见表1-2。

各挡位与电磁阀工作关系 表1-2

变速杆位置	挡 位	换挡电磁阀		
		A	B	C
D1、D3	从N位换挡	OFF	ON	OFF
	保持在1挡	ON	ON	ON
	在1挡与2挡之间换挡	ON	ON	ON
	保持在2挡	ON	ON	OFF
	在2挡与3挡之间换挡	OFF	ON	ON
	保持在3挡	OFF	ON	OFF
D	在3挡和4挡之间换挡	OFF	OFF	ON
	保持在4挡	OFF	OFF	OFF
	在4挡和5挡之间换挡	ON	OFF	OFF
	保持在5挡	ON	OFF	ON
2	2挡	ON	ON	OFF
1	1挡	ON	ON	ON
R	从P位和N位换挡	OFF	ON	ON
	保持在倒挡	OFF	ON	OFF
	倒挡禁止	ON	ON	ON
P	驻车挡	OFF	ON	OFF
N	空挡	OFF	ON	OFF

1.3.2 各挡位动力传递原理

1. 1 挡

（1）D 位 1 挡

D 位 1 挡传动原理简图如图 1-13 所示。

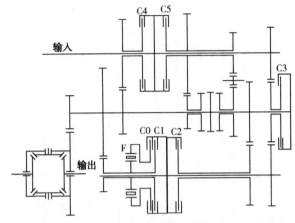

图 1-13　D 位 1 挡传动原理简图

①输入轴动力经主轴 3 挡齿轮驱动中间轴 3 挡齿轮，中间轴 3 挡齿轮在中间轴上空转，通过第二轴惰轮驱动第二轴旋转。

②1 挡离合器在液压作动下接合，与第二轴相连，动力通过单向离合器和第二轴 1 挡齿轮驱动中间轴上 1 挡齿轮，带动中间轴旋转，同时经过主减速器主动齿轮驱动主减速器从动齿轮，输出动力。因 1 挡离合器需通过单向离合器与主减速器主动齿轮相连，故不能利用发动机制动。

（2）1 位 1 挡

1 位 1 挡传动原理简图如图 1-14 所示。

①输入轴动力经主轴 3 挡齿轮通过中间轴 3 挡齿轮和第二轴惰轮驱动第二轴旋转。

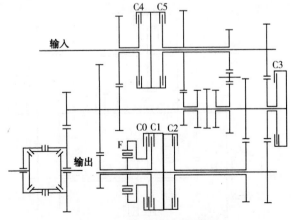

图 1-14　1 位 1 挡传动原理简图

②手动1挡离合器在液压作用下接合,与第二轴相连,动力通过第二轴1挡齿轮驱动中间轴上1挡齿轮,带动中间轴旋转,同时经过主减速器主动齿轮驱动主减速器从动齿轮,输出动力。因手动1挡离合器的接合而不使单向离合器锁止,故在1位1挡时有发动机制动作用。

2. 2挡

2挡传动原理简图如图1-15所示。

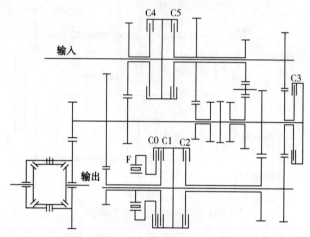

图1-15 2挡传动原理简图

(1)输入轴动力经过主轴3挡齿轮通过中间轴3挡齿轮和第二轴惰轮驱动第二轴旋转。

(2)2挡离合器在液压的作用下接合,是第二轴2挡齿轮与第二轴连接。旋转的第二轴2挡齿轮驱动中间轴2挡齿轮并带动中间轴旋转,同时经过主减速器主动齿轮驱动主减速器从动齿轮,输出动力。

(3)液油也作用于1挡离合器,但由于2挡齿轮的转速超过了1挡齿轮的转速,故来自1挡齿轮的动力在单向离合器处被断开。

3. 3挡

3挡传动原理简图如图1-16所示。

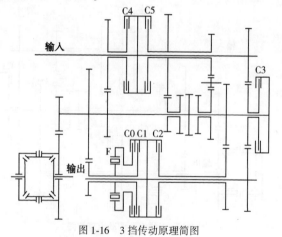

图1-16 3挡传动原理简图

(1)输入轴动力经主轴 3 挡齿轮驱动中间轴 3 挡齿轮,3 挡离合器在液压的作用下接合,使中间轴 3 挡齿轮与中间轴连接,从而驱动中间轴旋转。

(2)旋转的中间轴通过主减速器主动齿轮,驱动主减速器从动齿轮将动力输出。

4. 4 挡

4 挡传动原理简图如图 1-17 所示。

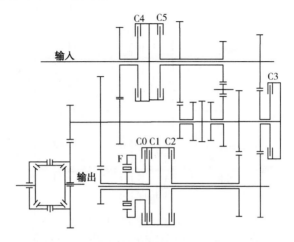

图 1-17 4 挡传动原理简图

(1)输入轴动力经主轴传入,4 挡离合器在液压的作用下接合,使主轴 4 挡齿轮与主轴连接并随之旋转。

(2)主轴 4 挡齿轮驱动中间轴 4 挡齿轮及中间轴,通过主减速器主动齿轮,驱动主减速器从动齿轮将动力输出。

5. 5 挡

5 挡传动原理简图如图 1-18 所示。

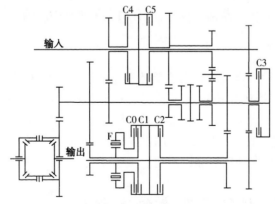

图 1-18 5 挡传动原理简图

(1)输入轴动力经主轴传入,5 挡离合器在液压的作用下接合,使主轴 5 挡齿轮与主轴连接并随之旋转。

(2)主轴 5 挡齿轮驱动中间轴 5 挡齿轮。伺服阀受到液压作用,使中间轴 5 挡齿轮通过倒挡接合套及其轴套与中间轴相连接。因此,动力由主轴、5挡离合器、主轴5挡齿轮、中间轴5挡齿轮、倒挡接合套、倒挡接合轴套传递给中间轴,使中间轴旋转。

(3)旋转的中间轴通过主减速器主动齿轮,驱动主减速器从动齿轮将动力输出。

6.倒挡

倒挡传动原理简图如图1-19所示。

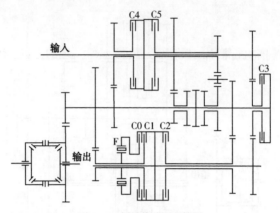

图1-19 倒挡传动原理简图

(1)输入轴动力经主轴传入,5挡离合器在液压的作用下接合,使主轴5挡齿轮与主轴连接并随之旋转。

(2)与主轴5挡齿轮同轴的主轴倒挡齿轮通过倒挡惰轮驱动中间轴倒挡齿轮,伺服阀受到液压的作用,使中间轴倒挡齿轮通过倒挡接合套及其轴套与中间轴相连接。动力由主轴倒挡齿轮传入倒挡惰轮、中间轴倒挡齿轮,倒挡接合套和倒挡接合套轴套进而传递给中间轴。由于倒挡惰轮参加工作,改变了动力的传递方向。

(3)反向旋转的中间轴通过主减速器主动齿轮,驱动主减速器从动齿轮将动力输出。

7.P位

变速杆在P位时,各离合器都不接合,没有动力传递到中间轴,驻车棘爪锁住驻车齿轮,中间轴被锁住。

8.N位

变速杆在N位是,因倒挡接合套的位置随变速杆是从R位拨到N位还是从D位拨到N位而有所不同。当变速挡从R位拨到N位时,倒挡接合套与中间轴倒挡齿轮啮合,使倒挡齿轮与中间轴啮合,由于此时没有离合器接合,无动力传递到中间轴,故车辆静止不动。当变速杆从D位拨到N位时,倒挡接合套与中间轴5挡齿轮啮合,使5挡齿轮与中间轴啮合,同样因没有离合器接合,车辆依然静止不动。

1.4 离合器、制动器及单向离合器

行星齿轮变速器的换挡执行机构由离合器、制动器和单向超越离合器三种不同的执行元件组成。它有三个基本作用,即连接、固定和锁止。所谓连接是指将行星齿轮变速器的输入轴与行星排中的某个基本元件连接,以传递动力,或将前一个行星排的某一个基本元件与

后一个行星排的某个基本元件连接,以约束这两个基本元件的运动;所谓固定是指将行星排的某一基本元件与自动变速器的壳体连接,使之被固定住而不能旋转;所谓锁止是指把某个行星排的三个基本元件中的两个连接在一起,从而将该行星排锁止,使某三个基本元件以相同的转速一同旋转,产生直接传动。换挡执行机构各执行元件通过按一定规律对行星齿轮机构的某些基本元件进行连接、固定或锁止,让行星齿轮机构获得不同的传动比,从而实现挡位变换。

1. 离合器的结构与原理

行星齿轮变速器换挡执行机构中的离合器,按工作原理的不同,有片式离合器和爪型离合器之分。其中片式离合器较为常用,而且较多地使用多片湿式离合器,爪型离合器使用较少。

(1)多片湿式离合器的结构与原理

多片湿式离合器是自动变速器中最重要的换挡执行元件之一,它通常由离合器鼓、离合器活塞、复位弹簧、弹簧座、1组钢片、1组摩擦片、调整垫片、离合器毂及几个密封圈组成。

离合器活塞安装在离合器鼓内,它是一种环状活塞,由活塞内外圆的密封圈保证其密封,从而和离合器鼓一起形成一个封闭的环状液压缸,并通过离合器内圆轴颈上的进油孔和控制油道相通。钢片和摩擦片交错排列,两者统称为离合器片。钢片的外花键齿安装在离合器鼓的内花键齿圈上,可沿齿圈键槽作轴向移动;摩擦片由其内花键齿与离合器毂的外花键齿连接,也可沿键槽作轴向移动。摩擦片的两面均为摩擦系数较大的铜基粉末冶金层或合成纤维层。

离合器鼓或离合器毂分别以一定的方式和变速器输入轴或行星排的某个基本元件相连接,一般离合器为主动件,离合器鼓为从动件。当来自控制阀的液压油进入离合器液压缸时,作用在离合器活塞上液压油的压力推动活塞,使之克服复位弹簧的弹力而移动,将所有的钢片和摩擦片相互压紧在一起;钢片和摩擦片之间的摩擦力使离合器鼓和离合器毂连接为一个整体,分别与离合器鼓和离合器毂连接的输入轴或行星排的基本元件也因此被连接在一起,此时离合器处于接合状态。

当液压控制系统将作用在离合器液压缸内的液压油的压力解除后,离合器活塞在复位弹簧的作用下压回液压缸的底部,并将液压缸内的液压油从进油孔排出。此时钢片和摩擦片相互分离,两者之间无压力,离合器鼓和离合器毂可以朝不同的方向或以不同的转速旋转,离合器处于分离状态。此时,离合器活塞和离合器片或离合器片和卡环之间有一定的轴向间隙,以保证钢片和摩擦片之间无任何轴向压力,这一间隙称为离合器的自由间隙。其大小可以用挡圈的厚度来调整。一般离合器自由间隙的标准为0.5~2.0mm。离合器自由间隙标准的大小取决于离合器的片数和工作条件。通常离合器片数越多或该离合器的交替工作越频繁,其自由间隙就越大。

有些离合器在活塞和钢片之间有一个碟形环。它具有一定的弹性,可以减缓离合器接合时的冲击力。

离合器处于分离状态时,其液压缸内仍残留有少量液压油。由于离合器鼓是和变速器输入轴或行星排某一基本元件一同旋转的,残留在液压缸内的液压油在离心力的作用下会被甩向液压缸外缘处,并在该处产生一定的油压。若离合器鼓的转速较高,这一压力有可能推动离合器活塞压向离合器片,使离合器处于半结合状态,导致钢片和摩擦片因互相接触摩擦而产生不应有的磨损,影响离合器的使用寿命。为了防止这种情况出现,在离合器活塞或离合器鼓的液压缸壁面上设有一个由钢球组成的单向阀。当液压油进入液压缸时,钢球在油压的推动下压紧在阀座上,单向阀处于关闭状态,保证了液压缸密封;当液压缸内的油压被解除后,单向阀钢球在离心力的作用下离开阀座,使单向阀处于开启状态,残留在液压缸内的液压油在离心力的作用下从单向阀的阀孔中流出,保证了离合器的彻底分离。

当离合器处于接合状态,互相压紧在一起的钢片和摩擦片之间要有足够的摩擦力,以保证传递动力时不产生打滑现象。离合器所能传递的动力的大小主要取决于摩擦片的面积、片数及钢片和摩擦片之间的压紧力。钢片和摩擦片之间压紧力的大小由作用在离合器活塞上的液压油的油压及活塞的面积决定。当压紧力一定时,离合器所能传递的动力的大小就取决于摩擦片的面积和片数。在同一个自动变速器中通常有几个离合器,它们的直径、面积基本上相同或相近,但它们所传递的动力的大小往往有很大的差异。为了保证动力的传递,每个离合器所使用的摩擦片的片数也各不相同。离合器所要传递的动力越大,其摩擦片的片数就应越多。一般离合器摩擦片的片数为2~6片。离合器钢片的片数应等于或多于摩擦片的片数,以保证每个摩擦片的两面都有钢片。此外,同一厂家生产的同一类型的自动变速器可以在不改变离合器外形、尺寸的情况下,通过增减各个离合器摩擦片的片数来形成不同型号的自动变速器,以满足不同排量车型的使用要求。在这种情况下,当减少或增加摩擦片的片数时,要相应增加或减少钢片的个数或增减调整垫片的厚度,以保证离合器的自由间隙不变。因此,有些离合器在相邻两个摩擦片之间装有两片钢片,这是为了保证自动变速器在改型时的灵活性,并非漏装了摩擦片。

(2)爪型离合器的结构与原理

爪型离合器是利用齿进行啮合的离合器,力矩的传递可以是两个方向也可以是单方向的。这种离合器与摩擦离合器不同,它的力矩传递是靠齿啮合进行的,全无滑动,传递准确。其缺点是在离合器离合时伴有冲击,切断动力传递需要较大的力。然而,因为其结构简单,力矩传递容量大,所以可以用在转速或传递力矩被切断时进行通断的前进与后退的换挡上。

图1-20所示是爪型离合器的一种结构,爪型套靠液压伺服缸活塞移动。图中所示是中间轴与中间倒挡齿轮相啮合的位置。伺服缸活塞工作时,液压离合器C的回路释放,倒挡齿轮的力矩传递中断,爪型套便容易动作。

2.制动器的结构与原理

制动器是一种起制动约束作用的机构,它将行星齿轮机构中的太阳轮、齿圈和行星架这三个基本元件之一与变速器壳体相连,使该元件被约束固定而不能旋转。制动器的结构型式较多,目前最常见的是带式制动器和片式制动器两种。

(1)带式制动器的结构与工作原理

带式制动器是利用围绕在鼓周围的制动带收缩而产生制动效果的一种制动器。带式制动器的优点是:有良好的抱合性能;占用变速器较小的空间;当制动带贴紧旋转时,会产生一个使制动鼓停止旋转的所谓自增力作用的楔紧作用。

①带式制动器结构组成

带式制动器又称为制动带,它主要由制动鼓、制动带、液压缸及活塞等组成,如图1-21所示。

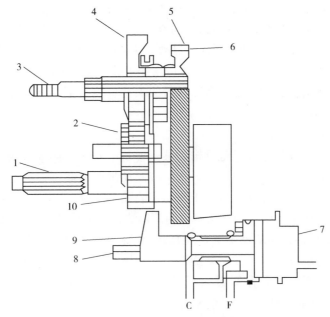

图 1-20 爪型离合器的转换机构

1-主轴;2-后退怠速齿轮;3-中间轴;4-中间轴倒挡齿轮;5-爪型套;6-中间轴前进齿轮;7-伺服缸活塞;8-拨叉轴;9-拨叉;10-主倒挡齿轮

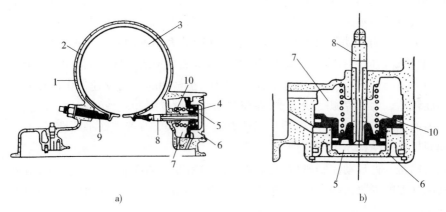

图 1-21 带式制动器

1-变速器壳体;2-制动带;3-制动鼓;4-活塞;5-液压缸施压腔;6-液压缸端盖;7-液压缸释放腔;8-推杆;9-调整螺钉;10-复位弹簧

②带式制动带的结构型式

带式制动器中的制动带是制动器的关键元件之一,它是由在卷绕的钢带底板上粘接摩擦材料所制成的。钢带的厚度约为 0.76~2.64mm。厚的钢带能产生大的夹紧力,用于发动机功率大的汽车自动变速器。薄的钢带能施加的夹紧力小,但因其柔性好,自增力作用强,所以能产生较大的制动力。

粘接在钢带内表面上的摩擦材料,其摩擦性能对自动变速器的性能来说是十分重要的。用于自动变速器的摩擦材料有多种类型,在商用汽车上一般采用硬度较高的铜基粉末冶金材料和半金属摩擦材料,在小客车上采用纸基摩擦材料。纸基摩擦材料由纤维素纤维、酚醛树脂和填充剂组成。酚醛树脂作为粘接剂,将纤维素纤维连接成连续的基体。填充剂用来增加材料的强度、提高摩擦性能和耐磨性。自动变速器摩擦材料的填充剂有石墨、金属和陶瓷材料的粉末。现代的纸基摩擦材料已经可以用作重载下工作的摩擦元件,摩擦性能稳定,且纤维素纤维资源丰富,成本低,制造摩擦材料的工艺也较简单,可以降低自动变速器的造价,因而得到广泛的应用。

③带式制动器的工作原理

带式制动器的制动鼓与行星齿轮机构的某一个基本元件相连接,并随之一起转动。制动带的一端支承在变速器壳体上的制动带支架或制动带调整螺钉上,另一端与液压缸活塞上的推杆连接。液压缸被活塞分隔为施压腔和释放腔两部分,分别通过各自的控制油道与控制阀相通。制动带的工作由作用在活塞上的液压油压力所控制。当液压缸的施压腔和释放腔内均无液压油时,带式制动器不工作,制动带与制动鼓之间有一定的间隙,制动鼓可以随着与它相连接的行星排基本元件一同旋转。当液压油进入制动器液压缸的施压腔时,作用在活塞上的液压油压力推动活塞,使之克服复位弹簧的弹力而移动,活塞上推杆随之向外伸出,将制动带箍紧在制动鼓上,于是制动鼓被固定住而不能旋转,此时制动器处于制动状态。在制动器处于制动状态且有液压油进入液压缸的释放腔时,由于释放腔一侧的活塞面积大于是施压一侧的活塞面积,活塞两侧所受的液压压力不相等,释放腔一侧的压力大于施压腔一侧的压力,因此活塞在这一压力差及复位弹簧弹力的共同作用下后移,推杆随之回缩,制动带被放松,使制动器由制动状态转成释放状态。这种控制方式可以使控制系统得到简化。当带式制动器不工作或处于释放状态时,制动带与制动鼓之间应有适当的间隙,间隙太大或太小都会影响制动器的正常工作。这一间隙的大小可用制动带调整螺钉来调整。在装复时,一般将螺钉向内拧紧至一定力矩,然后再退回规定的圈数(通常为2~3圈)。

带式制动器结构简单、轴向尺寸小,维修方便,在早期的自动变速器中应用较多;但它的工作平顺性较差。为了克服一缺陷,可在控制油路中设置缓冲阀或减振阀,使之在开始结合时液压缸内的油压能缓慢上升,以缓和制动力的增长速度,改善工作平顺性。

④伺服机构的结构与工作原理

伺服机构是一种自动控制机构,它能以一定的精度自动按照输入信号的变化规律动作。对于带式制动器的伺服机构来说,要根据节气门信号和转速信号自动地调节作用力。伺服机构由伺服油缸和伺服杆系组成。

a.伺服油缸

伺服油缸由缸筒、活塞和复位弹簧等主要零件组成。伺服油缸起作用以夹紧和松开变速器的制动带的方式有以下几种:

油压作用在与弹簧力相反的一侧。当油压作用在活塞上,活塞所受的推力克服弹簧的弹力向右运动,并推动作用杆使制动带夹紧制动鼓,如图1-22a)所示。当作用在活塞上油压被切断并被泄放掉时,作用在活塞另一侧的弹簧弹力推动活塞左移,使活塞回到原先的位置,制动器放松,如图1-22b)所示。这是一种最简单的结构。

油压在不同的时该分别作用于活塞的左侧或右侧。当油压作用于活塞的左侧时,右侧的油腔通泄油道,活塞右移压缩弹簧,并把作用杆推向制动带抱住制动鼓,如图1-23a)所示。

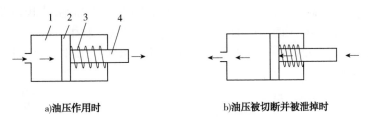

图 1-22 油压作用在活塞一侧的伺服油缸
1-缸筒；2-活塞；3-弹簧；4-作用杆

当活塞左侧的油腔泄油时，右侧的油腔和压力油道接通，在弹簧弹力和油压的作用下，活塞左移，制动器放松，如图 1-23b)所示。当活塞回到原来位置后，伺服油缸的释放侧(右侧)仍保持油压作用，以使制动器保持在不起作用的位置。这是一种较为常用的结构型式，其优点是制动器结合比较平稳，要求制动器不起作用时，分离比较迅速。

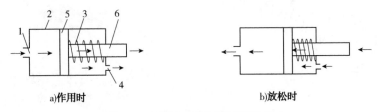

图 1-23 两侧有油压作用的伺服油缸
1-作用油孔；2-缸筒；3-弹簧；4-放松油孔；5-活塞；6-伺服杆系

b.伺服杆系

伺服杆系是连接制动伺服油缸和制动带的杠杆系统，有直杆式、杠杆式、悬臂梁式等型式。

直杆式：这种型式的作用杆是一根直推杆，直接将伺服油缸的力传给制动带的自由端。这种型式杆系只有在制动鼓受最大扭矩作用时，因伺服油缸的尺寸足够大，使变速器内有空间安装直杆时才采用。

杠杆式：杠杆式杆系是用一个杠杆推动制动带的作用推杆。这种杆系用在因变速器壳空间位置所限制，不能安装直杆式伺服杆系的地方。这种杆系改变了活塞杆推力的作用方向，同时也增大了作用在制动带上的推力。

悬臂梁式：这种伺服杆系用一个摇臂和一个作用于制动带两端的悬臂将伺服油缸的作用杆和制动带连接起来，制动带没有固定支座。当活塞的作用力施加到作用杆上时，通过摇臂、悬臂梁和推杆将制动带收紧。因为制动带由推杆和悬臂梁相向夹紧，所以悬臂梁式伺服杆系像杠杆式伺服杆系那样起到增大作用力的作用。同时由于制动带能自动定心和平稳地绕着制动鼓收缩，所以制动带作用平顺，磨损减少。

(2)片式制动器的结构与工作原理

片式制动器由制动鼓、制动器活塞、复位弹簧、钢片、摩擦片及制动毂等部件组成。它的工作原理和多片湿式摩擦离合器基本相同，但片式制动器的制动鼓(相当于离合器鼓)固定在变速器壳体上(图 1-24)。钢片通过外花键齿安装在固定于变速器壳体上的制动鼓内花键齿圈中，或直接安装在变速器壳体上的内花键齿圈中，摩擦片则通过内花键齿和制动鼓上的外花键齿连接。当制动器不工作时,钢片和摩擦片之间没有压力,制动器毂可以自由旋转。当制动器工作时,来自控制阀的液压油进入制动器毂内的液压缸中,油压作用在制动器活塞上,推动活塞将制动器摩擦片和钢片夹紧在一起,与行星排某一基本元件连接的制动器毂就被固定住而不能旋转。

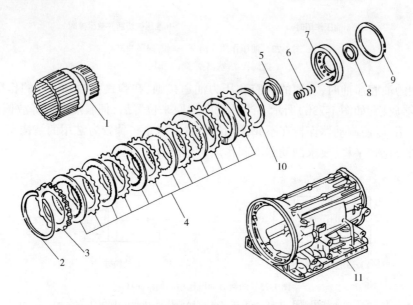

图 1-24　片式制动器

1-制动毂；2-卡环；3-挡圈；4-钢片和摩擦片；5-弹簧座；6-复位弹簧；7-制动器活塞；8、9-密封圈；10-碟形环；11-变速器壳体

片式制动器的工作平顺性优于带式制动器,因此近年来在轿车自动变速器中,采用片式制动器的越来越多。另外,片式制动器也易于通过增减摩擦片的片数来满足不同排量发动机的要求。

3.单向超越离合器的结构与工作原理

单向超越离合器又称单向啮合器或自由轮离合器,与其他离合器的区别是,单向超越离合器无需控制机构,它是依靠其单向锁止原理来发挥固定或连接作用的,力矩的传递是单方向的,其连接和固定完全由与之相连接元件的受力方向所决定,当与之相连接元件的受力方向与锁止方向相同时,该元件即被固定或连接；当受力方向与锁止方向相反时,该元件即被释放或脱离连接；即在驱动轴与从动轴之间,只能使从动轴作一个方向回转,反方向具有空转机能。

单向超越离合器有多种型式,常用有棘轮式、滚柱斜槽式和楔块式三种型式。

(1)棘轮式单向超越离合器

棘轮式单向超越离合器主要由外轮、棘轮、棘爪和叶片弹簧等组成,图 1-25 所示为棘轮式单向超越离合器的一种型式。

当外轮相对于棘轮顺时针方向旋转时,棘爪卡住棘轮,外轮与棘轮连为一体,不能相对运动,离合器处于锁止状态；当外轮相对于棘轮逆时针方向旋转时,棘爪与棘轮之间产生相对滑动,外轮成为自由轮,单向超越离合器处于自由状态。

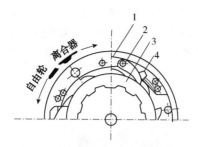

图1-25 棘轮式单向超越离合器
1-外轮；2-棘爪；3-棘轮；4-叶片弹簧

（2）滚柱斜槽式单向超越离合器

滚柱斜槽式单向超越离合器由外环、内环、滚柱、滚柱复位弹簧等组成，如图1-26所示。

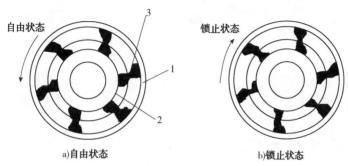

图1-26 滚柱斜槽式单向超越离合器
1-外环；2-内环；3-滚柱

内环通常用内花键和行星齿轮排的某个基本元件或者和变速器壳体连接，外环则通过外花键和行星排的另一侧基本元件连接或者和变速器外壳连接。在外环的内表面制有与滚柱相同数目的楔形槽。内外环之间的楔形槽内装有滚柱和弹簧。弹簧的弹力将各滚柱推向楔形槽较窄的一端。当外环相对于内环朝顺时针方向转动时，在刚刚开始转动的瞬间，滚柱便在摩擦力和弹簧弹力的作用下被卡死在楔形较窄的一端，于是内外环互相连接成一个整体，不能相对转动，此时单向超越离合器处于锁止状态，与外环连接的基本元件被固定住或者和与内环相连接的元件连成一整体。当外环相对于内环朝逆时针方向转动时，滚柱在摩擦力的作用下，克服弹簧的弹力，滚向楔形槽较宽的一端，出现打滑现象，外环相对于内环可以作自由滑转，此时单向超越离合器脱离锁止而处于自由状态。

单向超越离合器的锁止方向取决于外环上楔形槽的方向。在装配时不得装反，否则，会改变其锁止方向，使行星齿轮变速器不能正常工作。

有些单向超越离合器的楔形槽开在内环上，其工作原理和楔形槽开在外环上的相同。

（3）楔块式单向超越离合器

楔块式单向超越离合器的结构和滚柱斜槽式单向超越离合器的结构基本相似，也有外环、内环、滚子（楔块）等，如图1-27所示。不同之处在于，它的外环或内环上都没有楔形槽，其滚子不是圆柱形的，而是特殊形状的楔块。楔块在 A 方向上的尺寸 A 略大于内外环之间的距离 B，而在 C 方向上的尺寸 C 略小于 B。当外环相对于内环朝顺时针方向转动时，楔块在摩擦力的作用下立起,因自锁作用而被卡死在内外环之间,使内环与外环无法相对滑转,此时单向超越离合器处于锁止状态;当外环相对于内环朝逆时针方向旋转时,楔块在摩擦力的作用下倾斜,脱离自锁状态,内环与外环可以相对滑动,此时单向超越离合器处于自由状态。

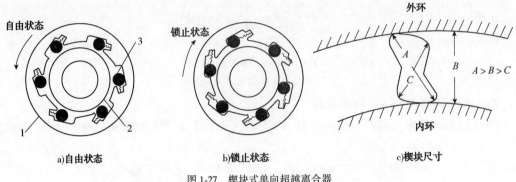

图 1-27 楔块式单向超越离合器
1-外环;2-内环;3-楔块

楔块式单向超越离合器的锁止方向取决于楔块的安装方向。维修时不可装反,以免影响自动变速器的正常工作。

1.5 液压控制系统

近代所使用的自动变速器都离不开液压系统,而液压系统的液压油是由供油系统所提供的,因此,供油系统是汽车自动变速器中不可缺少的重要组成部分之一。

1.5.1 供油系统的基本组成及作用

供油系统的结构组成,因其用途不同而有所不同,但主要组成部分基本相同,一般由各分支供油系统、油泵及辅助装置、压力调节装置等部分组成。

供油系统的作用是向变速器各部分提供具有一定油压、足够流量、合适温度的液压油。具体作用是:

(1)给变速器(或偶合器)供油,并维持足够的补偿压力和流量,以保证液力元件完成传递动力的功能;防止变矩器产生的气蚀,并及时将变矩器的热量带走,以保持正常的工作温度。

(2)在一部分工程车辆和重型运输车辆中,还需向液力减速器提供足够流量及温度适宜的油液,以便能适时地吸收车辆的动能,得到满意的制动效果。

(3)向控制系统供油,并维持主油路的工作油压,保证各控制机构顺利工作。

(4)保证换挡离合器等的供油,以满足换挡等的操纵需要。

(5)为整个变速器各运动零件如齿轮、轴承、止推垫片、离合器摩擦片等提供润滑用油,并保证正常的润滑油温度。

(6)通过油料的循环散热冷却,使整个自动变速器的发热量得以散逸,使变速器保持在合理的温度范围内工作。

1.5.2 供油油泵的结构与工作原理

油泵是自动变速器中最重要的总成之一,它通常安装在变矩器的后方,由变矩器壳后端的轴套驱动。在变速器的供油系统中,常用的油泵有内啮合齿轮泵、转子泵和叶片泵。由于自动变速器的液压系统属于低压系统,其工作油压通常不超过 2MPa,所以应用最广泛的仍然是齿轮泵。

1. 内啮合齿轮泵的结构与工作原理

内啮合齿轮泵主要由外齿齿轮、内齿齿轮、月牙形隔板、泵壳、泵盖等组成,图 1-28 所示为典型的内啮合齿轮泵及其主要零件的外形。液压泵的齿轮紧密地装在泵体的内腔里,外齿齿轮为主动齿轮,内齿齿轮为从动齿轮,两者均为渐开线齿轮;月牙形隔板的作是将外齿齿轮和内齿齿轮隔开。内齿和外齿齿轮紧靠着月牙形隔板,但不接触,有微小的间隙。泵体是铸造而成的,经过精加工,泵体内有很多油道,有进油口和出油口,有的还有阀门或电磁阀。泵盖也是一个经精加工的铸件,也有很多油道。泵盖和泵体用螺栓连接在一起。

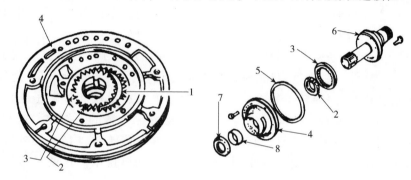

图 1-28 典型的齿轮泵

1-月牙形隔板;2-驱动齿轮(外齿轮);3-被动齿轮(内齿轮);4-泵体;5-密封环;6-固定支承;7-油封;8-轴承

内啮合齿轮泵的工作原理如图 1-29 所示。月牙形隔板将内齿轮与外齿轮的之间空出的容积分隔成两个部分,在齿轮旋转时齿轮的轮齿由啮合到分离的那一部分,其容积由小变大,称为吸油腔;齿轮由分离进入啮合的那一部分,其容积由大变小,称为压油腔。由于内、外齿轮的齿顶和月牙形隔板的配合是很紧密的,所以吸油腔和压油腔是互相密封的。当发动机运转时,变矩器壳体后端的轴套带动小齿轮和内齿轮一起朝图中顺时针方向运转,此时在吸油腔内,由于外齿轮和内齿轮不断退出喷合,容积不断增加,以致形成局部真空,将油盘中的液压油从进油口吸入,且随着齿轮旋转,齿间的液压油被带到压油腔;在压油腔,由于小齿轮和内齿轮不断进入啮合,容积不断减少,将液压油从出油口排出。油液就这样源源不断地输往液压系统。

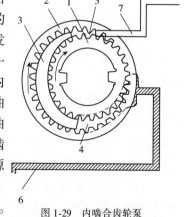

图 1-29 内啮合齿轮泵

1-小齿轮;2-内齿轮;3-月牙形隔板;4-吸油腔;5-压油腔;6-进油道;7-出油道

油泵的理论泵油量等于油泵的排量与油泵转速的乘积。内啮合齿轮泵的排量取决于外齿齿轮的齿数、模数及齿宽。油泵的实际泵油量会小于理论泵油量,因为油泵的各密封间隙处有一定的泄漏。其泄漏量与间隙的大小和输出压力有关。间隙越大、压力越高,泄漏量就越大。

内啮合齿轮泵是自动变速器中应用最为广泛的一种油泵,它具有结构紧凑、尺寸小、重量轻、自吸能力强、流量波动小、噪声低等特点。各种丰田汽车的自动变速器一般都采用这种油泵。

2. 摆线转子泵的结构与工作原理

摆线转子泵由一对内啮合的转子、泵壳和泵盖等组成,如图1-30所示。内转子为外齿轮,其齿廓曲线是外摆线;外转子为内齿轮,齿廓曲线是圆弧曲线。内外转子的旋转中心不同,两者之间有偏心距 e。一般内转子的齿数为4、6、8、10等,而外转子比内转子多一个齿。内转子的齿数越多,出油脉动就越小。通常自动变速器上所用摆线转子泵的内转子都是10个齿。

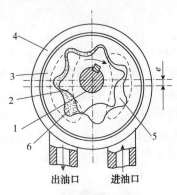

图1-30 摆线转子泵
1-驱动轴;2-内转子;3-外转子;4-泵壳;5-进油腔;6-出油腔;e-偏心距

发动机运转时,带动油泵内外转子朝相同的方向旋转。内转子为主动齿,外转子的转速比内转子每圈慢一个齿。内转子的齿廓和外转子的齿廓是一对共轭曲线,它能保证在油泵运转时,不论内外转子转到什么位置,各齿均处于啮合状态,即内转子每个齿的齿廓曲线上总有一点和外转子的齿廓曲线相接触,从而在内转子、外转子之间形成与内转子齿数相同个数的工作腔。这些工作腔的容积随着转子的旋转而不断变化,当转子朝顺时针方向旋转时,内转子、外转子中心线的左侧的各个工作腔的容积由大变小,将液压油从出油口排出。这就是转子泵的工作过程。

摆线转子泵的排量取决于内转子的齿数、齿形、齿宽以内外转子的偏心距。齿数越多,齿形、齿宽及偏心距越大,排量就越大。

摆线转子泵是一种特殊齿形的齿形的内啮合齿轮泵,它具有结构简单、尺寸紧凑、噪声小、运转平稳、高速性能良好等优点;基制点是流量脉动大,加工精度要求高。

3. 叶片泵的结构与工作原理

叶片泵由定子、转子、叶片、壳体及泵盖等组成,如图1-31所示。转子由变矩器壳体后端的轴套带动,绕其中心旋转;定子是固定不动的,转子与定子不同心,二者之间有一定的偏心距。

当转子旋转时,叶片在离心力或叶片底部的液压油压力的作用下向外张开,紧靠在定子内表面上,并随着转子的转动,在转子叶片槽内作往复运动。这样在每两个相邻叶片之间便形成密封的工作腔。如果转子朝顺时针方向旋转,在转子与定子中心连线的右半部的工作腔容积逐渐减小,将液压油从出油口压出。这就是叶片泵的工作过程。

叶片泵的排量取决于转子直径、转子宽度及转子与定子的偏心距。转子直径、转子宽度及转子与定子的偏心距越大,叶片泵的排量就越大。

叶片泵具有运转平稳、噪声小、泵油油量均匀、容积效率高等优点,但它结构复杂,对液压油的污染比较敏感。

4. 变量泵的结构与工作原理

上述三种油泵的排量都是固定不变的。所以也称为定量泵。为保证自动变速器的正常工作,油泵的排量应足够大,以便在发动机怠速运转的低速工况下也能为自动变速器各部分提供足够大的流量和压力的液压油。定量泵的泵油量是随转速的增大而正比地增加的。当发动机在中高速运转时,油泵的泵油量将大大超过自动变速器的实际需要,此时油泵泵出的大部分液压油将通过油压调节阀返回油底壳。由于油泵泵油量越大,其运转阻力也越大,因此这种定量泵在高转速时,过多的泵油量使阻力增大,从而增加了发动机的负荷和油耗,造成了一定的动力损失。

为了减少油泵在高速运转时由于泵油量过多而引起的动力损失,上述用于汽车自动变速器的叶片泵大部分都设计成排量可变的型式(称为变量泵或可变排量式叶片泵)。这种叶片泵的定子不是固定在泵壳上,而是可以绕一个销轴作一定的摆动,以改变定子与转子的偏心距,如图 1-32 所示。从而改变油泵的排量。

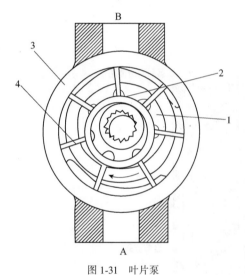
图 1-31　叶片泵
1-转子;2-定位环;3-定子;4-叶片;A-进油口;B-出油口

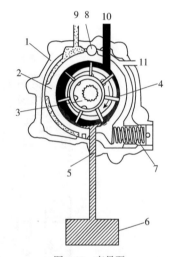
图 1-32　变量泵
1-泵壳;2-定子;3-转子;4-叶片;5-进油口;6-滤网;7-复位弹簧;8-销轴;9-反馈油道;10-出油口;11-卸压口

在油泵运转时,定子的位置由定子侧面控制腔内来自油压调节阀的反馈油压来控制。当油泵转速较低时,泵油量较小,油压调节阀将反馈油路关小,使反馈压力下降,定子在复位弹簧的作用下绕销轴向顺时针方向摆动一个角度,加大了定子与转子的偏心距,油泵的排量随之增大;当油泵转速增高时,泵油量增大,出油压力随之上升,推动油压调节阀将反馈油路开大,使控制腔内的反馈油压上升,定子在反馈油压的推动下绕销轴朝逆时针方向摆动,定子与转子的偏心距减小,油泵的排量也随之减小,从而降低了油泵的泵油量,直到出油压力降至原来的数值。

定量泵的泵油量和发动机的转速成正比,并随发动机转速的增加而不断增加;变量泵的泵油量在发动机转速超过某一数值后就不再增加,保持在一个能满足油路压力的水平上,从而减少了油泵在高转速时的运转阻力,提高了汽车的燃油经济性。

1.5.3 调压装置

自动变速器的供油系统中,必须设置油压调节装置,一方面是因为油泵泵油量是变化的。自动变速器的油泵是由发动机直接驱动的,油泵的理论泵油量和发动机的转速成正比,为了保证自动变速器的正常工作,当发动机处于最低转速工况(怠速)时,供油系统中的油压应能满足自动变速器各部分的需要,防止油压过低使离合器、制动器打滑,影响变速器的动力传递;但如果只考虑怠速工况,由于发动机在怠速工况下的转速(750r/min 左右)和最高转速(6000r/min 左右)之间相差太大,那么当发动机高速运转时,油泵的泵油量将大大超过自动变速器各部分所需要的油量和油压,导致油压过高,增加发动机的负荷,并造成换挡冲击。另一方面是因为自动变速器中各部分对油压的要求也不相同。因此,要求供油系统提供给各部分的油压和流量应是可以调节的。

自动变速器供油系统的油压调节装置是由主油路调压阀(又称一次调节阀)、副调压阀(又称二次调节阀)、单向阀和安全阀等组成。图 1-33 所示为一种油压调节阀装置的结构图。

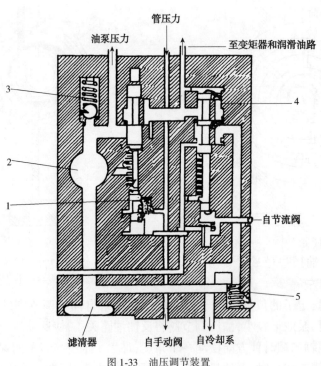

图 1-33 油压调节装置
1-一次调节阀;2-油泵;3-安全阀;4-二次调节阀;5-单向阀

1. 主油路调压阀

主油路调压阀又称一次调节阀,它的作用是根据汽车行驶速度和化油器节气门开度的变化,自动调节流向各液压系统的油压,保证各系统液压的稳定,使各信号阀工作平稳。主油路调压阀一般由阀芯、阀体和弹簧等主要元件组成。图 1-34 所示为油压调节阀的结构简图。

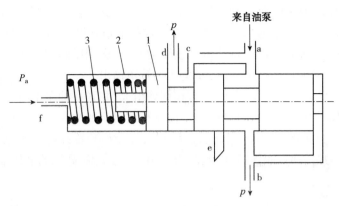

图 1-34　油压调节阀的结构简图

1-阀芯；2-阀体；3-弹簧；a-来自油泵的压力油进口；b-输往选挡阀的出油口；c-和 a 连通的进油口；d-输往变矩器的出油口；e-泄油道；f-节气门调节压力的进口

来自油泵的压力油液从进油口 a 进入，并作用到阀芯的右端，来自于节气门调节阀和手动阀倒挡油路的两个反馈油压则经进油口 f 作用在阀芯的左端。

当发动机负荷较小，输出功率较小时，此时的节气门调节压力也较低，作用在阀芯右端的油液压力较高，油压所产生的作用力大于阀芯左端弹簧预紧力和节气门调节压力对阀芯的作用时，弹簧将被压缩，阀芯向左移动，阀芯中部的密封台肩将使泄油口露出一部分（来自油泵的油液压力越高则泄油口露出越多），来自油泵的油液有一部分经出油口 b 输往选挡阀，有一部分经出油口 d 输出往变矩器，还有一部分泄油口流回油盘，使油压下降，直至油液压力所产生的推力与调压弹簧的预紧力和节气门调节压力的合力保持平衡为止，此时调压阀以低于油泵输入压力的油压输出；当节气门开度增大，输出功率增大时，此时增大了的节气门调节油压将使阀芯向右移动，阀芯中部的密封台肩将堵住泄油口，泄油口开度降低，泄油道减小或处于封闭状态，使油压上升，调节阀以高于油泵输入压力的油压输出。节气门开度越大，调压阀输出的压力越高，输往选挡阀和变矩器去的油液压力将随所要传递的功率的增大而增大，则时可使油液压力保持在相对稳定的范围（通常为 0.5~1MPa）内。

在阀芯的右端还作用着另一个反馈油压，它来自于压力校正阀。这一反馈油压对阀芯产生一个向左的推力，使主油路调压阀所调节的主油路油压减小。

当自动变速器处于前进挡的 1 挡或 2 挡时，倒挡油路油压为 0，压力校正阀关闭，调压阀右端的反馈油压也为 0。而当变速器处于 3 挡或超速挡时，若车速增大到某一数值，压力校正阀开启，来自节气门阀的压力油经压力校正阀进入调压阀右端。增加了阀芯向左的推力，使主油路油压减小，减小了油泵的运转阻力。当自动变速器处于倒挡时，来自手动阀的倒挡油路压力油进入阀芯的左端，阀芯左端的油压增大，主油路调压阀所调节的主油路压力也因此升高，满足了倒挡时对主油路油压的需要。此时的主油路油压称为倒挡油压。

2.副调压阀和安全阀

副调压阀又称二次调节阀，它的作用是根据汽车行驶速度和化油器节气门开度的变化，自动调节变矩器的油压、各部件的润滑油压和冷却装置的冷却油压。

二次调节阀也是由阀体、阀芯和弹簧等组成。当发动机转速低或化油器油门关闭时,二次调压阀在弹簧的作用下,把通向液压油冷却装置的油道切断。当发动机转速升高和液力变矩器油压升高时,把油路开放。发动机停止转动时,二次调压阀用一个单向控制阀把液力变矩器的油路关闭,使液压油不能外流,以免影响转矩输出。

安全阀实际上也是一个调压阀,由弹簧和钢球组成,并联在油泵的进、出油口上,以限制油泵压力。当油泵压力高时,压开钢球,油经钢球和油道流回油盘。

旁通阀(单向阀)是液压油冷却装置的保护器,与冷却装置并联。当流到冷却装置的液压油温度过高、压力过大时,阀体打开,起旁通作用,以免高温、高压的液压油损坏冷却装置。

1.5.4 辅助装置

自动变速器供油系统中除了油泵及各种流量控制阀外,还包括许多辅助装置。这里仅就油箱和滤清器作一些简单介绍。

1.油箱

自动变速器的油箱,常见的型式有总体式和分离式两类。前者与自动变速器连成一体,直接把变速器的油底壳作为油箱使用。后者则分开独立布置,由管道与变速器连通。分离式油箱在布置上比较自由,允许有足够的容量而不增加变速器的高度。通常油箱都有可靠的密封,以防油液泄漏和杂质进入,有时还可采用充压密封式油箱,以改善油泵的吸油效果。对于某些工程车辆和重型车辆的综合传动箱,还可根据箱体结构分隔成两个或多个互通的油池,以保证可行的油液循环。

在一定条件下,油箱高度取决于油箱尺寸的大小。在正常油箱温度条件下工作时,油箱液面应保持正确的高度。油面过低,则油泵在吸油时可能吸入空气。空气的可压缩性会导致难以正常工作,并且使换挡过程中出现打滑和接合延迟现象,使得变速器机件发热和加速磨损。反之,若油面过高,则将因齿轮等零件搅拌而形成泡沫层,同样也会产生过热和打滑,加速油液的氧化。正确的液面高度根据冷态和热态时不同的标尺刻度进行检查。泵的吸油口应低于最低油面高度,以防吸入空气。

此外,一般油箱还应有个通气孔,以保证油箱内正常的大气压。

2.滤清器

自动变速器由于液压系统零件的高精密度及工作性能的灵敏度,使其对油液的清洁程度要求极高。经过长期使用后,由于油液变质、零件磨损颗粒、摩擦衬面剥落、密封件磨损脱落、空气中的尘埃颗粒,以及其他污物都可能使油液污染,而导致各种故障的发生,如滑阀受卡、节流孔堵塞、随动滑阀失灵,因此,应采用多种措施对油液进行严格过滤。

在自动变速器供油系统中,通常设有三种形式的滤油装置。

(1)粗滤器

精滤器通常装在油泵的吸油管端,用以防止大颗粒或纤维杂物进入供油系统。为了避免出现吸油气穴现象,一般采用 80~110μm 的金属丝网或毛织物作为滤清材料,以保证不产生过大的降压。

(2)精滤器

精滤器通常设置在回油管道或油泵的输出管道上,它的作用是滤去油液中的各种微小颗粒,提高油液的清洁度,避免颗粒杂物进入控制系统。因此,要求精滤器有较高的过滤精度。例如有的重型自动变速器的精滤器的过滤精度为 40μm,保证大于 0.04mm 的颗粒杂物不得进入控制系统。这样,油液必须在压力状态下通过精滤器,并产生一定的压降。在某些复杂的重型车辆和工程车辆中,常设计有专用的旁路式精滤器,用一个专用的油泵来驱使油液通过精滤器。

(3)阀前专用滤清器

在一些自动变速器的控制系统中,常在一些关键而精密的控制阀前,例如,双边节流的参数调压阀前的油路中,串接设置有专用的阀前滤清器,以防止杂质进入节流孔隙处造成调压阀失灵,影响整个控制系统的工作。这种阀前滤清器应尽量设置在接近于被保护的控制阀处,并且只为该阀所专用。通常,由于它要求通过的流量不大,这种滤清器的尺寸都做得很小,过滤材料则用多层的金属丝或微孔滤纸。

1.5.5 自动换挡控制系统的结构与工作原理

自动变速器控制系统由各种控制阀板总成、电磁阀、控制开关、控制电路等组成,电子控制自动变速器的控制系统还包括各种传感器、执行器、电脑等。

控制系统的主要任务是控制油泵的泵油压力,使之符合自动变速器各系统的工作需要;根据操纵手柄的位置和汽车行驶状态实现自动换挡;控制变矩器中液压油的循环和冷却,以及控制变矩器中锁止离合器的工作。控制系统的工作介质是油泵运转时产生的液压油。油泵运转时产生的液压油进入控制系统后被分成两个部分:一部分用于控制系统本身的工作,另一部分则在控制系统的控制下送至变矩器或指定的换挡执行元件,用于操纵变矩器及换挡执行元件的工作。

1. 自动换挡控制的原理

为实现自动换挡,必须以某种(或某些)参数作为控制的依据,而且这种参数应能用来描述车辆对动力传动装置各项性能和使用的要求,能够作为合理选挡的依据,同时,在结构上易于实现,便于准确可靠地获取。目前常用的控制参数是车速和发动机节气门开度。

至目前为止,常用的控制系统有两种:一种是只以车速或变速器输出轴转速作为控制参数的系统称为单参数控制系统;另一种是以车速和节气门开度作为控制参数的系统称为双参数控制系统。

(1)单参数控制系统的原理

单参数控制系统只是以车速为控制参数。在发动机负荷一定的条件下,车速越大,说明行驶阻力越小,一般应选择传动比小的高挡工作;车速越低,说明路面阻力大,应选择较低挡位工作,以保证有足够的驱动力。

单参数控制系统的原理如图 1-35 所示。轴 1 以与车速成正比的转速旋转,转速升高,重锤 2 的离心力增大,使重锤向外甩动,推动轴 3 向右移动,使弹簧 5 压缩。轴 3 上连接的触点 4 与各挡的导电薄片相接触时,可以接通换挡机构的控制电路,得到相应的挡位。轴 3 与触点 4 的位置,即是重锤 2 的离心推力与弹簧力平衡的位置。

当车速增大的,旋转轴 1 的转速也增大,离心推力带动推力轴 3 和触点 4 进一步右移,

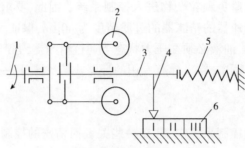

图 1-35 单参数控制系统的原理示意图
1-旋转轴；2-重锤；3-推力轴；4-触点；5-弹簧；6-挡位导电薄片

当车速增加到定一值，触点 4 由薄片Ⅰ移至Ⅱ，变速器也相应地由一挡换入二挡，实现自动变速。

(2) 双参数控制系统的原理

双参数控制系统是以车速和节气开度为控制参数的。通常，节气门开度的大小，反映了车速对发动机负荷(或动力)的需求。在自动换挡控制系统中，发动机负荷的大小，除了用加速踏板位置或节气门的位置表示外，还可以用进气管真空度来表示。对柴油机来说，则可用供油调节拉杆的位置来表示。所有这些统称为节气门开度。一般来说，节气门开度越大，发动机的负荷就越大，输出的功率也就越大。

图 1-36 为双参数控制自动变速机构的原理示意图。这个机构和单参数控制系统不同之处是在弹簧 5 的右端还受与加速踏板 8 相连的节气门作用轴 7 的作用。当踩下加速踏板时，节气门开度增大，负荷增大，这时通过轴 7 从右端压缩弹簧 5。因此，轴 3 和触点 4 的位置取决于车速的大小，还受节气门踏板位置的影响。如果节气门开度增加，则需要有更高的车速才能使轴 3 克服弹簧 5 的作用力而右移。也就是说，在节气门开度(负荷)增大时，需要较高的车速才能升挡，同样，降挡时的车速也较高。因此，单参数控制机构不能广泛地反映汽车和发动机的工作情况，所以只有在早期的自动变速器中得到采用。现代汽车自动变速器中，广泛采用双参数控制系统。

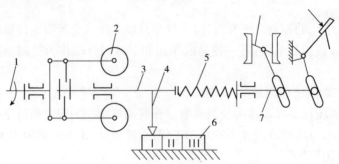

图 1-36 双参数控制系统的原理示意图
1-旋转轴；2-重锤；3-推力；4-触点；5-弹簧；6-挡位导电薄片；7-加速踏板

2. 自动换挡控制信号及装置

车速和节气门开度的变化要转变成油液压力变化的控制信号，输入到相应的控制系统，改变液压控制系统的工作状态，并通过各自的控制执行机构来进行各种控制，从而实现自动换挡。这种转速装置,称为信号发生器或传感器,常用的控制信号有液压信号和电气信号。

(1) 液压信号装置

液压信号装置是将发动机负荷(节气门开度)和车速的变化转变成液压信号的装置。常见的液压信号装置有节气门调压阀(简称节气门阀)和速度调压阀(简称速度阀或调速器)两种。

①节气门调压阀

节气门调压阀用于产生节气门油压,以便控制系统根据汽车油门(即节气门)开度的大小改变主油路油压和换挡车速,使自动变速器的主油路油压和换挡规律满足汽车的实际使用要求。

节气门调压阀是由节气门开度所控制的,根据控制方式的不同,节气门调压阀有机械作用式节气门调压阀、真空作用式节气门调节阀、带海拔高度补偿装置的真空作用式节气门调节阀及反变化的节气门调节阀等几种型式。在几种型式的节气门调压阀中,由于机械作用式节气门调压阀结构简单、工作可靠,所以使用最广泛。

图 1-37 是一种机械式节气门调压阀的结构简图。它由柱塞 2、阀芯 4、弹簧 3 和阀体等组成。a 为进油口,b 为出油口,c 为泄油口,d 为强制降挡油口。

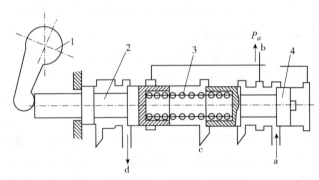

图 1-37 机械作用式节气门调压阀结构简图
1-摇臂;2-柱塞;3-弹簧;4-阀芯;a-进油口;b-出油口;c-泄油口;d-强制降挡油口

当踩下加速踏板,使节气门开度增大时,摆臂 1 沿逆时针方向转动,推动柱塞 2 右移,压缩弹簧 3,使弹簧力增大,弹簧力则推动阀芯 4 右移,使进油口 a 的开口量增大,而泄油口的开口量减小,于是通往控制装置的输出油压 P_a 上升。阀芯右端的油室与出油口 b 相通,P_a 压力油对阀芯 4 产生向左的液压推力。当 P_a 压力油对阀芯的作用力与弹簧 3 的作用相平衡时,阀芯就保持在某一工作位置,得到一个稳定的输出信号油压 P_a。

当摆臂 1 沿逆时针方向转到最大转角位置时,柱塞 2 移动右端位置,其环槽把油口 d 与 b 接通,此时输出压力达最大值 $p_{a\max}$,并从 d 口输出,从而达到强制降挡的控制目的。

②速度调压阀

自动变速器液压操纵系统速度调节阀一般装在输出轴上,使调节阀能够感应出汽车速度的变化,以得到和汽车速度相对应的输出油压,从而控制自动变速器的换挡时机。速度调压阀有单锤式、双锤式和复锤式等型式。

图 1-38 所示为近代汽车自动变速器中应用最广的复锤式速度调压阀。它有两个大小不同的重锤,但只有一个双边节流阀。两个重锤在不同转速范围所起的作用也不同:在低速

范围内,大小两个重锤的离心力都作用在滑阀上;在高速范围内,只有小锤的离心力继续作用在滑阀上,速度调压阀的输出信号油压出现不同的两个阶段,所以这种速度阀也称作两级式速度阀,而把单锤式速度阀称作单级式速度阀。

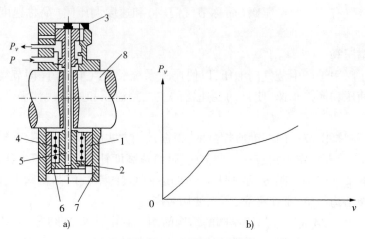

图 1-38 复锤式速度调压阀结构简图
1-大重锤;2-小重锤;3-滑阀;4-弹簧;5-拉杆;6、7-锁止环;8-变速器输出轴

复锤式速度调压阀的结构特点是大小重锤 1、2 和滑阀 3 布置在变速器输出轴 8 的两侧,通过拉杆 5 相连。大重锤 1 是个套筒,当输出轴 8 旋转时,在离心力作用下,它能在阀体内沿轴线方向滑动。在其内部,通过弹簧 4 将离心力传给小锤即套筒 2。两重锤的离心力又通过拉杆 5,传递给在输出轴另一侧的滑阀 3。大小重锤在甩动外移时,其移动距离受锁片 7 或 6 的限制。

速度阀工作时,压力油作用于滑阀的阶梯形环面上,与输出轴另一侧的重锤离心力相平衡。当输出轴转速较低时,大小重锤的离心力都通过拉杆 5 作用在滑阀 3 上,因此输出油压 P_a 随车速的增加而急剧升高。随着输出轴转速的增加,大重锤离心力迅速增大,以至克服弹簧 4 的张力,外移至极限位置,被锁止片 7 挡住。这时大重锤的离心力除压缩弹簧 4 外,不再传递给拉杆 5,而由锁止环所承受。当转速再升高时,除了弹簧 4 的弹力继续作用外,只有小锤 2 的离心力继续与滑阀环面上的油液压力相平衡。这时由于离心力变小,速度阀输出信号油压的变化也较缓慢,出现了输出信号油压的阶段性,这种复锤式速度调压阀的信号油压,可以在较大的车速范围内满足换挡控制的要求。

(2) 电气信号

将控制参数的变化转换成电气信号(通常是电压或频率的变化),经调制后再输入控制器。或将电器信号输入电子计算机,电子计算机根据各种信号输入,作出是否需要换挡的决定,并给换挡控制系统发出换挡指令。在计算机控制的自动变速器上,传感器节气门开度信号的是节气门位置传感器,感传车速变化信号的是速度传感器。

3. 自动换挡控制装置的结构与工作原理

自动换挡控制装置主要用来按照换挡规律的要求,随着控制参数的变化,自动地选择最佳换挡点,发出换挡信号,换挡信号操纵换挡执行机构,完成挡位的自动变换。自动换挡控制系统的功用是由选挡阀(手动阀)、换挡控制阀、换挡品质控制阀等主要元件来实现的。

(1) 选挡阀的结构与工作原理

选挡阀又称手动阀,它是一种手工控制的多路换向阀,位于控制系统的阀板总成中,经机械传动机构和自动变速器的操纵手柄相连,由驾驶员手工操作。选挡阀根据自动变速器操纵手柄的位置,使自动变速器处于同的挡位状态。在操纵手柄处于不同位置时,如停车挡(P)、空挡(N)、倒挡(R)、前进挡(D)、前进低挡(S、L或2、1)等,手动阀也随之移至相应的位置,使进入手动阀的主油路与不同的控制油路接通,或直接将主油路压力油送入不同的控制油路,并让不参加工作的控制油路与泄油孔接通,使这些油路中的压力油泄空,从而使控制系统及自动变速器处于不同的工作状态。

图1-39所示为自动变速器手动阀的结构和工作原理。阀体通过连接杆受选挡杆操纵,阀体能左右移动,移动时能分别打开或关闭阀体中的油道。手动阀的进油口与一次调节阀(主油路压力调节阀)相通,压力为管路压力,出油口与各换挡阀、顺序动作阀和离合器调节阀相通。

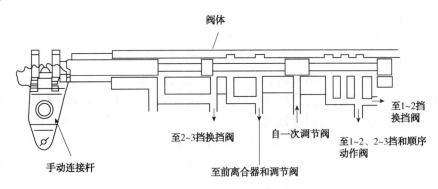

图1-39 手动阀的结构及工作原理图

选挡杆在P挡时,手动阀把其他油道都关闭,把通往低压随动阀和顺序动作阀的油路打开,自动变速器只有第三制动器工作。选挡杆在R挡时,手动阀打开,自动变速器通往后离合器和第三制动器的油道,后离合器和第三制动器的动作,变速器工作在倒挡。选挡杆在D挡时,手动阀把前离合器和1~2挡换挡阀、2~3挡换挡阀、减挡压力调节阀和节流阀等油道打开,使自动变速器能在1~3挡间变速工作。选挡杆在二挡时,通过手动阀油道,使2~3挡换挡阀不能移动,变速器不能自动升到3挡。选挡杆在L挡时,手动阀油道压力使1~2挡、2~3挡换挡阀都不能移动,变速器只能在一挡工作。

(2) 换挡控制阀的结构与工作原理

换挡控制阀(简称换挡阀)是一种由液压控制的2位换向阀,就像一个液压开关,它根据发动机负荷(节气门开度)或汽车速度的变化,自动控制挡位的升降,使自动变速器处于最适合汽车行驶状态的挡位上。

任何一个自动变速器都用一个(1~2挡)或几个(1~2挡、2~3挡等)换挡控制阀(其数目根据变速器前进挡位数而定)来实现自动换挡。图1-40所示为换挡控制阀的工作原理示意图。

在换挡阀的右端作用着来自速度调节阀(调速器)的调速器油压,左端作用着来自节气门阀的节气门油压和换挡阀弹簧的弹力。换挡阀的位置取决于两端控制压力的大小。当右

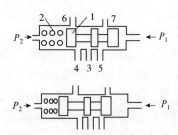

图 1-40 换挡阀的工作原理示意图
1-换挡阀；2-弹簧；3-主油路进油孔；4-至低挡换挡执行元件；5-至高挡换挡执行元件；6、7-泄油孔；P_1-调速器油压；P_2-节气门油压

端的调速器油压高于左端的节气门油压和弹簧弹力之和时，换挡阀保持在右端；当右端的调速器油压高于左端的节气门油压和弹簧弹力之和时，换挡控制阀移至左端。换挡阀改变方向时，开启或关闭主油路或使主油路的方向发生改变，从而让主油路压力油进入不同的换挡执行元件，使之处于工作状态，以实现不同的挡位。当换挡阀移至左端时，自动变速器升高一个挡位；反之，换挡阀由左端移至右端时，自动变速器降低一个挡位。

由上述分析可知，自动变速器的升挡和降挡完全由节气门阀产生的节气门油压和调速器产生的调速器油压的大小来控制。节气门阀由发动机油门拉索操纵，因此节气门油压取决于发动机的节气门开度；油门开度越大，节气门油压也越大；调速器油压取决于车速，车速越高，调速器油压也就越高。若汽车行驶中，节气门开度保持不变，则当车速较低时，换挡阀右端的调速器油压较小，低于左端节气门油压和弹簧弹力之和，此时换挡阀保持在右端低挡位置；随着车速的提高，调速器油压逐渐增大，当车速提高到某一车速时，换挡阀右端的调速器油压增大至超过左端节气门油压和弹簧弹力之和，此时换向阀将移向左端高挡位置，让自动变速器升高一个挡位；若汽车在高挡位行驶中因上坡或阻力增大而使车速下降时，调速器油压也随之降低，当车速下降到某一数值时，换挡阀右端的调速器油压将降低至小于左端节气门油压和弹簧弹力之和，此时换挡阀移向右端低挡位置，使自动变速器降低一个挡位。由此可知，当节气门开度不变时，汽车升挡和降挡时刻完全取决于车速。

若汽车行驶中保持较大的节气门开度，则换挡阀左端的节气门油压也较大，调速器油压必须在较高的车速下才能达到节气门油压和弹簧弹力之和，使自动变速器升挡，因而相应的升、降挡车速都较高；反之，若汽车行驶中保持较小的节气门开度，则换挡阀左端节气门油压也较小，调速器油压在较低的车速下就能达到节气门油压和弹簧弹力之和，因而相应的升、降挡车速都较低。由此可知，汽车的升挡和降挡车速取决于油门的开度，节气门的开度越大，汽车升挡和降挡的车速就越高；反之，节气门开度越小，汽车升挡和降挡的车速也就越低。这种换挡车速随节气门开度变化的规律十分符合汽车的实际使用要求。当汽车行驶阻力较大时，驾驶员必须将节气门保持在较大的开度才能保证汽车的加速，此时汽车的换挡车速也应比平路行驶时稍高一些，以防止过早换挡而导致"拖挡"现象。相反，当汽车平路行驶或载重较小时，油门保持在较小的开度，换挡车速也可以低一些，以节省燃油。

另外在一些自动变速器中还装有强制降挡阀。强制降挡阀用于节气门全开或接近全开时，强制性地将自动变速器降低一个挡位，以获得良好的加速性能。

强制性降挡阀主要有两种类型，一种类似于节气门阀，由控制节气门阀的节气门拉索和节气门阀凸轮控制其工作。在节气门接近全开时，节气门拉索通过节气门阀凸轮推动强制降挡阀，使之打开一个通往各个换挡阀的油路。该油路的压力油作用在换挡阀上，迫使换挡阀移至低挡位置，使自动变速器降低 1 个挡位，降挡阀的结构如图 1-41a) 所示。

另一种强制降挡阀是一种电磁阀，由安装在加速踏板上的强制降挡开关控制，如图

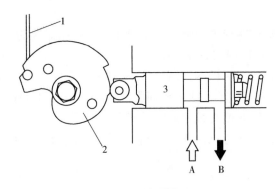

a) 由节气门拉索控制的强制降挡阀

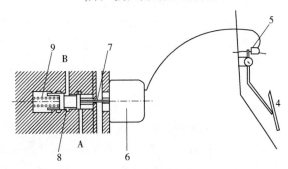

b) 由降挡开关控制的强制降挡阀

图 1-41　强制降挡阀

1—节气门拉索；2—节气门阀凸轮；3—强制降挡阀；4—加速踏板；5—强制降挡开关；6—强制降挡电磁阀；7—阀杆；8—阀芯；9—弹簧；A—通主油道；B—通换挡阀

1-41b) 所示。当加速踏板踩到底时，强制降挡开关闭合，使强制降挡电磁阀通电，电磁阀作用在阀杆上的推力消失，阀芯在弹簧弹力的作用下右移，打开油路，主油路压力油进入换挡阀的左端(作用着节气门油压的一端)，强迫换挡阀右移，让自动变速器降低1个挡位。

4. 换挡品质控制装置的结构与工作原理

1) 换挡品质

换挡品质是指换挡过程的平顺性，即换挡过程能平稳而无颠簸或冲击地进行。换挡品质控制是自动换挡液压控制系统中的基本组成部分之一。

对换挡过程的具体要求有两个：一是换挡过程应尽量迅速地完成，以减少由于换挡时间过长而使摩擦元件的磨损增加和减少因换挡期间输入功率低或中断而引起的速度损失；其二是换挡过程应尽量缓慢平稳过渡，以使车速过渡圆滑，没有过高的瞬时加速度或瞬时减速度，避免颠簸和冲击，以提高乘坐舒适性，减小传动系的冲击载荷，延长机件寿命。

以上两个要求是互相矛盾的。换挡过程快，就不可避免地产生较大的冲击和动载荷，换挡过程的平稳性就不好。而如果为了提高换挡过程的平稳性而延长过渡时间，则摩擦元件的滑转时间延长，累计滑摩功增加，导致摩擦元件温度升高、磨损增加。所以，在一般情况下，根据经验，最小滑摩时间在 0.4~1s 较为合适，在此前提下再设法提高换挡过程的平稳性。

2)换挡品质控制

换挡过程品质控制的实质就是限制发生过于剧烈的扭矩扰动,改善换挡质量。

(1)自动变速器执行机构的缓冲控制

缓冲控制可从换挡执行机构本身结构着手,如采用单向离合器代替摩擦元件,采用分阶段作用的液压缸活塞,或采用带缓冲垫的伺服液压缸。当采用可闭锁的液力变矩器时,在换挡过程中可通过断流解锁阀使它解锁成液力工况。

缓冲控制也可从换挡执行机构外部进行,如在液压控制系统内采用蓄能器、缓冲阀、限流阀、节流阀以及节流孔等。

①断流解锁阀

断流解锁阀的功能是在换挡瞬间切断向锁止离合器的供油,使变矩器在换挡过程及随后一段时间内保持在液力工况下工作,以便利用液力元件的减振缓冲作用,改善换挡过程品质。换挡期间断流的时间与车辆的诸多因素有关。在有些重型自动变速器中,完成换挡后保持液力工况的时间为 0.3~0.8s。

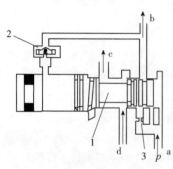

图 1-42 断流解锁阀结构简图
1-滑阀;2-单向节流阀;3-节流孔;a-主压力油进油道;b-换挡离合器供油道;c-锁止离合器供油道

图 1-42 是一种解锁断流阀的结构简图。它由一个阶梯形滑阀 1 与单向阀 2 等主要部件组成。主压力油从油道输入,并作用于滑阀的最右端。主压力油液经节流孔 3 和油道 b 输往换挡离合器。油道 b 又经单向阀 2 与滑阀 1 左端的油室连通。滑阀 1 腰部的油道 d 与 c 是向变矩器锁止离合器的供油通道。当滑阀 1 处于如图所示的右端位置时,其腰部环槽将油道 d 与 c 连通,变矩器实现闭锁。如果滑阀 1 左移到一定位置,则将 d 与 c 的通路切断,并将油道 c 与泄油道相通,这就切断了锁止离合器的供油,并使它泄油解锁。

与变速器换挡时,油道 b 中的油压瞬时内发生短时间下降。此时,单向节流阀 2 的两侧也立即产生压力差,使单向阀打开,滑阀左端油室中的油压也随之下降。这就破坏了滑阀两端油压的平衡,滑阀右端的主油压大于左端的压力,因而向左移动。滑阀左移一方面切断锁止离合器的供油使之解锁,同时还使节流孔 3 被短路,使油道 a 和 b 直接连通,保证换挡离合器迅速充油结合。

随着换挡离合器充油过程的完成,油道 b 中的油压逐渐回升。在单向节流阀 2 的两侧,逐渐产生反向压差,使油道 b 中的油压大于滑阀左端油室中的油压,油液自油道 b 经单向节流阀 2 的节流孔向滑阀左端的油室充油,左端油室油压回升。由于阶梯形滑阀面积差的作用,当油压升至一定值时就推动滑阀右移。由于单向节流阀 2 的节流作用,左端油室充油较缓慢,到滑阀完全复位需要一定的时间。只有经过一定时间滑阀复位后,才能恢复向锁止离合器供油,使其重新锁止。

图 1-43 为一种串联在锁止阀前的一组柱塞阀组成的断流解锁阀。柱塞阀的输出油道 e 经锁止阀输往锁止离合器。而输入油道则是与各挡离合器供油通道相连通的一组油道 a(2 挡)、b(3 挡)、c(4 挡)、d(5 挡)。每当换挡发生时,原来挡位的离合器泄油,因此也使锁止离合器立即泄油解锁。但是向锁止离合器的再次充油,必须在换挡离

合器完成充油过程之后,经过一段时间才能实现。这样就能保证液力变矩器在换挡期间解锁而得到液力工况。

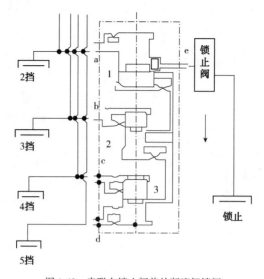

图 1-43 串联在锁止阀前的断流解锁阀
1、2、3-柱塞;a、b、c、d-各挡断流滑阀的进油道;e-断流柱塞阀的输出油道

例如在 2 挡升 3 挡时,油道 a 立刻泄油卸压,锁止离合器立即分离解锁。与此同时,由于三挡离合器充油,油道 b 也充油升高。但是,由于柱塞 2 与 1 与所处的位置还不能使油道 b 与油道 e 马上接通,必须有足够的压力油液推动柱塞 2 与 1 移位后,油道才能畅通。由于油道内有一系列节流孔的节流作用,实现柱塞 2 与 1 的移位,使油道畅通要经过一定时间。这就使锁止离合器的重新锁止需要有一个时间间隔。

其他挡位的升、降过程,断流阀的作用原理相同,只是因油路结构参数不同,断流时间有所差别。

②限流阀

图 1-44 是一种限流阀的结构简图。它实际上是一种可控制调节的节流阀,串联在供油通道中。

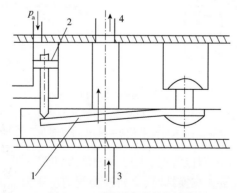

图 1-44 一种限流阀的结构简图
1-弹性阀片;2-柱塞;3-进油口;4-出油口;P_a-节气门信号油压

液流自进油口3经弹性阀片1上的小孔及周边的缝隙流向出口4,输往液压执行元件。如图所示,弹性阀片1的开度则由柱塞2来控制,而柱塞2又受节气门信号油压控制。当节气门开度增大时,作用在柱塞2上的控制油压增大,弹性阀片1的开度也增大。反之,节气门开度小时,柱塞上的油压减小,弹性阀片的开度小,这就使得在小节气门开度时供油量减小,液压执行元件完成动作的时间延长。

③缓冲阀

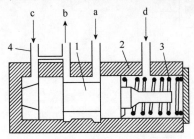

图1-45 缓冲阀结构示意图
1-滑阀芯;2-阀体;3-弹簧;4-节流孔;a、c-主油压输入油道;b-换挡执行机构油压输出通道;d-节气门调节压力输入油道

缓冲阀在有的自动变速器中称软接合阀,图1-45所示为一种缓冲阀的结构简图。这主要由滑阀芯1、阀体2和弹簧3等组成。在阀体2上,有4个油道,油道c是主压力油进油道,并通过内部油道以及节流孔4和油道a相通,油道b为主压力油的出油道,通往换挡执行机构,使换挡执行机构接合,d为节气门调节压力输入油道。由图可见,经节流后的主压力作用在滑阀芯1的左端,节气门调节压力作用在滑阀芯的右端。在换挡时,主压力油经油道c进入滑阀的中间。同时也经节流孔4进入左端,并克服变化着的节气门调节油压的作用力和弹簧力使滑阀芯右移,使出油孔b开度减小,节制和缓冲了换挡执行机构油压的升高。

④蓄能器

图1-46所示的蓄能器用于储存少量压力油液,其作用是在换挡时,使压力油液迅速流到换挡执行机构的油缸,并吸收和平缓所输送油压的压力波动。当弹簧3被压缩时,储存能量,而当弹簧伸长时,释放能量。

蓄能器可以只在活塞无弹簧的一侧进油,如图1-46所示,也可以从活塞两侧都进油。图1-46是在油路中设置了蓄能器的带式制动器的工作情况示意图。

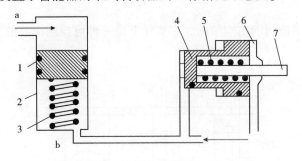

图1-46 蓄能器工作原理示意图
1-蓄能器活塞;2-油缸;3-弹簧;4-制动器伺服活塞;5-弹簧;6-制动器伺服油缸;7-推杆;a-来自油泵的主压力油液进油道;b-来自换挡阀的主压力油液进油道

当变速器位于空挡或停车挡位置时,主压力油液经油道a进入蓄能器活塞1无弹簧的一侧,使活塞下移并压缩弹簧。在换挡时,来自换挡阀的主压力油液经油道b进入制动器伺服油缸的工作侧(无弹簧的一侧),推动伺服活塞4,使带式制动器夹紧,同时主压力油液也进入蓄能器有弹簧一侧的油室。当蓄能器的弹簧3被压缩时,来自换挡阀的压力油液和蓄

能器的油液一起能很快地流到制动器伺服油缸的工作侧。一旦活塞遇到阻力,即制动器开始接合时,蓄能器弹簧一侧的压力升高,弹簧3的作用力将活塞往上推,弹簧伸长,结果由进油口流入的主压力油液有一部分流入蓄能器的下方油室,去充填因活塞1上移而空出的容积,结果使流入制动器伺服油缸工作侧的主压力油液的数量减少。所以蓄能器使制动器接合平稳、时机合适,减少了冲击和卡住的危险。此外,由于蓄能器在系统中提供了额外的油量,制动器伺服活塞往回运动的速率减慢,也即制动器放松的速率减缓。

⑤单向节流阀

单向节流阀布置在换挡阀至换挡执行元件之间的油路中,其作用是对流向换挡执行元件的液压油产生节流作用,在换挡执行元件接合时延缓油压增大的速率,以减小换挡冲击。在换挡执行元件分离时,单向节流阀对换挡执行元件的泄油不产生节流作用,以加快泄油过程,使换挡执行元件迅速分离。

单向节流阀有两种型式:一种是弹簧节流阀式,如图1-47a)、b)所示。在充油时,节流阀关闭,液压油只能从节流阀中的节流孔通过,从而产生节流效应;在回油时,液压油将节流阀推开,节流孔不起作用。另一种是是球阀节流孔式,如图1-47c)、d)所示。在充油时,球阀关闭,液压油只能从球阀旁的节流孔经过,减缓了充油过程;回油时,球阀开启,加快了回油过程。

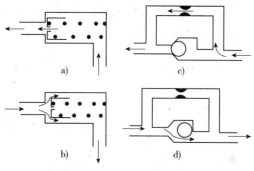

图1-47 单向节流阀
a)、b) 弹簧节流阀式;c)、d) 球阀节流孔式

⑥倒挡顺序动作阀

倒挡顺序动作阀的作用是降低挂倒挡时通往第三制动器 B_3 前活塞上的油压,使倒挡接触平稳、无冲击。倒挡顺序动作阀由柱塞和弹簧组成,见图1-48。

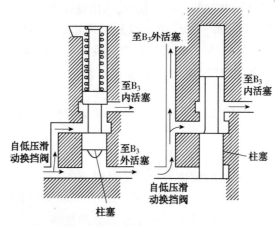

图1-48 倒挡顺序动作阀的结构和工作原理

油泵过来的管路压力油经低压随动阀到顺序动作阀的进油口,分成两路,一路流向第三制动器 B_3 外活塞,另一路进入阀体。流入阀体的油压超过弹簧张力时,阀体上行,B_3 内活塞油路接通,使 B_3 内活塞的工作时间滞后于外活塞。

⑦倒挡离合器用顺序动作阀

倒挡离合器用顺序动作阀的作用是降低挂倒挡时通往后离合器 G_2 内活塞上的油压,使倒挡结合平稳、无冲击。其结构如图1-49所示。

在挂倒挡时,动作阀上同时作用两个油压,一个来自 2~3 挡换挡阀,另一个来自手动阀。当 A 和 B 的压力超过弹簧的张力时,出油口打开,离合器外活塞开始动作,使 G_2 外活塞的作用时间滞后于内活塞,这样,使倒挡结合时更加平稳。

⑧低压随动阀

图1-50是自动变速器中所用的低压随动阀,它主要由柱塞和弹簧组成,随动阀的进油口压力油来自于手动阀的管路压力油,并经随动阀减压后由随动阀出油口至低压滑动换挡阀后,再送到第三制动器的后活塞。低压随动阀的作用是降低通往自动变速器的第三制动器 B_3 的油压,减少制动器 B_3 后活塞的冲击,使制动器 B_3 接合平稳。

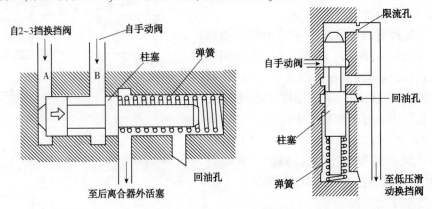

图1-49 倒挡离合器顺序动作阀的结构和工作原理 图1-50 低压随动阀的结构和工作原理

⑨中间随动阀

中间随动阀的作用是选挡杆在第二挡工作时,利用发动机制动作用,调整第一制动器 B_1 活塞上的油压,防止活塞受到冲击。其结构如图1-51所示。进油口的油压来自换挡阀的管路压力,出油口油压除流向 B_1 外,另一部分作用在随动阀阀体的端部。出油压力大时,柱塞移动,关小进油口,减少进油量,使出油压力降低。

⑩调节阀随动阀

调节阀随动阀的作用是调节调节阀输出压力。其结构和工作原理与中间随动阀相同,如图1-52所示。

(2)自动变速器执行机构的定时控制

换挡过程实际上是摩擦元件的摩擦力交替的过程,在常见的摩擦式离合器—离合器或离合器—制动器换挡中,若摩擦力矩替换过程的定时不当,将会引起输出扭矩的急剧变动。

两个离合器之间或离合器与制动器之间摩擦力矩的替换,总会有或多或少的中断间隔或重叠。重叠不足或重叠过多,都会产生不应有的换挡冲击。

重叠不足是指待分离的离合器过快地泄油分离,待接合的离合器未能建立足够的油压,因而出现两个离合器传递扭矩间断的现象。在这个重叠不足的时间内,输出扭矩先是下降过多,随后又急剧上升,形成较大的扭矩扰动。与此同时,发动机转速也得不到平稳地过渡,先是因负荷减小而增速,后又因负荷急剧增大而降速。

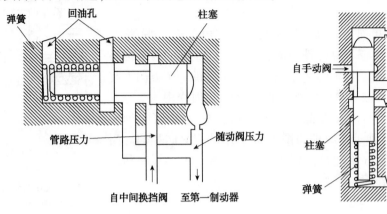

图 1-51 中间随动阀　　　　　图 1-52 调节阀随动阀

重叠过多是指在待结合的离合器已经能够传递很大的扭矩时,应分离的离合器还没有很好地泄油分离,因而出现两个执行机构同时工作的情况。在一个短暂时间内,两个挡位重叠工作,使发动机和输出轴都受到制动作用,因而输出轴有很大的扭矩扰动。随后又因应分离的离合器分离,使变速器输出轴的扭矩又急剧升高。重叠过多的扭矩扰动比重叠不足时更严重。同时发动机的转速先是急降,后在回升,表现出不稳的情况。重叠过多的升挡过程最不平稳。

所以,要对两个交替换挡的执行元件的泄油充油过程进行控制,以得到最满意的交替衔接,这就是定时控制。

定时控制的元件有定时阀、缓冲定时阀、干预换挡定时阀等。

①定时阀

图 1-53 所示是一种定时阀的结构简图。它由阀芯 1、弹簧 2 和节流孔 3 等组成。

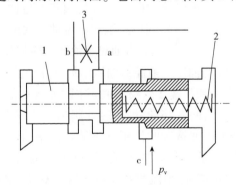

图 1-53 定时阀结构简图
1-阀芯;2-弹簧;3-节流孔;a-主压力油进油道;b-执行元件输油道;c-速度调节压力油液进油道

速度调节油压由油道 c 进入,作用在阀芯的阶梯形环面上,用于控制阀芯的位置。当速度调节油压较小时,阀芯 1 在弹簧 2 的作用下,处于左端位置,油道 a 和油道 b 相通,主压力油液经定时阀、油道 b 顺利进入液压执行元件。当速度节油压增加至其对阀芯的作用力超过弹簧弹力时,阀芯 1 被推到右端位置,油道 a 与油道 b 间通路被阀芯切断,主压力油液只能经节流孔 3 进入油道 b,通过节流孔 3 控制进油时间。

②单向定时阀

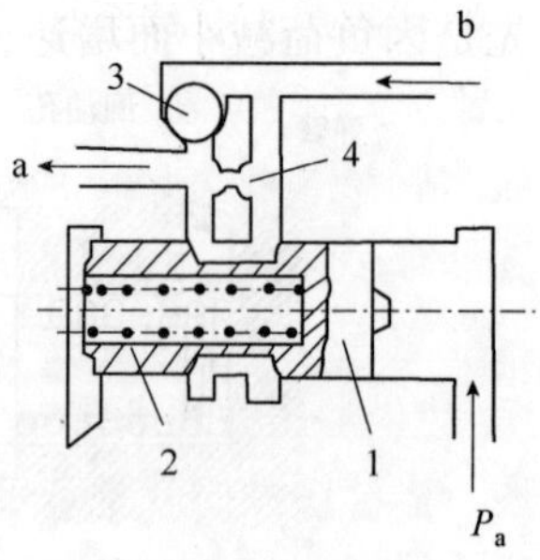

图 1-54 为一种单向定时阀的结构简图。它由阀芯 1、弹簧 2、节流孔 4 和单向阀 3 等主要部件组成,它与图 1-46 所示的结构不同之处仅仅是增加了一个单向阀,使之在油液流动的一个方向上起定时作用;反向时,油液经单向阀顺利通过,不起定时作用。

如图 1-54 所示,当油液从油道 b 流向 a 时,单向阀关闭,油液必须从定时阀流过,其工作原理与图 1-53 所示的定时阀相同。当油液从油道 a 向油道 b 流动时,单向阀打开,油液经单向阀顺利地通过,此时,无定时作用。

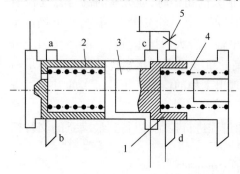

图 1-54 单向定时阀结构简图
1-阀芯;2-弹簧;3-单向阀;4-节流孔

③缓冲定时阀

缓冲定时阀的作用除了起溢流缓冲阀控制进油道缓慢升压外,还控制另一油路回油时间,从而达到进、回油的满意交替。

图 1-55 是一种缓冲定时阀的结构简图,它由溢流缓冲阀和节流孔组成。而溢流缓冲阀由溢流阀芯 1、溢流阀弹簧 2、蓄能器柱塞 3、蓄能器弹簧 4、限位柱和阀体等部件组成。蓄能器柱塞 3 的腰部开有环形槽。油道 a 与进油路并联,而油道 c 与另一回路串联。阀芯 1 的顶部有一个小节流孔把阀左端的前腔和内腔相通。b 油道为溢油道,供溢油用。d 为泄油孔。

图 1-55 缓冲定时阀的结构简图
1-阀芯;2-溢流阀弹簧;3-蓄能器柱塞;4-蓄能器弹簧;5-节流孔;a-进油道;b-溢流道;c-待分离执行机构的回油道;d-泄油口

缓冲定时阀的工作过程可以分为三个阶段:

当溢流缓冲阀前腔(阀芯 1 的左端)中的供油压力较小时,阀芯 1 与柱塞 3 处于左端位置的静止状态,油液不流动。油道 c 与 d 的通路被切断,此时只有通过节流孔 5 缓慢回油。此时溢流阀内腔(阀芯 1 的左端)的油压等于前腔的油压。前腔的油压增加,内腔的油压也随之增加。当内腔的油压增加至使阀内腔的压力油和弹簧 2 以及油道 c 中的油压对蓄能器柱塞 3 的作用力超过弹簧 4 的作用力时,柱塞 3 开始向右移动,溢流缓冲阀第一阶段工作状态开始,其特点是柱塞 3 动作而阀芯 1 不动,阀芯在弹簧 2 的作用下还是处在左端位置,随着前腔油压的增加,经过节流小孔进入阀内腔的流量逐渐增加,柱塞运动的速度也逐渐增加。

随着从节流孔流过的流量增加,节流小孔前后的压力差也增加,当压力差增加到使压力油对阀芯 1 向右的作用力越过弹簧 2 的作用力时,阀芯开始向右移动,溢流缓冲阀第二阶段工作状态开始,其特点是阀芯与柱塞都在运动,柱塞的运动速度大于阀芯的运动速度。此阶段从阀芯开始运动到溢流口打开为止。溢流阀在此阶段中没有溢流。与此同时,柱塞 3 也移动至将油道 c 和 d 连通的位置,使回油畅通,从而完成对回油的定时控制。

溢流缓冲阀的第一和第二阶段的缓冲特性与弹簧蓄能器的缓冲特性相同,因此称弹性缓冲段。

当阀芯1右移至孔口b并打开溢流口开始溢流时,溢流缓冲阀进入第三阶段工作状态。当溢流口打开到使溢流量接近最大值时,阀芯基本上处于不运动状态,阀芯受力平衡,节流小孔前后的压力差取决于弹簧2对阀芯的作用力。随着柱塞向右移动,弹簧2对阀芯的作用力逐渐减小,而节流小孔前后的压力差也逐渐减小,经过节流小孔的流量也逐渐减小,多余的流量经溢流口b溢出。随着经过节流小孔的流量的逐渐减小,柱塞3向左移动的速度也逐渐减缓,使供油压力逐渐缓慢升高。因此,此阶段溢流口和蓄能器都起缓冲作用,故称作溢流缓冲段。溢流缓冲阀就是利用溢流缓冲段来使供油压力上升缓慢,从而达到缓冲的目的。与供油压力缓慢增加的同时,柱塞3将泄油口d打开得也越来越大,c油道的泄油逐渐加快。

当柱塞向右移动顶住限位柱时,油液经过节流小孔的流量为零,阀内腔压力等于供油压力,阀芯1在弹簧2的作用下又回到左端的原始位置,关闭溢流口,这时供油压力才急升到主压力数值。

5. 变矩器控制装置的结构与工作原理

变矩器控制装置的作用有两个:一是为变矩器提供具有一定压力的液压油,同时将变矩器内受热后的液压油送至散热器冷却,并让一部分冷却后的液压油流回到齿轮变速器,对齿轮变速器中的轴承和齿轮进行润滑;二是控制变矩器中锁止离合器(如果有的话)的工作。

变矩器控制装置由变矩器压力调节阀、泄压阀、回油阀、锁止信号阀、锁止继动阀和相应的油路组成。

(1) 变矩器压力调节阀

变矩器压力调节阀的作用是将主油路压力油减压后送入变矩器,使变矩器内的液压油的压力保持在196~490kPa。许多车型自动变速器将变矩器压力调节阀和主油路压力调节阀合并为一阀,该阀让调节后的主油路压力油再次减压后进入变矩器。变矩器内受热后的液压油经变矩器出油道被送至自动变速器外部的液压油散热器,冷却后的液压油被送至齿轮变速器中,用于润滑行星齿轮及各部分的轴承。

有些变矩器控制装置在变矩器进油道上设置了一个限压阀。当进入变矩器的液压油压过高时,限压阀开启,让部分液压油泄回到油底壳,以防止变矩器中的油压过高而导致油封漏油。另外,在变矩器的出油道上常设有一个回油阀,它只有在变矩器内的油压高于一定值时才打开,让受热后的液压油进入液压油散热器。该阀不但可以防止变矩器内的油压过低而影响动力传递,而且可以降低液压油散热器内的油压,使之低于196kPa,以防止油压过高造成耐压能力较低的散热器及油管漏油或破裂。

(2) 锁止信号阀和锁止继动阀

变矩器内锁止离合器的工作是由锁止信号阀和锁止继动阀一同控制的,如图1-56所示。

锁止信号阀上方作用着调速器压力。当车速较低时,调速器压力也较低,锁止信号阀在弹簧的作用下保持在图中上方位置,将通往锁止继动阀主油路切断,从而使锁止继动阀在上方弹簧弹力及主油路油压的作用下保持在图中下方位置,让变矩器中锁止离合器压盘左侧的油腔与来自变矩器压力调节阀的进油道相通。此时锁止离合器处于分离状态,发动机动力完全由液力来传递,见图1-56a)。当汽车以超速挡行驶,且车速及相应的调速器油压升高到一定数值时,锁止信号阀在调速器压力的作用下被推至下方位置,使来自超速挡油路的主油路压力油进入锁止继动阀下端,锁止继动阀在下方主油路油压的作用下上升,让锁止离合器左侧的油腔与泄油口相通,使锁止离合器结合,发动机动力经锁止离合器直接传至涡轮输出,如图 1-56b)所示。

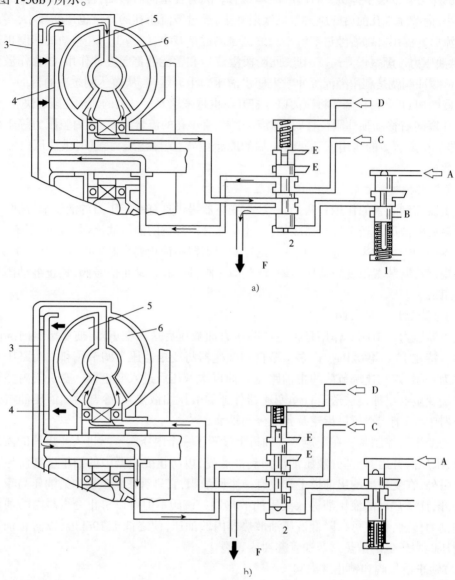

图 1-56 锁止信号阀和锁止继动阀

1-锁止信号阀;2-锁止继动阀;3-变矩器壳;4-锁止离合器;5-涡轮;6-泵轮;A-来自调速器;B、D-来自超速挡油路;C-来自变矩器阀;D-来自主油路;E-泄油口;F-至油底壳

1.6 电子控制系统

电子控制系统是由电子控制装置和阀板两大部分组成的。它与传统的液压控制系统相比,不论是控制原理还是控制过程都有很大的不同,目前越来越多的轿车自动变速器采用这

种控制系统。

电子控制装置是控制系统的核心,它利用电子自动控制的原理,通过传感器将汽车行驶速度和发动机负荷等参数转变为电信号,电脑根据这些电信号作出是否需要换挡的判断,并按照设定的控制程序发出换挡指令,操纵各种电磁阀(换挡电磁阀、油压电磁阀等)去控制阀板总成中各个控制阀的工作(接通或切断换挡控制油路),驱动离合器、制动器、锁止离合器等液力执行元件,从而实现对自动变速器的全面控制。

电子控制装置由各种传感器、控制开关、执行器和电脑等组成,如图1-57所示。

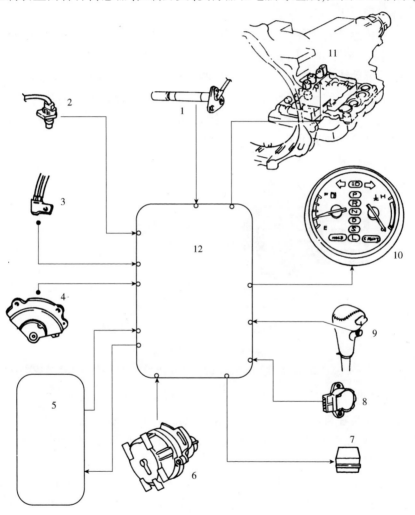

图1-57 电子控制装置的组成

1-输入轴转速传感器;2-车速传感器;3-液压油温度传感器;4-挡位开关;5-发动机电脑;6-发动机转速传感器;7-故障检测插座;8-节气门位置传感器;9-模式开关;10-挡位指示灯;11-电磁阀;12-自动变速器电脑

1.6.1 电子控制装置的组成

1.传感器

电子控制装置中常用的传感器有节气门位置传感器、车速传感器、输入轴转速传感器、液压油温度传感器等。

(1) 节气门位置传感器

汽车发动机的节气门是由驾驶员通过加速踏板来操纵的,以便根据不同的行驶条件控制发动机运转。例如,上坡或加速时节气门开度要大,而下坡或等速行驶时节气门开度要小。这些不同条件对汽车自动变速器的换挡规律的要求往往有很大不同。电子控制自动变速器是利用安装在发动机节气门体上的节气门位置传感器来测得节气门的开度,作为电脑控制自动变速器挡位变换的依据,从而使自动变速器的换挡规律在任何行驶条件下都能满足汽车的实际使用要求。

节气门位置传感器有多种类型,装用自动变速器的汽车通常采用线性可变电阻型的节气门位置传感器。这种节气门位置传感器由一个线性电位计和一个怠速开关组成(图1-58)。节气门轴带动线性电位计及怠速开关的滑动触点。节气门关闭时,怠速开关接通;节气门开启时,怠速开关断开。当节气门处于不同位置时,电位计的电阻也不同。这样,节气门开度的变化被转变为电阻或电压信号输送给电脑。电脑通过节气门传感器可以获得表示节气门由全闭到全开的所有开启角度的连续变化的模拟信号以及节气门开度的变化速率,以作为其控制不同行驶条件下的挡位变换的主要依据之一。

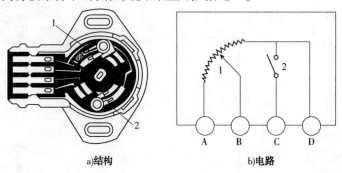

图1-58 节气门位置传感器

1-怠速开关滑动触点;2-线性电位计滑动触点;A-基准电压;B-节气门开度信号;C-怠速信号;D-接地

(2) 车速传感器

车速传感器安装在自动变速器输出轴附近,如图1-59所示。它是一种电磁感应式转速传感器,用于检测自动变速器输出轴的转速。电脑根据车速传感器的信号计算出车速,作为其换挡控制的依据。

车速传感器由永久磁铁和电磁感应线圈组成,见图1-60a)。它固定在自动变速器输出轴附近的壳体上,靠近安装在输出轴上停车锁止齿轮或感应转子。当输出轴转动时,停车锁止齿轮或感应转子的凸齿不断地靠近或离开车速传感器,使感应线圈的磁通量发生变化,从而产生交流感应电压,见图1-60b)。车速越高,输出轴的转速也越高,感应电压的脉冲频率也越大。电脑根据感应电压脉冲频率的大小计算出车速。

(3) 输入轴转速传感器

输入轴转速传感器的结构、工作原理与车速传感器相同。它安装在行星齿轮变速器的输入轴或与输入轴连接的离合器毂附近的壳体上(图1-61),用于检测输入轴转速。并将信号送入电脑。使电脑更精确地控制换挡过程。此外,电脑还将该信号和来自动发动机控制

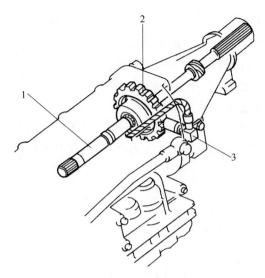

图 1-59 车速传感器
1-输出轴；2-停车锁止齿轮；3-车速传感器

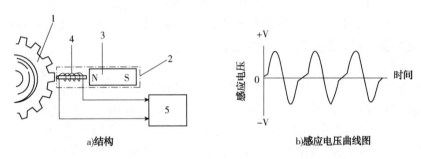

a)结构　　　　　　　　　　　　b)感应电压曲线图

图 1-60 车速传感器工作原理示意图
1-停车锁止齿轮；2-车速传感器；3-永久磁铁；4-感应线圈；5-电脑

系统的发动机转速信号进行比较，计算出变矩器的传动比，使油路压力控制过程和锁止离合器控制过程得到进一步的优化，以改善换挡感觉，提高汽车的行驶性能。

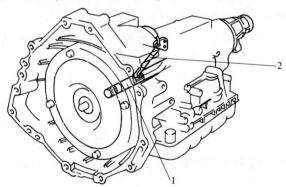

图 1-61 输入轴转速传感器
1-行星齿轮变速器输入轴；2-输入轴转速传感器

(4)液压油温度传感器

液压油温度传感器安装在自动变速器油底壳内的阀板上,用于检测自动变速器的液压油的温度,以作为电脑进行换挡控制、油压控制和锁止离合器控制的依据。液压油温度传感器内部是一个半导体热敏电阻,它具有负的温度电阻系数。温度越高,电阻越低,电脑根据其电阻的变化测出自动变速器的液压油的温度。

除了上述各种传感器之外,自动变速器的控制系统还将发动机控制系统中的一些信号,如发动机转速信号、发动机水温信号、大气压力信号、进气温度信号等,作为控制自动变速器的参考信号。

2.控制开关

电子控制装置中的控制开关有:空挡起动开关、自动跳合开关(降挡开关)、制动灯开关、超速挡开关、模式开关、挡位开关等。

(1)空挡起动开关

空挡起动开关用以判断选挡手柄的位置,防止发动机在驱动挡位时起动。当选挡手柄位于空挡或驻车位置时,起动开关接通。这时起动发动机,起动开关便向电控单元输出起动信号,使发动机得以起动。如果选挡手柄位于任一驱动位置,则起动开关断开,发动机不能起动,从而保证使用安全。再者,当选挡手柄置于不同位置时,空挡起动开关便接通相关电路,电控单元根据接通电路的信号,控制变速器进行自动换挡。

(2)自动跳合开关

自动跳合开关又称降挡开关,它是用来检测加速踏板是否超过节气门全开的位置。当加速踏板超过节气门全开位置时,自动跳合开关便接通,并向电控单元输送信号,这时电控单元即按其内存设置的程序控制换挡,并使变速器自动下降一个挡位,以提高汽车的加速性能。如果跳合开关短路,则电控单元不计其信号,按选挡手柄位置控制换挡。

(3)制动灯开关

制动灯开关用以判断制动踏板是否踩下。如果踩下,则该开关便将信号输给电控单元,以解除锁止离合器的结合,防止突然制动时发动机熄火。

(4)超速挡开关

这一开关用来控制自动变速器的超速挡。当这个开关打开后,超速挡控制电路接通,此时若操纵手柄位于 D 位,自动变速器随着车速的升高而升挡时,最高可升入 4 挡(即超速挡)。该开关关闭后,调速挡控制电路被断开,仪表盘上的"O/D OFF"指示灯随之亮起(表示限制超速挡的使用),自动变速器随着车速的提高而升挡时,最高只能升入 3 挡,不能升入超速挡。

(5)模式开关

大部分电子控制自动变速器都有一个模式开关,用来选择自动变速器的控制模块,以满足不同的使用要求。所谓控制模式主要是指自动变速器的换挡规律。常见的自动变速器的控制模式有以下几种。

①经济模式

这种控制模式是以汽车获得最佳的燃油经济性为目标来设计换挡规律的。当自动变速器在经济模式状态下工作时,其换挡规律应能使发动机在汽车行驶过程中经常处在经济转速范围内运转,从而提高了燃油经济性。

②动力模式

这种控制模式是以汽车获得最大的动力性为目标来设计换挡规律的。在这种控制模式下,自动变速器的换挡规律能使发动机在汽车行驶过程中经常处在大功率范围内运转,从而提高了汽车的动力性能和爬坡能力。

③标准模式

标准模式是指换挡规律介于经济模式和动力模式之间的一种换挡模式。它兼顾了动力性和经济性,使汽车既保证一定的动力性,又有较佳的燃油经济性。

(6)挡位开关

挡位开关位于自动变速器手动阀摇臂轴上或操纵手柄下方,用于检测操纵手柄的位置。它由几个触点组成。当操纵手柄位于不同位置时,相应的触点被接通。电脑根据被接触的触点,测得操纵手柄的位置,从而按照不同的程序控制自动变速器的工作。

3. 执行器

电子控制装置中的执行器是各种电磁阀。常见的有开关式电磁阀和脉冲线性式电磁阀两种。

(1)开关式电磁阀

开关式电磁阀的作用是开启或关闭液压油路,通常用于控制换挡阀及变矩器锁止控制阀的工作。开关式电磁阀由电磁线圈、衔铁、复位弹簧、阀芯和阀球所组成(图 1-62)。它有三种工作方式:一种是让某一条油路保持油压或泄空,如图 1-62a)所示,即当电磁线圈不通电时,阀芯被油压推开,打开泄油孔,该油路的液压油经电磁阀泄空,油路压力为零;当电磁阀线圈通电时,电磁阀使阀芯下移,关闭泄油孔,使油路油压上升。另一种是开启或关闭某

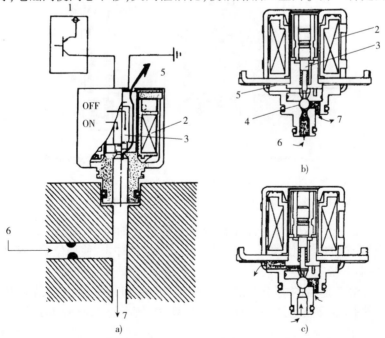

图 1-62 开关式电磁阀
1-电脑;2-电磁线圈;3-衔铁和阀芯;4-阀球;5-泄油孔;6-主油道;7-控制油道

一条油路,即当电磁线圈不通电时,油压将阀芯推开,阀球在油压作用下关闭泄油孔,打开进油孔,使主油路压力油进入控制油道,如图 1-62b)所示;当电磁线圈通电时,电磁力使阀芯下移,推动阀球关闭进油孔,打开泄油孔,控制油道内的压力油由泄油孔泄空,如图 1-62c)所示。

(2)脉冲线性式电磁阀

脉冲线性式电磁阀的结构与电磁式相似,也是由电磁线圈、衔铁、阀芯或滑阀等组成(图 1-63)。它通常用来控制油路中的油压。当电磁线圈通电时,电磁力使阀芯或滑阀开启,液压油经泄油孔排出,油路压力随之下降。当电磁线圈断电时,阀芯或滑阀在弹簧弹力的作用下将泄油孔关闭,使油路压力上升。脉冲线性式电磁阀和开关式电磁阀的不同之处在于控制它的电信号不是恒定不变的电压信号,而是一个固定频率的脉冲电信号。电磁阀在脉冲电信号的作用下不断反复地开启和关闭泄油孔,电脑通过改变每个脉冲周期内电流接通和断开的时间比率(称为占空比,变化范围为 0~100%),改变电磁阀开启和关闭时间的比率,来控制油路的压力。占空比越大,经电磁阀泄出的液压油越多,油路压力就越低;反之,占空比越小,油路压力就越大。

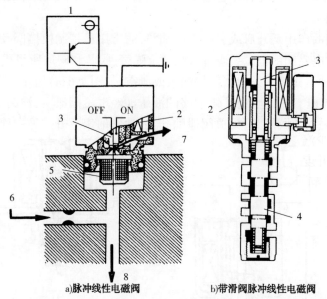

图 1-63 脉冲线性式电磁阀
1-电脑;2-电磁线圈;3-衔铁和阀芯;4-滑阀;5-滤网;6-主油道;7-泄油孔;8-控制油道

脉冲线性式电磁阀一般安装在主油路或减振器背压油路上,电脑通过这种电磁阀在自动变速器升挡或降挡的瞬间使油压下降,进一步减少换挡冲击,使挡位的变换更加柔和。

4.电脑及控制电路

各种车型自动变速器的电子控制装置的结构,特别是电脑内部结构及控制程序的内容,传感器、执行器及控制开关的配置和类型,控制电路的布置方式等往往有很大的不同。

有些车型的自动变速器自身有电脑,该电脑专门用于控制自动变速器的工作。这种电脑除了和自动变速器工作有关的传感器、控制开关、执行器连接之外,往往还通过电路和汽车其他系统的电脑连接,如发动机控制系统的电脑、巡航控制系统的电脑等,并从这些电脑中获取与控制自动变速器有关的信号,或将自动变速器的工作情况通过电信号给其他系统的电脑,让发动机或汽车其他系统的工作能与自动变速器相配合。

也有许多车型的自动变速器和发动机由同一个电脑来控制,从而使自动变速器的工作能更好地与发动机的工作相匹配。例如大部分丰田汽车的电子控制自动变速器都是采用这种控制方式的。

各种自动变速器电脑的控制内容和控制方式虽然不完全相同,但却有很多相似之处,通常有以下一些控制内容:

(1)换挡控制

换挡控制即控制自动变速器的换挡时刻,也就是在汽车达到某一车速时,让自动变速器升挡或降挡。它是自动变速器电脑最基本的控制内容。自动变速器的换挡时刻(即换挡车速,包括升挡车速和降挡车速)对汽车的动力性和燃料经济性有很大影响。对于汽车的某一特定行驶工况来说,有一个与之相对应的最佳换挡时机或换挡车速。电脑应使自动变速器在汽车任何行驶条件下都按最佳换挡时刻进行换挡,从而使汽车的动力性和燃料经济性等各项指标达到最优。

汽车的最佳换挡车速主要取决于汽车行驶时的节气门开度。不同节气门开度下的最佳换挡车速可以用自动换挡图来表示(图1-64)。由图中可知,节气门开度越小,汽车的升挡车速和降挡车速越低;反之,节气门开度越大,汽车的升挡车速和降挡车速越高。这种换挡规律十分符合汽车的实际使用要求。例如,当汽车在良好的路面上缓慢加速时,行驶阻力较小,油门开度也小,升挡车速可相应降低,即可以较早地升入高挡,从而让发动机在较低的转速范围内工作,减少汽车油耗;反之,当汽车急加速或上坡时,行驶阻力较大,为保证汽车有足够的动力,油门开度应较大,换挡时刻相应延迟,也就是升挡车速相应提高,从而让发动机工作在较高的转速范围内,以发出较大的功率,提高汽车的加速和爬坡能力。

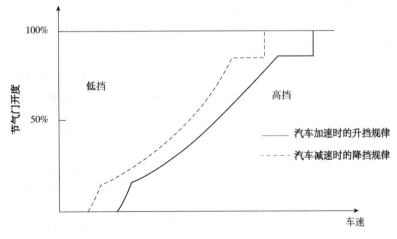

图1-64 自动换挡图

汽车自动变速器的操纵手柄或模式开关处于不同位置时,对汽车的使用要求也有所不同,因此其换挡规律也应作相应的调整。电脑将汽车在不同使用要求下的最佳换挡规律以自动换挡图的形式储存在存储器中。在汽车行驶中,电脑根据挡位开关和模式开关的信号从存储器内选择出相应的自动换挡图,再将车速传感器和节气门位置传感器测得的车速、节气门开度与自动换挡图进行比较;根据比较结果,在达到设定的换挡车速时,电脑便向换挡电磁阀发出电信号,以实现挡位的自动变换,如图 1-65 所示。

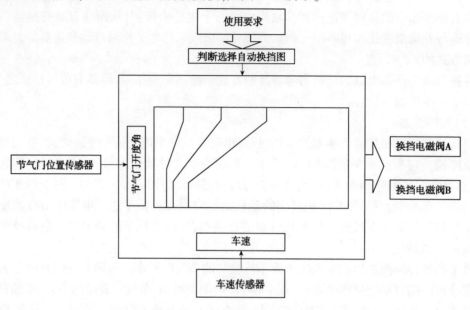

图 1-65　自动换挡控制方框图

4 挡自动变速器控制系统中的换挡电磁阀通常有 2 个或 3 个。大部分日本轿车自动变速器(如丰田、马自达轿车)采用 2 个换挡电磁阀,一部分欧美轿车自动变速器(如奥迪、福特轿车)采用 3 个电磁阀。控制系统通过这些换挡电磁阀开启和关闭(通电或断电)的不同组合来组成不同的挡位。不同厂家生产的自动变速器换挡电磁阀的工作组合与挡位的关系都不完全相同。

(2)油路压力控制

电液式控制系统中的主油路油压也是由主油路调压阀来调节的。早期的电液式控制系统还保留了液力式控制系统中由节气门拉索控制的节气门阀,并让主油路调压阀的工作受控于节气门阀产生的节气门油压,使主油路油压随着发动机负荷的增大而增加,以满足传递大扭矩时对离合器、制动器等换挡执行元件液压缸工作压力的需要。目前一些新型电子控制自动变速器的电流式控制系统则完全取消了由节气门拉索控制的节气门阀,它们的节气门油压由一个油压电磁阀来产生。油压电磁阀是一种脉冲线性式电磁阀,电脑根据节气门位置传感器测得的节气门开度,计算并控制送往油压电磁阀的脉冲信号的占空比,以改变油压电磁阀排油孔的开度,产生随节气门开度变化的油压(即节气门油压)。节气门开度越大,脉冲电信号的占空比越小,油压电磁阀的排油孔开度越小,节气门油压越大。这一节气门油压被反馈到主油路调压阀,作为主油路调压阀的控制压力,使主油路调压阀随着节气门的开度的变化改变所调节的主油路油压的大小,以获得不同的发动机负荷下主油路油压的最佳值,并将驱动油泵的动力损失减少到最小。此外电脑还能根据挡位开关的信号,在操纵手柄处于倒挡位置时提高节气门油压,使倒挡时的主油路油压升高,以满足倒挡时对主油路油压

的需要。

除正常的主油路油压控制外,电脑还可以根据各个传感器测得的自动变速器的工作条件,在一些特殊情况下,对主油路油压作适当的修正,使油路压力控制获得最佳效果。例如,在操纵手柄位于前进低挡(S、L或2、1)位置时,由于汽车的驱动力相应较大,电脑自动使主油路油压高于前进挡时的油压,以满足传递的需要。为减小换挡冲击,电脑还在自动变速器换挡过程中按照换挡时节气门开度的大小,通过油压电磁阀适当减小主油路油压,以改善换挡感觉。电脑还可以根据液压油温度传感器的信号,在液压油温度未达到正常工作温度时(低于60℃),将主油路油压调整为低于正常值,以防止因液压油在低温下粘度较大而产生换挡冲击;当液压油温度过低时(低于-30℃),电脑使主油路油压升到最大值,以加速离合器、制动器的接合,防止温度过低时因液压油粘度过大而导致换挡过程过于缓慢。在海拔较高时,发动机输出功率降低,电脑将主油路油压控制为低于正常值,以防止换挡时产生冲击。

(3) 自动模式选择控制

液力控制自动变速器和早期的电子控制自动变速器都设有模式开关,驾驶员可以通过这一开关来改变自动变速器的控制模式,选择经济模式、普通模式或动力模式。在不同的模式下,自动变速器的换挡规律有所不同,以满足不同的使用要求。例如,在经济模式中,是以获得最小的燃油消耗为目的进行换挡控制,因此换挡车速相对较低,动力性能稍差;在动力模式中,是以满足最大动力性为目的进行换挡控制,因此换挡车速相对较高,油耗也较大。目前一些新型的电子控制自动变速器由于采用了由大规模集成电路组成的电脑,具有很强的运算和控制功能,并具有一定的智能控制能力,因此这种自动变速器可以取消模式开关,由电脑进行自动模式选择控制。电脑通过各个传感器测得汽车行驶情况和驾驶员的操作方式,经过运算分析,自动选择采用经济模式、普通模式或动力模式进行换挡控制,以满足不同的驾驶员操作要求。

电脑在进行自动模式选择控制时,主要参考换挡手柄的位置及加速踏板被踩下的速率,以判断驾驶员的操作目的,自动选择控制模式。

①当操纵手柄位于前进低挡(S、L或2、1)时,电脑只选择动力模式。

②当操纵手柄位于前进挡(D)且加速踏板被踩下的速率较低时,电脑选择经济模式;当加速踏板被踩下的速率超过控制程序中所设定的速率时,电脑由经济模式转变为动力模式。在这种选择控制中,电脑将车速和节气门开度的组合划分为一定数量的区域,每个区域有不同节气门开启速率的程序值。当驾驶员踩加速踏板的速率大于汽车行驶车速和节气门开度对应区域的节气门开启速率程序值时,电脑即选择动力模式;反之,当踩下加速踏板的速率小于车速或节气门开度所对应区域的节气门开启速率程序值时,电脑即选择经济模式。这些区域中节气门开启速率程序值的分布规律是:车速越低或节气门开度越大,其程序值越小,即越容易选择动力模式。

③在前进挡(D)中,电脑选择动力模式之后,一旦节气门开度低于1/8时,电脑即由动力模式转换为经济模式。

(4) 锁止离合器控制

电子控制自动变速器的变矩器中的锁止离合器的工作是由电脑控制的。电脑按照设定的控制程序,通过一个电磁阀(称为锁止电磁阀)来控制锁止离合器的接合或分离。正确的锁止离合器控制程序应当是既能满足自动变速器的工作要求,保证汽车的行驶能力,又能最大限度地降低燃油消耗。自动变速器在各种工作条件下的最佳锁止离合器控制程序被事先储存在电脑的存储器内。电脑根据变速器的挡位、控制模式等工作条件从存储器内选择出相应的锁止控制程序,再将车速、节气门开度与锁止控制程序进行比较。当车速足够高,且其他各种因素均满足锁止条件时,电脑即向锁止电磁阀输出电信号,使锁止离合器接合,实现变矩器的锁止。

电脑在对锁止离合器进行控制时,还要根据自动变速器的工作条件,在下述一些特殊工况下禁止锁止离合器接合,以保证汽车的行驶性能。这些禁止锁止离合器接合的条件有:液压油温度低于60℃;车速低于140km/h,且怠速开关接通。

早期的电子控制自动变速器中,控制锁止离合器工作的锁止电磁阀是采用开关电磁阀,即通电时锁止离合器接合,断电时锁止离合器分离。目前许多新型电子控制自动变速器采用脉冲线性式电磁阀作为锁止电磁阀,电脑在控制锁止离合器接合时,通过改变脉冲电信号的占空比,让锁止电磁阀的开度缓慢增大,以减小锁止离合器接合时所产生的冲击,使锁止离合器的接合过程变得更加柔和。

(5)发动机制动控制

目前一些新型电子控制自动变速器的强制离合器或强制制动器的工作也是由电脑通过电磁阀控制的。电脑控制设定的发动机制动控制程序,在操纵手柄位置、车速、节气门开度等因素满足一定条件(如:操纵手柄位于前进低挡位置,且车速大于10km/h,节气门开度小于1/8)时,向强制离合器电磁阀或强制制动器电磁阀发出电信号,打开强制离合器或强制制动器的控制油路,使之接合或制动,让自动变速器具有反向传递动力的能力,在汽车滑行时以实现发动机制动。

(6)改善换挡感觉的控制

随着电脑性能的不断提高,电子控制自动变速器控制系统的控制范围越来越广泛,控制功能也越来越多,可以采用多种方法来控制自动变速器的换挡过程,以改善换挡感觉,提高汽车的乘坐舒适性。目前常见的改善换挡感觉的控制功能有以下几种:

①换挡油压控制

在升挡或降挡的瞬间,电脑通过油路压力电磁阀适当降低主油路油压,以减小换挡冲击,改善换挡感觉。也有一些控制系统是通过电磁阀在换挡时减小减振器活塞的背压,以减缓离合器或制动器液压缸内油压的增长速度,达到减小换挡冲击的目的。

②减扭矩控制

在换挡的瞬间,通过延迟发动机的点火时间以减少喷油量,暂时减小发动机的输出扭矩,以减小换挡冲击和输出轴的扭矩波动。这种控制的执行过程是:自动变速器的电脑在自动升挡或降挡的瞬间,通过电路向发动机电脑发出减小扭矩控制信号,发动机电脑接收到这一信号后,立即延迟发动机点火时间或减少喷油量,执行减扭矩控制,并在执行完这一控制后,向自动变速器电脑发回已减扭矩信号。

③N-D换挡控制

这种控制是在操纵手柄由停车挡或空挡(P或N)位置换至前进挡或倒挡(D或N)位置,或相反地由D位或R位换至P位或N位时,通过调整发动机喷油量,将发动机的转速变化减至最小程度,以改善换挡感觉。

没有这种控制时,当自动变速器的操纵手柄由 P 位或 N 位换至 D 位或 R 位时,由于发动机负荷增加,转速随之下降;反之,由 D 位或 R 位换至 P 位或 N 位时,由于发动机负荷减小,转速将上升。具有 N-D 换挡控制功能的自动变速器的电脑在操纵手柄由 P 位或 N 位换至 D 位或 R 位时,若输入轴传感器所测得的输入轴转速变化超过规定值,即向发动机电脑发出 N-D 换挡控制信号,发动机电脑根据这一信号增加或减小喷油量,以防止发动机转速变化过大。

(7) 使用输入轴转速传感器的控制

目前一些新型电子控制自动变速器设有输入轴转速传感器,电脑通过这一传感器可以检测出自动变速器输入轴的转速,并由此计算出变矩器的传动比(即泵轮和涡轮的转速之比)以及发动机曲轴和自动变速器输入轴的转速差,从而使电脑更精确地控制自动变速器的工作。特别是电脑在进行换挡油路压力控制、减扭矩控制、锁止离合器控制时,利用这一参数进行计算,可使这些控制的持续时间更加精确,从而获得最佳的换挡感觉和乘坐舒适性。

(8) 故障自诊断和失效保护功能

电子控制自动变速器是在电子控制装置中电脑的控制下工作的。电脑根据各个传感器测得的有关信号,按预先设定的控制程序,通过向各个执行器发出相应的控制信号来控制自动变速器的工作。如果电子控制装置中的某个传感器出现的故障,不能向电脑输送信号,或某个执行元件损坏,不能完成电脑的控制指令,就会影响电脑对自动变速器的控制,使自动变速器不能正常工作。

为了及时地发现电子控制装置中的故障,并在出现故障时尽可能使自动变速器保持最基本的工作能力,以维持汽车行驶,便于汽车进厂维修。目前许多电子控制自动变速器的电子控制装置具有故障自诊断和失效保持功能。这种电子控制装置在电脑内设有专门的故障自诊断电路,它在汽车行驶过程中不停地监测自动变速器电子控制装置中所有传感器和部分执行器的工作。一旦发现某个传感器或执行器有故障,工作不正常,它立即采取以下几种保护措施:

① 在汽车行驶时,仪表盘上的自动变速器故障警告灯亮起,提醒驾驶员立即将汽车送至维修厂检修。目前,大部分汽车是以超速挡指示灯"O/D OFF"作为自动变速器故障警告灯的。若超速挡警告灯亮起后,按超速挡开关也不能将它熄灭,即说明电子控制装置出现故障。

② 将检测到的故障内容以故障代码的形式储存在电脑的存储器内。只要不拆除汽车蓄电池,被测到的故障代码就会一直保存在电脑内。即使是汽车行驶中偶尔出现的一次故障,电脑也会及时地检测到并记录下来。在维修时,检修人员可采用一定的方法将储存在电脑内的故障代码读出,为查找故障部位提供可靠的依据。

③ 传感器出现故障时,电脑所采取的失效保护功能有:

a. 节气门位置传感器出现故障时,电脑根据怠速开关的状态进行控制。

当怠速开关断开时(加速踏板被踩下),按节气门开度为 1/2 进行控制,同时节气门油压为最大值;当怠速开关接通时(加速踏板完全放松),按节气门处于全闭状态进行控制,同时节气门油压为最小值。

b. 车速传感器出现故障时,电脑不能进行自动换挡控制,此时自动变速器的挡位由操纵手柄的位置决定。

在 D 位和 S(或 2) 位固定为超速挡或 3 挡,在 L(或 1) 位固定为 2 挡或 1 挡;或不论操纵手柄在任何前进挡位,都固定为 1 挡,以保持汽车最基本的行驶能力。许多车型的自动变速器有 2 个车速传感器,其中一个用于自动变速器的换挡控制,另一个为仪表盘上车速表的传感器。这两个传感器都与电脑相连,当用于换挡控制的车速传感器损坏时,电脑可利用车速表传感器的信号来控制换挡。

c. 输入轴转速传感器出现故障时,电脑停止减扭矩控制,换挡冲击有所增大。

d. 液压油温度传感器出现故障时,电脑按液压油温度为 80℃ 的设定进行控制。

④执行器出现故障时,电脑所采取的失效保护功能有:

a. 换挡电磁阀出现故障时,不同的电脑有两种不同的失效保护功能。一是不论有几个换挡电磁阀出现故障,电脑都将停止所有换挡电磁阀的工作,此时自动变速器的挡位将完全由操纵手柄的位置决定;在 D 位和 S(或 2) 位时被固定为 3 挡,在 L(或 1) 位时被固定为 2 挡。另一种是几个换挡电磁阀中有一个出现故障时,电脑控制其他无故障的电磁阀工作,以保证自动变速器仍能自动升挡或降挡,但会失去某些挡位,而且升挡或降挡规律有所变化,例如,可能直接由 1 挡升到 3 挡或超速挡。

b. 强制离合器或强制制动器电磁阀出现故障时,电脑停止电磁阀的工作,让强制离合器或强制制动器始终处于接合状态,这样汽车减速时总有发动机制动作用。

c. 锁止电磁阀出现故障时,电脑停止锁止离合器控制,使锁止离合器始终处于分离状态。

d. 油压电磁阀出现故障时,电脑停止锁止离合器控制,使油路压力保持为最大。

1.6.2 自动换挡操纵装置

自动换挡操纵装置包括挡位操纵机构(控制手柄)、节气门控制机构等。

1. 挡位操纵机构的结构与工作原理

挡位操纵机构的作用是用来移动选挡阀,以使选挡阀进入不同的挡位区域。选挡阀操纵杆通过杆系和选挡手柄连接,随选挡手柄位置改变选挡操纵杆向右或向前移动,使选挡阀的位置和选挡手柄的位置相对应。选挡手柄和传统式变速器的变速杆外形相似,但只供选择挡位区使用。选挡手柄可装在转向盘下面的转向柱上,驾驶员扳动手柄时,通过指示器可清晰地看到所选择的挡位,如图 1-66a) 所示。也有的选挡手柄设置在驾驶员座椅的一侧,如图 1-66b) 所示。

选挡指示器可设置在选挡手柄旁边,也有的设置在仪表板上,所选挡位可用指针显示,也可用灯光表示,图 1-67 为不同类型挡位指示器的举例。

挡位指示器上字母和数字所表示的意义为:

"1"、"L1"、"L"等表示手选 1 挡位置,即低挡位置,也称 1 区或 L1 或 L 区。选用这一挡位时,汽车只能用一挡行驶,不能升挡。这个位置在汽车行驶于坑洼、湿路面或结冰路面上行驶时选用。在下陡坡时,也可选择这个位置,以用发动机的制动作用控制车速。在这个位

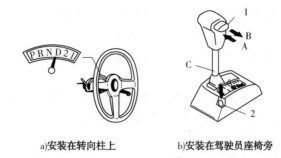

a) 安装在转向柱上　　　　b) 安装在驾驶员座椅旁

图 1-66　选挡手柄

1-选挡杆按钮；2-超速挡按钮；A-压入；B-松开；C-在停车(P)挡区

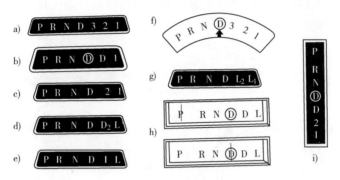

图 1-67　挡位指示器

置发动机不能起动。

"2"表示2挡位置,简称"2"位。和"2"位相当的是"L2"(即低2挡)、"I"(中间挡)和"D2"挡(前驶2挡)。选用此挡位时,变速器可在1~2挡间自动升挡或2~1挡间自动降挡,但不能升入3挡,在希望限制变速器在1~2挡间升挡或2~1挡间降挡,以使车速不超过某一确定数值(如100km/h)时,可选用此挡。在"2"位时,不能起动发动机,在有的自动变速器上还用"I"表示中间挡。

"3"表示四速变速器的3挡位置。在"3"位时,变速器可以从1~2、2~3挡依次自动升挡或从3~2、2~1挡自动降挡,但不能进入超速挡。

"D"表示前驶位置。在3速变速器中,选用"D"区可以实现1~2、2~3挡自动升挡或3~2、2~1挡自动降挡。在四速变速器中,"D"位可能表示两种情况:(1)如"D"字前有D,则表示前驶位,相当于"3"位,变速器不能进入超速挡。(2)如"D"字后边有"3"字,则"D"表示超速挡(4挡)位置,变速器可实现1~2、2~3、3~4挡自动升挡或4~3、3~2、2~1挡的自动降挡。在"D"位时,不能起动发动机。

"Ⓓ"在四速变速器挡位指示器中出现,表示超速挡位置。在"Ⓓ"位,自动变速器可实现1~2、2~3、3~4挡的自动升挡或4~3、3~2、2~1挡的自动降挡。在"Ⓓ"位时,发动机不能起动。

当"3"区或"D"区在一般的道路条件下使用时,汽车的大部分时间以3挡行驶。"Ⓓ"在道路条件良好时选用,以提高汽车的燃料经济性。

"N"表示空挡位置。选择此位置时,自动变速器内的所有离合器和制动器均处于分离状态,所以没有动力从变速器输出,发动机在空挡时可以起动。

"R"表示倒挡位置。当选择"R"挡位时,自动变速器的输出轴的旋转方向和发动机曲轴的旋转方向相反,汽车倒驶。"R"位只能在车辆静止时选用。选用"R"位后,不能起动发动机。

"P"表示停止位置。当选择"P"位时,没有动力传给变速器。此时选挡手柄通过杆系操纵停车爪,将变速器的输出轴锁止在壳体体上,使车辆不能前后移动。在需要移动汽车时,换挡手柄应从"P"位移动,使停车爪分离。在"P"时,发动机可以起动。

2.节气门阀操纵机构的结构与工作原理

机械式节气门阀操纵机构一般由油门踏板、节气门操纵杆、钢丝索、节气门摇臂等组成,如图1-68所示。节气门阀的凸轮经过拉索与节气门摇臂的一端连接,摇臂的另一端通过拉索和油门踏板摇臂相连。

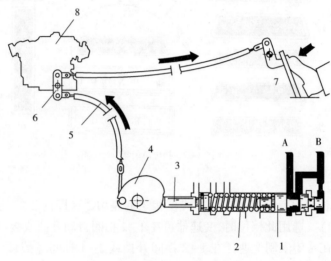

图1-68　机械式节气门阀操纵机构
1-滑阀;2-调节弹簧;3-挺杆;4-凸轮;5-拉索;6-节气门摇臂;7-加速踏板;8-化油器或节气门体;A-主油路油压进油口;B-节气门油压出油口

当驾驶员踩下油门踏板时,油门踏板摇臂转动,并通过拉索带动节气门摇臂转动,节气门开大的同时,节气门摇臂的另一端经过拉索带动节气门阀的凸轮转动,凸轮推动节气门阀的挺杆右移,压缩调压弹簧,使调压弹簧的弹力增大,因而也就加大了节气门的调节油压;相反,当驾驶员放松油门踏板时,节气门阀的调压弹簧的弹力就会减小,节气门的调节油压也就减小。可见节气门阀的调节油压是随油门踏板位置的变化而改变的。

一些电子式自动变速器中,在加速踏板下安装了电磁阀,当油门踏板动作时,电磁阀产生电信号,来操纵节气门阀的工作状态。

思考题

1.液力偶合器和液力变矩器的相比有何优缺点?
2.涡流与环流之间有什么区别?

3.自动变速器中单向离合器的作用是什么？
4.简述自动变速器中的离合器和制动器的作用与工作原理。
5.简述自动变速器液压控制系统组成及作用。
6.简述自动变速器电子控制系统组成及作用。
7.电子控制自动变速器的换挡时间如何控制？
8.简述节气门传感器和速度传感器的结构组成和作用。

单元 2　典型自动变速器结构及工作原理

本单元重点

- 拉威娜式自动变速器结构与原理
- 辛普森式自动变速器结构与原理
- CVT 无级变速器结构与原理
- 双离合器自动变速器工作原理

本单元难点

- 无级变速器结构与原理
- 双离合器自动变速器工作原理

2.1　拉威娜式自动变速器

2.1.1　01M 自动变速器

1. 01M 自动变速器结构

01M 自动变速器用于大众高尔夫、捷达、宝来等轿车上，结构简图如图 2-1 所示。由于用在前驱、横置发动机的汽车上，因此主减速器和自动变速器整合为一体，组成变速驱动桥。01M 自动变速器行星排结构与上海大众 01N 自动变速器相同，所不同的是 01N 自动变速器用于发动机前置、纵置的汽车上。01N 自动变速器用于桑塔纳 2000 和帕萨特 B5 等汽车。01M/01N 自动变速器共有两排行星排：一个单星行星排和一个双星行星排，两排行星排共用同一齿圈和行星架，有大、小太阳轮各一个，有长、短行星齿轮各一组。这种特殊结构的轮系称为拉维娜轮系，如图 2-2 所示。

01M 自动变速器变速杆有 P、R、N、D、3、2、1 七个位置。P 位为驻车挡；R 位为倒挡；N 位为空挡；D 位为前进挡，挡位可在 1~4 之间转换；1 位为前进 1 挡，挡位被锁定在 1 挡不再变化。

如图 2-3 所示，01M 自动变速器共有 6 个换挡执行元件，分别是 1~3 挡离合器 K1、3/4 挡离合器 K3、倒挡离合器 K2、2/4 挡制动器 B2、低挡、倒挡制动器 B1、1 挡单向离合器 F。变矩器内设有锁止离合器 LC。在满足锁止条件时，锁止离合器会锁止，以便提高传动效率。

2. 01M 自动变速器挡位传动路线分析

01M 各挡换挡执行元件工作情况见表 2-1。

单元2 典型自动变速器结构及工作原理

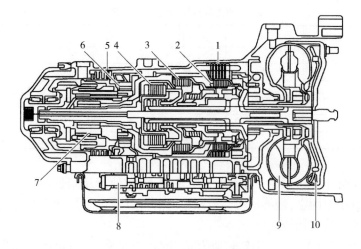

图 2-1 01M 自动变速器结构图

1-2、4挡制动器 B2；2-倒挡离合器 K2；3-1、3 挡离合器 K1；4-3、4 挡离合器 K3；5-低挡、倒挡制动器 B1；6-单向离合器 F；7-行星齿轮传动机构；8-滑阀箱；9-液力变矩器；10-锁止离合器

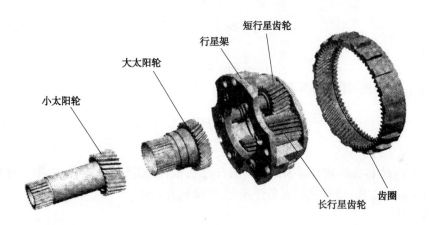

图 2-2 拉维娜轮系结构图

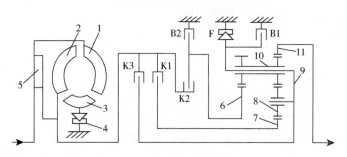

图 2-3 01M 自动变速器结构图

1-泵轮；2-涡轮；3-导轮；4-单向离合器；5-锁止离合器压盘；6-大太阳轮；7-小太阳轮；8-短行星行星齿轮；9-行星架；10-长行星齿轮；11-齿圈

— 73 —

01M 各挡换挡执行元件工作表　　　　　　　　表 2-1

挡 位	B1	B2	K1	K2	K3	F
1			●			●
2		●	●			
3			●		●	
4		●			●	
5	●			●		
1 位 1 挡	●		●			●

(1) 1 挡

1 挡时 K1 得液,接合工作,动力由小太阳轮输入,欲使行星架逆时针转动,于是单向离合器 F 接合,将行星架固定,最终动力经齿圈输出。可以看出 1 挡动力是经后排(双星行星排)输出的。下面计算 1 挡传动比。

设大太阳轮转速为 N_1;小太阳轮转速为 n_1;齿圈转速为 n_2;行星架转速为 n_3;齿圈与小太阳轮齿数比为 α

$$\frac{齿圈齿数 Z_2 \times 长行星齿轮左半部齿数 Z_3}{长行星齿轮右半部齿数 Z_4 \times 大太阳轮齿数 Z_1} = \beta$$

经推导可得前排(单星行星排)特性方程为:

$$N_1 + \beta n_2 = (1+\beta) n_3$$

后排(双星行星排)特性方程为:

$$n_1 - \alpha n_2 = (1-\alpha) n_3$$

1 挡时,行星架被固定,则有: $n_3 = 0$

所以一挡传动比 $i_1 = \dfrac{n_1}{n_2} = \alpha$

(2) 1 位 1 挡

1 位 1 挡时 1~3 挡离合器 K1、单向离合器 F、低挡/倒挡制动器 B1 工作。与 1 挡不同之处在于 B1 参与工作,将行星架无条件固定,发动机有制动。

(3) 2 挡

2 挡时 K1 保持工作,动力仍由小太阳轮输入,B2 将大太阳轮制动。可以看出 2 挡动力是经双排共同传输的。下面计算 2 挡传动比。

前排特性方程: $N_1 + \beta n_2 = (1+\beta) n_3$

后排特性方程为: $n_1 - \alpha n_2 = (1-\alpha) n_3$

B2 将大太阳轮制动,所以有: $N_1 = 0$;得: $\beta n_2 = (1+\beta) n_3$

有:

$$\frac{n_1 - \alpha n_2}{\beta n_2} = \frac{(1-\alpha)}{(1+\beta)}$$

整理得: $n_1 (1+\beta) = (\alpha + \beta) n_2$

所以 2 挡传动比 $i_2 = \dfrac{n_1}{n_2} = \dfrac{(\alpha + \beta)}{(1+\beta)}$

由于 2 挡时大太阳轮被固定,行星架运动方向变为顺时针,所以单向离合器 F 超越。

(4) 3 挡

3挡时K1保持工作,K3接合工作。此时双排行星排被连为一体,因此3挡为直接挡,传动比 $i_3=1$。

(5) 4挡

4挡时K3、B2工作。K3使动力由行星架输入,B2将大太阳轮固定,这样前排已具备动力输出条件。

前排特性方程: $\quad N_1+\beta n_2=(1+\beta)n_3$

B2将大太阳轮固定,即 $\quad N_1=0$

可求得4挡传动比 $\quad i_4=\dfrac{n_3}{n_2}=\dfrac{\beta}{(1+\beta)}<1$

可见4挡为超速挡。

(6) 倒挡

倒挡时K2、B1工作。K2使动力输入到大太阳轮,B1将行星架固定,可见倒挡动力是由前排完成输出的。

前排特性方程: $\quad N_1+\beta n_2=(1+\beta)n_3$

B1将行星架固定,即 $\quad n_3=0$

可求得倒挡传动比 $\quad i_R=\dfrac{N_1}{n_2}=-\beta$

由于 $\beta>1$,因此R挡为降速倒挡。

2.1.2 大众01V自动变速器

1. 大众01V自动变速器结构

ZF公司的5HP-19型自动变速器(大众公司的服务名称为01V)配备在A6、A4和帕萨特B5等车上。

01V型自动变速器是电控手/自一体5速自动变速器,变速杆P、R、N、D、4、3、2七个位置。D位时挡位可在1~5挡间转换,4位时挡位可在1~4挡间转换,3位时挡位可在1~3挡间转换,2位时挡位可在1~2挡间转换。变矩器锁止离合器可在3、4、5挡时结合。01V自动变速器又可分为前驱和四驱两种。

01V型自动变速器行星齿轮机构与换挡执行元件的布置如图2-4所示。其行星齿轮机构由一组拉维娜轮系和一个单行星排组合而成。前部的拉维娜轮系与大众01M/01N自动变速器相同。

01V自动变速器共8个执行元件。其中A、B、E为三个输入离合器,控制着三条动力输入路径,离合器A接合动力输入到小太阳轮,离合器B接合动力输入到大太阳轮,离合器E接合动力输入到行星架。离合器F接合时后排被连为一体,直接输出。制动器G接合时将后太阳轮固定,后排降速输出。制动器C结合时将大太阳轮固定。制动器D和单向离合器FL可将拉维娜轮系的行星架固定。各挡执行元件工作见表2-2。

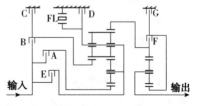

图2-4 01V行星排结构图

01V自动变速器各挡执行元件工作表　　　　　　　表2-2

元件名称	离合器				制动器			单向离合器
工作元件	A	B	E	F	C	D	G	FL
R		●				●	●	
N						●		
D1	●						●	●
D2	●				●		●	
D3	●			●	●			
D4	●		●	●				
D5			●	●	●			

2.大众01V自动变速器各挡动力传递路线分析

(1)1挡动力传递路线

D位1挡动力传递路线如图2-5所示,执行元件A、G、FL工作。动力输入到拉维娜轮系小太阳轮,行星架被固定,拉维娜轮系降速输出。1挡动力传递经过两级降速,实现较大的传动比。

在2位1挡时,制动器D工作,将行星架双向固定,故有发动机制动。

(2)2挡动力传递路线

2挡动力传递路线如图2-6所示。离合器A和制动器C、G工作。动力输入到小太阳轮,大太阳轮被固定,拉维娜轮系两排并联传输(降速、传动比计算略),再经后排降速后,由行星架输出动力。

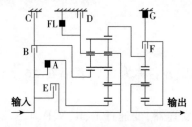
图2-5　1挡动力传递路线

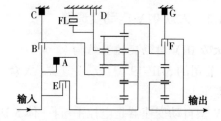
图2-6　2挡动力传递路线

(3)3挡动力传递路线

3挡动力传递路线如图2-7所示。离合器A、F和制动器C工作。3挡时动力在拉维娜轮系的传输与2挡相同,为降速输出。与2挡不同之处在于后排由降速输出变为直接输出,对传动比没有影响。

(4)4挡动力传递路线

4挡动力传递路线如图2-8所示。离合器A、E、F工作。经分析可知4挡时整个轮系被连为一体,动力直接输出,为直接挡。

(5)5挡动力传递路线

5挡动力传递路线如图2-9所示。5挡时离合器E、F和制动器C工作。大太阳轮被固定,拉维娜轮系前排具备动力传输条件,齿圈升速输出。后排被离合器F连为一体,直接输出。最终5挡实现超速输出。

(6)倒挡动力传递路线

倒挡动力传递路线如图 2-10 所示。倒挡时离合器 B 和制动器 D、G 工作。动力输入到大太阳轮，拉维娜轮系行星架被固定，齿圈降速反向输出。后排太阳轮被固定，后排降速输出。倒挡经两级降速实现较大传动比。

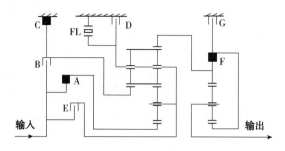

图 2-7　3 挡动力路线传递图

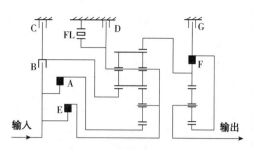

图 2-8　4 挡动力传递路线图

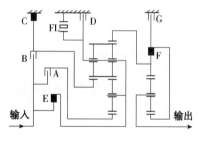

图 2-9　5 挡动力传递路线图

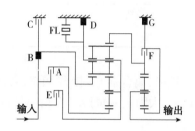

图 2-10　倒挡动力传递路线图

2.1.3　大众 01V 自动变速器

1. 大众 01V 自动变速器结构

097 搭载在 20 世纪 90 年代的奥迪 90、100 等轿车上，属四速电控自动变速箱，是目前广为使用的 01N 四速自动变速箱的雏形。它采用拉威娜式行星齿轮变速机构。它主要由大、小太阳轮，长短行星齿轮，一个单向离合器，三个离合器和两个制动器组成。其传动机构简图如图 2-11 所示。

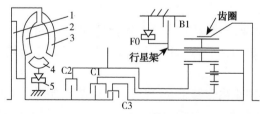

图 2-11　097 传动路线简图

1-锁止离合器；2-涡轮；3-泵轮；4-导轮；5-单向离合器；C2-倒挡离合器；C1-前进挡离合器；C3-3~4 挡离合器；F0-单向离合器；B1-低、倒挡制动器

2. 大众 01V 自动变速器动力传递流程

大众 01V 自动变速器各执行元件各挡位工作一览表见表 2-3。

大众 01V 自动变速器各执行元件各挡位工作一览表　　　　表 2-3

选挡手柄位置	挡位	C1	C3	C2	B2	B1	F
D	1挡	工作					工作
D	2挡	工作			工作		
D	3挡	工作	工作	工作			
D	4挡		工作		工作		
3	1挡	工作					工作
3	2挡	工作			工作		
3	3挡	工作	工作	工作			
2	1挡	工作					工作
2	2挡	工作			工作		
1	1挡	工作					
R	倒挡			工作			
N	空挡						
P	驻车挡						

(1) 1 挡

液压 1 挡时,离合器 C1 接合,单向离合器 F 工作。动力流程为:泵轮→涡轮→涡轮轴→离合器 C1→小太阳轮→短行星齿轮→长行星驱动齿轮。

(2) 2 挡

2 挡时,离合器 C1 接合,制动器 B2 制动大太阳轮,动力流程为:泵轮→涡轮→涡轮轴→离合器 C1→太阳轮→短行星齿轮→长行星齿轮围绕大太阳轮转动驱动齿圈。

(3) 3 挡

3 挡时,离合器 C1 和快接合,驱动小太阳轮和行星齿轮架,因而使行星齿轮机构锁止并一同转动。动力流程为:泵轮→涡轮→涡轮轴→离合器 C1 和 C3→整个行星齿轮转动。

机械 3 挡时,变矩器锁止离合器接合,离合器 C1 和 C3 接合,行星齿轮机构锁止,形成一个整体进行工作。动力流程为:泵轮→锁止离合器→离合器 C1 和 C3→整个行星齿轮机构转动。

(4) 4 挡

4 挡时,离合器 C3 接合,制动器 B2 工作,使行星齿轮架工作,并制动大太阳轮,动力流程为:泵轮→涡轮→涡轮轴→离合器 C3→行星齿轮架→长行星齿轮围绕大太阳轮转动并驱动齿圈。

机械 4 挡时,变矩器锁止离合器结合,离合器 C3 结合,制动器 B2 工作,使行星齿轮架工作并制动大太阳轮。动力流程为:泵轮→锁止离合器→离合器 C3→行星齿轮架→长行星齿轮围绕大太阳轮转动并驱动齿圈。

(5) R 挡

换挡杆在 R 位置时,离合器 C2 结合,驱动大太阳轮。制动器 B1 工作,使行星齿轮架制动。动力流程为:泵轮→涡轮→涡轮轴→离合器 C2→大太阳轮→长行星齿轮反向驱动齿圈。

2.2 辛普森式自动变速器（A341E）

1.丰田 A341E 自动变速器结构

A341E 型自动变速器被用于 LS400 轿车上，该变速器有 4 个前进挡，液力变矩器带锁止离合器，行星齿轮变速器位三行星排辛普森式，采用电液控制系统。是用于后轮驱动的自动变速器，其传动机构简图如图 2-12 所示。

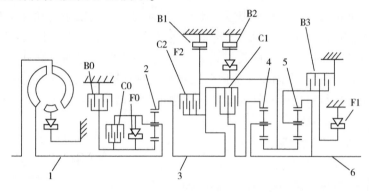

图 2-12 丰田 A341E 自动变速器机构简图

1-输入轴；2-超速行星排；3-中间轴；4-前行星排；5-后行星排；6-输出轴；C0-超速挡离合器；C1-前进挡离合器；C2-直接挡离合器；B0-超速制动器；B1-第 2 挡跟踪制动器；B2-第 2 挡制动器；B3-低、倒挡制动器；F0-超速挡单向离合器；F1-1 号单向离合器；F2-2 号单向离合器

2.丰田 A341E 自动变速器工作原理

丰田 A341E 自动变速器各换挡执行元件的名称及作用见表 2-4。

各换挡执行元件的名称及作用　　　　　表 2-4

零件名称		功　能
C0	超速挡离合器	连接超速排太阳轮与行星轮
C1	前进挡离合器	连接输入轴与传前行星齿圈
C2	直接挡离合器	连接输入轴与太阳轮组件
B0	超速制动器	固定超速太阳轮
B1	第 2 挡跟踪制动器	固定太阳轮防止前后太阳齿轮顺时针和逆时针转动
B2	第 2 挡制动器	与 F1 配合阻止太阳轮顺时针、逆时针转动
B3	低、倒挡制动器	固定后排星架，防止后行星架顺时针逆时针转动
F0	超速挡单向离合器	阻止超速行星架逆时针转动
F1	1 号单向离合器	与 B2 配合阻止太阳轮逆时针转动
F2	2 号单向离合器	阻止后行星架逆时针转动

1）A341E 自动变速器超速排工作原理

（1）直接传动原理

超速挡离合器 C0 和单向离合器 F0 工作时，超速排行星架与太阳轮连为一体，实现输入与输出的等速直接传动，传动比 $i=1$。

（2）超速传动原理

当制动器 B0 工作时，太阳轮固定，行星架输入，齿圈输出，实现超速传动。其传动路线为：主动轴→超速排行星架→超速排行星齿轮→超速排齿圈→前后排输入轴。

2）A341E 自动变速器挡位工作原理

自动变速器变速杆位于 D 挡位时,自动变速器可根据发动机转速和车速的变化,自动使不同的离合器、制动器、单向离合器工作而更换 D1 至 D4 间不同的挡位。

(1) D 挡位的工作原理

① D1 挡工作原理

D1 挡时,参与工作的执行机构原件有 C0、C1、F0 和 F2。

起步时,C0 和 F0 起作用,超速排传动比 $i_0=1$,动力由主动轴通过超速排传到前后排输入轴,经 C1 传给前齿圈。因输出轴与车轮相连为转动,前行星架被固定,前齿圈接受发动机转矩,带动前行星轮顺时针旋转,前行星齿轮带动前、后太阳轮逆时针旋转。因汽车尚未起步,后齿圈也被固定,前、后太阳轮在促使后行星轮顺时针转动时,力图使后行星架逆时针转动,而这时 F2 阻止后行星架逆时针转动。故而强迫后齿圈顺时针转动,动力便传至输出轴,汽车起步。

汽车起步前动力传动路线：

输入轴→超速排行星架→超速排齿圈→中间输入轴→离合器 C1 结合→前齿圈→前行星轮→后太阳轮→后行星架→后齿圈→输出轴

通过分析可知,汽车起步后,D1 挡位时,前后连个行星排均参与工作,行星齿轮机构所承受的负荷被分为两部分,以免过载。起步后动力传动路线：

超速排→中间输入轴→前齿圈→前行星架→前输出轴→后太阳轮→后行星架→后齿圈→输出轴

② D2 挡工作原理

D2 挡时,参与工作的执行元件有 C0、C1、B2、F0 和 F1。如图 2-12 所示,C0 和 F0 起作用,超速排的传动比仍然为 1,C1 的接合继续是输入轴转矩传给前排齿圈。前排齿圈顺时针转动,前排行星齿轮顺时针转动,前后排太阳轮将具有逆时针转动趋势；由于 B2 的结合固定了 F1 的外圈,则 F1 起作用将太阳轮的逆时针转动趋势锁止,从而使太阳轮固定,动力便有前行星架传给输出轴,因此动力不会传动后行星排,只有前行星排起作用。

D2 挡的动力传动路线：

输入轴→超速排行星架→超速排齿圈 C0 结合→前传动轴→离合器 C1→前排行星齿轮→前排行星架 B2→F1 共同作用阻止太阳轮逆时针转动→输出轴。放松加速踏板时,前行星架的转速高,前齿圈的转速低。致使行星齿轮力图使前、后太阳轮顺转,而此时 F1 不限制太阳轮顺转,后轮动力无法传至发动机,因而不产生发动制动效果。

③ D3 挡工作原理

D3 挡时,参与工作的执行机构元件有 C0、C1、C2、F0。其动力传动路线：

主动轴→超速排→前后排输入轴→前离合器 C1 和高、倒挡离合器 C2→前后行星排固连→输出轴。

④ D4 挡工作原理

D4 当时,参与工作的执行机构元件 C0、C1、C2、B2。其动力传动路线：

主动轴→超速排行星架→超速排行星齿轮→超速排齿圈→前后排输入轴→离合器 C2

→前后行星排→输出轴。

（2）2挡位工作原理

①2位1挡工作原理

2位1挡时各执行元件的动作情况、传动比及动力传递路线与D1挡完全相同,在此不再分析。

②2位2挡工作原理

2位2挡时,参与工作的执行机构元件有C0、C1、B1、B2、F0、F1。

变速杆处于2位置时,2位2挡位的传动路线及传动比与D2挡位完全相同。与D2挡位相比,22挡位增加了2挡强制制动器B1,以便利用发动机制动。

③2位3挡工作原理

2位3挡时各执行元件的动作情况、传动比及动力传递路线与D3挡完全相同,在此不再介绍。

（3）L挡位工作原理

①L位1挡工作原理

L1挡时,参与工作的执行机构元件有C0、C1、B3、F0、F2。

选挡杆位于L位时,其动力传动路线及传动比与D1挡完全相同,但由于L1挡增加了低倒挡制动器B3,从而使自动变速器在L1挡时可以利用发动机制动。

②L位2挡工作原理：

L位2挡时各执行元件的动作情况、传动比及动力传递路线与2位2挡完全相同,在此不再介绍。

（4）R挡工作原理

R位也称倒挡,此刻参与工作的执行机构元件有C0、C2、B3、F0。

动力传动路线：主动轴→超速排→输入轴→高、倒挡离合器C2→前后排太阳轮→后排行星齿轮→后排齿圈→输出轴。

（5）N位和P位工作原理

N位和P位时,虽然超速挡离合器C0和单向离合器F0的作用使得动力经超速排传到前后排输入轴,但前进离合器C1,高、倒挡离合器C2均处于分离状态,动力不能继续向后传递,因此无动力输出。

A341E自动变速器各构件及各挡工作状态见表2-5。

A341E自动变速器各构件及各挡工作状态　　　表2-5

挡位	挡位名称	1号电磁阀	2号电磁阀	使用的执行元件、挡位特点
P	驻车挡	接通	关断	只使用C0,动力无法后传,同时使用机械锁止
R	倒挡	接通	关断	用C0、F0在超速排形成直接传动,用C2形成前后太阳轮输入,用B3固定后行星架、同时齿圈输出
N	空挡	接通	关断	只使用C0,动力无法后传,形成空挡

续上表

挡位	挡位名称	1号电磁阀	2号电磁阀	使用的执行元件、挡位特点
D	第1挡	接通	关断	用C0,F0在超速排形成直接传动,用C1将动力传入前齿圈,同时使用F2单向固定后行星架,最终形成前行星架后齿圈输出
	第2挡	接通	接通	用C0,F0在超速排形成直接传动,用C1将动力传入前齿圈,使用B2、F1单向固定前后太阳轮,前行星架输出
	第3挡	关断	关断	用C0,F0在超速排形成直接传动,用C1将动力传入前齿圈,使用C2将动力传入前后太阳轮,前行星架输出,形成直接传动,为了换挡方便为B2继续通过液压
	O/D挡	关断	关断	用B0在超速排形成直接传动,用C1将动力传入前齿圈,使用B1、B2、F1固定前后太阳轮,前行星架输出
2	第1挡	接通	关断	与D1挡一样,采用C0、C1、F2
	第2挡	接通	接通	用C0,F0在超速排形成直接传动,用C1将动力传入前齿圈,使用B1、B2、F1单向固定前后太阳轮,前行星架输出
	第3挡	关断	接通	与D3挡一样,采用C0、C1、C2、B2
L	第1挡	接通	关断	用C0,F0在超速排形成直接传动,用C1将动力传入前齿圈,同时使用B3固定后行星架,最终形成前行星架后齿圈输出
	第2挡	接通	接通	用C0,F0在超速排形成直接传动,用C1将动力传入前齿圈,使用B1、B2、F1单向固定前后太阳轮,前行星架输出

2.3 无级自动变速器(CVT)

当今汽车市场上普遍采用的变速器是普遍自动变速器和手动变速器。这两种变速器传动比都不能连续变化,这就使汽车在挡位转换过程中,发动机转速在很大范围内波动。发动机转速远离经济转速的结果,会使油耗和排气污染同时增加。理想的汽车变速器是转动比能够连续变化的无级变速器。

近年来,随着V带传动技术上的突破,无级自动变速器装车率逐年增加。国内目前有多个厂家推出了配备CVT的汽车,如广本飞度、东风日产天籁、奥迪A4/A6、奇瑞旗云等。

无级自动变速器,采用传动带和工作直径可变的主、从动带轮传递动力,传动比在一定范围内可以连续变化,从而实现传动系与发动机工况的最佳匹配,其变速机构如图2-13所示。

无级自动变速器的主要优点有:

(1)较好的燃油经济性和较低的排放污染。这是因为无级自动变速器汽车,传动比能够依据工况平滑地变化,保证了发动机始终工作在高效转速区。ZF公司将自己生产的CVT装车进行测试,其废弃排放量比安装普通自动变速器的汽车减少了大约10%。

(2)汽车自动性得到改善。由于无级自动变速器的传动比变化范围宽,汽车的爬坡能力和加速性能都得到了提高。

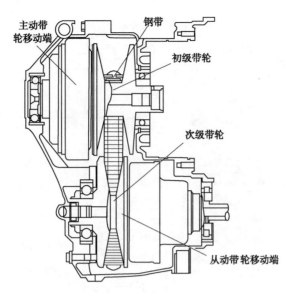

图 2-13　无级自动变速器上的带轮、钢带变速机构

(3)动力传动没有中断现象,传动比变化非常的平滑,动力传动系统冲击小,变速时无冲击感,使行驶顺畅,从而使乘坐舒适性得到了进一步提高。

2.3.1　本田飞度 1.3L 无级自动变速器

1.本田飞度 1.3L 无级自动变速器的组成

与普通自动变速器相类似,无级变速器一般也是由变速器、电子控制系统和液压控制系统三部分组成。无级自动变速器的机械部分包括变速机构和起步机构两部分,如图 2-14 所示。

(1)变速机构

当今市场上的无级自动变速器,以采用 V 形金属带传递动力为主流。V 带为主、从动可变径带轮相齿合。传动比改变时,主、从动带轮直径总是反向变化。为实现前进挡和倒挡的转换,发动机的输出动力先被输入至行星排,然后再由行星排传入主动带轮。在行星排中太阳轮为输入元件,齿圈为输出元件。把齿圈和太阳轮连为一体时,实现的是前进挡;当固定行星架时,得到的是倒挡。

V 形金属带结构并不是无级自动变速器动力传递的唯一选择,如日产车用的滚轮转盘式结构,都是今年推出的新结构类型。

(2)起步装置

V 带变速机构虽然可以使转动在较大范围内变化,但它无法实现动力切断。起步装置能够切断动力,同时又能够平稳结合以完成车辆的顺利起步。起步装置要有以下 3 种形式:

①电磁离合器:传递转矩小,抗热能力低,一般仅用于微型汽车上。

②湿式摩擦离合器:结构尺寸小,响应快,能量损失小。

③液力变矩器:起步转矩大,坡道起步性好,驾驶容易,能够有效衰减扭转振动和冲击。

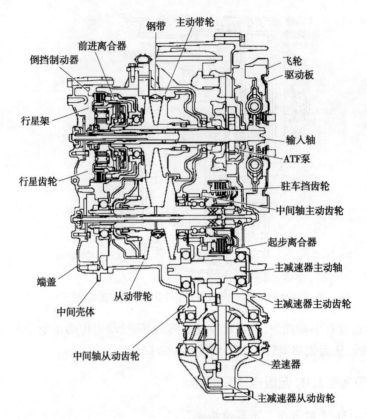

图 2-14 无级自动变速器的结构图

2. 无级变速器的工作原理

下面以广州本田飞度 1.3L 轿车所选配的无级自动变速器(图 2-15)为例,介绍 CVT 的变速原理。

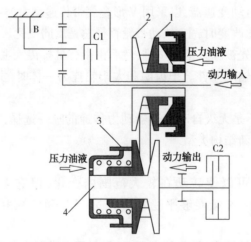

图 2-15 本田飞度 1.3L 轿车无级自动变速器
1-主动滑动半轮;2-主动固定半轮;3-从动滑动半轮;4-从动固定半轮;
C1-前进离合器;C2-起步离合器;B-倒挡制动器

主动传动轮和从动传动轮都由从动半轮和固定半轮组成,与液压缸靠近一侧带轮可以在轴上滑动,另一侧测被固定。滑动半轮和固定半轮都是锥面结构,它们的锥面形成 V 形槽来与 V 形金属传动带啮合。两个滑动半轴的轴向移动量是通过控制系统调节主动轮、从动轮液压缸的压力来实现的。

发动机曲轴输出的动力经扭转减震器传递到行星排太阳轮。前进挡时前进离合器 C1 接合,行星排被连为一个整体;动力由齿圈输出至主动带轮,最后经起步离合器传递给输出齿轮完成动力传输。

工作时,通过主动带轮与从动带轮滑动半轴做轴向移动来改变主动轮、从动轮锥面与 V 形传动带啮合的工作半径。进而改变传递速比,从而实现了传动比线性变化。

汽车开始起步时,主动轮的工作半径较小,变速器可以获得较大的传动比,从而输出较大的转矩,完成车辆顺利起步。随着车速的增加,主动轮的工作半径逐渐增大,从动轮的工作半径相应减小,传动比下降,使得汽车得以高速行驶。

当需要得到低传动比(低速)时,从动滑动半轮将被施加高压,主动滑动半轮将被施以低压,结果主动带轮直径减小、从动带轮直径增大;当需要得到高传动比(高速)时,主动滑动半轮将被施以高压,从动滑动半轮将被施以低压,结果主动带轮直径增大、从动带轮直径减小。

倒挡时,前进挡离合器 C1 退出工作,倒挡制动器进入工作,将行星架固定,此时(输出)转向与太阳轮(输入)转向相反,实现倒挡输出。

3. 无级自动变速器液压控制系统

液压控制系统接受电控系统的指令,最终实现对主动带轮、从动带轮、离合器和制动器的控制。下面以本田飞度 1.3L 轿车无级自动变速器为例,介绍 CVT 的液压控制系统(图 2-16)。

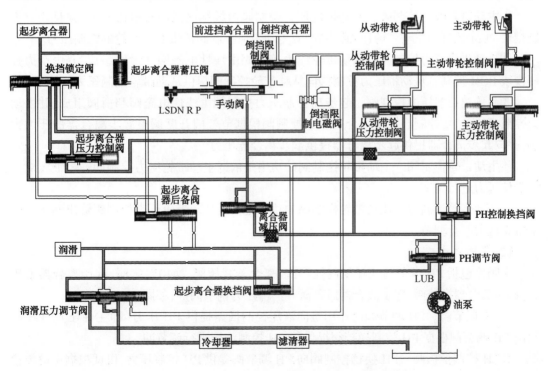

图 2-16　本田飞度轿车无级自动变速器 D 位低速范围油路

1) 油路组成

液压控制系统由主阀体、控制阀体、手动阀体、ATF 油泵和油道等组成。主阀体用螺栓固定在飞轮壳上；控制阀体位于变速器箱体外部；ATF 油道体在主阀体上，并与控制阀体、主阀体以及内部液压回路相连；手动阀体在中间壳体上。带轮和离合器分别由各自的供油管供油，倒挡制动器由内部液压回路供油。

(1) 控制阀体

控制阀体(2-17)位于变速器箱体外部，它包括主动带轮压力控制阀、起步离合器压力控制阀、主动带轮控制阀和从动带轮控制阀。

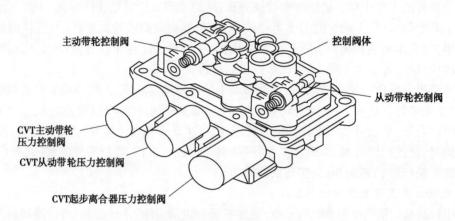

图 2-17　控制阀体

①主动带轮压力控制阀。主动带轮压力控制阀由线性电磁阀和滑阀组成，并且动力控制模块 PCM 控制。主动带轮压力控制阀向主动带轮控制阀提供主动带轮的控制压力。

②从动带轮压力控制阀。从动带轮压力控制阀由线性电磁阀和滑阀组成，并由动力控制模块 PCM 控制。从动带压力控制阀向从动带轮控制阀提供从动带轮控制压力。

③起步离合器压力控制阀。起步离合器压力控制阀由线性电磁阀和滑阀组成，并由动力控制模块 PCM 控制。起步离合器压力控制阀根据节气门开度调整起步离合器的压力大小，并向起步离合器提供起步离合器提供起步离合器压力。

④主动带轮控制阀。主动带轮控制阀的功用是依据主动带轮压力控制阀输出油压对主动带轮压力进行调节。

⑤从动带轮控制阀。从动带轮控制阀的功用是依据从动带轮压力控制阀输出油压对从动带轮压力经行调节。

(2) 主阀体

主阀体包括 PH 调节阀、PH 控制换挡阀、离合器减压阀、换挡锁定阀、起步离合器蓄压阀、起步离合器换挡阀、起步离合器后备阀和润滑压力调节阀等，如图 2-18 所示。

①PH 调节阀。PH 调节阀的作用是向液压控制回路提供 PH 压力(即主油压)。PH 压力由 PH 调节阀根据 PH 控制换挡阀提供的 PH 控制油压进行调节的。

②PH 控制换挡阀。PH 换挡控制阀向 PH 调节阀提供 PH 控制压力，以便根据主动带轮控制压力或从动带轮控制压力对 PH 油压进行调节。

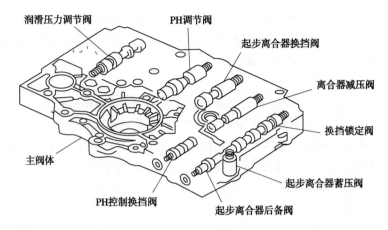

图 2-18 主阀体

③离合器减压阀。离合器减压阀接收来自 PH 调节阀的 PH 压力,并对离合器供油压力进行减压调节。

④换挡锁定阀。换挡锁定阀用于切换油液通道,以便在电气系统发生故障的情况下将起步离合器控制从电子控制切换到液压控制。

⑤起步离合器蓄压阀。起步离合器蓄压阀用于稳定起步离合器油压,以减缓冲击。

⑥起步离合器换挡阀。在电子控制系统发生故障的情况下,起步离合器换挡阀接受换挡锁定阀压力,并将润滑压力旁路转换到起步离合器后备阀。

⑦起步离合器后备阀。起步离合器后备阀提供离合器控制压力,以便在电子控制系统故障情况下对起步离合器进行控制。

⑧润滑压力调节阀。润滑压力调节阀用于调节润滑压力。

(3) ATF 油泵

如图 2-19 所示,油泵为转子式,其内转子通过花键与输入轴相接,并由输出轴驱动。油泵的作用是向 PH 调节阀供给压力油。

(4) 手动阀与倒挡限制阀

手动阀体通过螺栓固定在中间壳体上,在手动阀体上装有手动阀和倒挡限制阀,如图 2-20 所示。

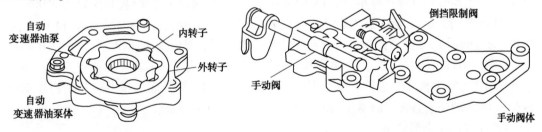

图 2-19 油泵　　　　图 2-20 手动阀体

①手动阀。手动阀为多位多路换向阀,它根据变速杆位置,以机械方式改变油路走向。变速杆有 P、R、N、D、S、L 等 6 个位置,手动阀对应也有 6 个位置。其中 D(普通前进挡)、S(快加速挡—传动比范围宽)和 L(坡道挡—低传动比范围)三个位置手动阀油路功能相同。

②倒挡限止阀。倒挡限止阀由倒挡限止电磁阀输出油压进行控制。当车辆以大约10km/h以上的车速向前行驶时,倒挡限止阀将切断通向倒挡控制器的液压回路。

2)本田飞度轿车无级自动变速器油路

(1)D位低速范围油路

PH调节阀输出油压分别供给离合器减压阀、主动带轮控制阀和从动带轮控制阀。离合器减压阀对PH油压进行减压调节后为4个电磁阀、手动阀和换挡锁定阀供油。

第一路离合器减压阀输出油液,经手动阀为前进离合器供油,前进离合器得液工作。

第二路离合器减压阀输出油液,进入换挡锁定阀后被圆柱面封堵、等待。

第三路离合器减压阀输出油液,经起步离合器压力控制阀对油压进行调节后,再通过换挡锁定阀左切槽为起步离合器供油。

第四路离合器减压阀输出油液,经主动带轮压力控制阀进行调节后输出,分为两路:一路上行,作用于主动带轮控制阀右断面(主动带轮控制阀依据此油压调节主动带轮供油压力);另一下路,作用于PH控制换挡阀右端面。

第五路离合器减压阀输出油液,经从动带轮压力控制阀进行调节后输出,分为两路:一路上行,作用于从动带轮控制阀右断面(从动带轮控制阀依据此油压调节从动带轮供油压力);另一路下行,作用于PH控制换挡阀左端面。由于低速时从动带轮油压高于主动带轮油压,从动带轮压力控制阀输出油压同样高于主动带轮压力控制阀输出油压,由此PH控制换挡阀左端面受到推力大于右端面受到的推力,PH控制换挡阀处于右位。从动带轮压力控制阀输出油压经PH控制换挡阀左切槽流至PH调节阀弹簧室,PH调节阀依据此油压对PH油压进行调节。

第六路离合器减压阀输出油压,为倒挡限制电磁阀供油。倒挡限制电磁阀为常开型开关电磁阀,前进挡时处于通电、泄压状态(无压力输出),因此倒挡限制阀左侧无油压作用,倒挡限制阀在弹簧的作用下处于右位,其结果是倒挡离合器供油通道被切断。

PH油压经主动带轮控制阀调节后,为主动带轮供油。主动带轮控制阀是个减压阀,其输出油压与主动带轮压力控制阀输出油压成正比。

PH油压经从动带轮控制阀调节后,为从动带轮供油。从动带轮控制阀也是个减压阀,其输出油压与从动带轮控制阀输出油压成正比。由于从动带轮供油压力大于主动带轮供油压力,所以主动带轮直径会减小、从动带轮直径会增大,实现较大传动比。

PH调节阀泄压口与润滑油陆相通。PH调节阀将多余的油液供给润滑油路(LUB)。来自PH调节阀的LUB油液经起步离合器换挡阀切槽为润滑部位供油;同时另一路LUB油液流经润滑压力调节阀右切槽,然后去冷却器进行冷却,最后流经滤清器回到油底壳。润滑压力调节阀负责对润滑压力进行调节。当润滑油压达到调节值时,润滑压力调节阀将压缩弹簧右移,多余的油液直接经润滑压力调节阀左切槽流向油泵进油口。

(2)D位高速范围油路

D位高速范围油路如图2-21所示。D位高速范围油路与D位低速范围油路基本是相同的,差异只在于主、从动带轮的油压不同。低速时从动轮的油压大于主动带轮的油压,从动带轮压力控制阀的输出油压大于主动带轮压力控制阀的输出油压,PH控制换挡阀是处于右位的;高速时情况刚好相反,主动带轮的油压大于从动带轮的油压,主动带轮压力控制阀的输出油压也大于从动带轮压力控制阀的输出油压，PH 控制换挡阀处于左位，主动带轮压力控制阀的输出油压经 PH 换挡阀右切槽至 PH 调节阀弹簧室，PH 调节阀依据主动带轮压力控制阀的输出油压对 PH 油压进行调节。

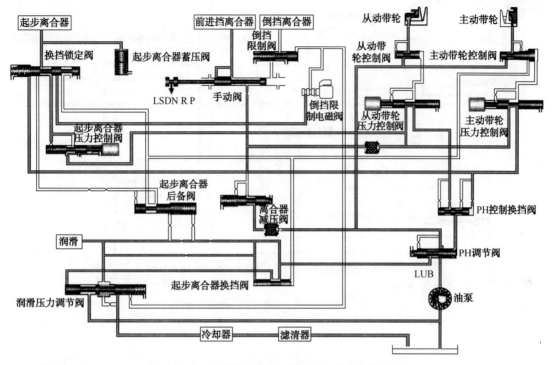

图 2-21　本田飞度轿车无级自动变速器 D 位高速范围油路

（3）倒挡油路

倒挡油路如图 2-22 所示。倒挡油路与 D 位低速范围油路大部分是相同的，以下只对两者间的差异进行说明。

首先手动阀的位置有所变化，其结果是倒挡离合器供油通道被打开、前进离合器供油通道切断。倒挡限制电磁阀由通电、泄油变为断电、供油，其输出油压作用于倒挡限制阀的右端面；倒挡限制阀压缩弹簧左移，处于左位；离合器减压阀输出油压经手动阀和换挡限制阀后供给倒挡离合器。起步离合器供油情况与 D 位低速范围油路相同，起步离合器和倒挡离合器共同工作，偏实现倒挡输出。

倒挡时，从动带轮压力控制阀输出油压高于主动带轮压力控制输出油压，实现较大传动比。

应急 D 位油路，当电控系统发生故障时，自动变速器将启用应急模式，为所有电磁阀断电。D 位应急油路如图 2-23 所示。

主动带轮压力控制阀和从动带轮压力控制阀为反比例线型电磁电磁阀，通电电流和输出油压成反比，断电（通电电流为 0）时，输出油压最大，因此供给主动带轮和从动带轮的油压均为最大值。

起步离合器为压力控制阀为正比例线性电磁阀，通电电流和输出油压成正比，断电（通电电流为 0）时，输出油压为 0。

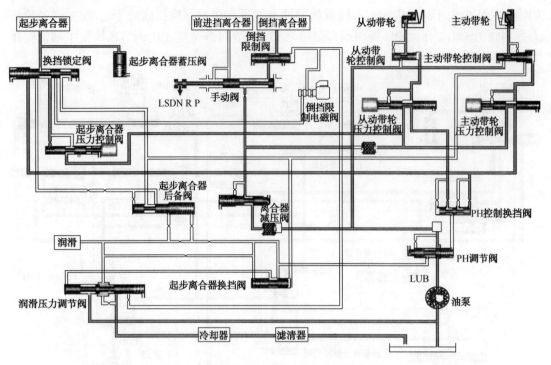

图 2-22　本田飞度轿车无级自动变速器倒挡油路

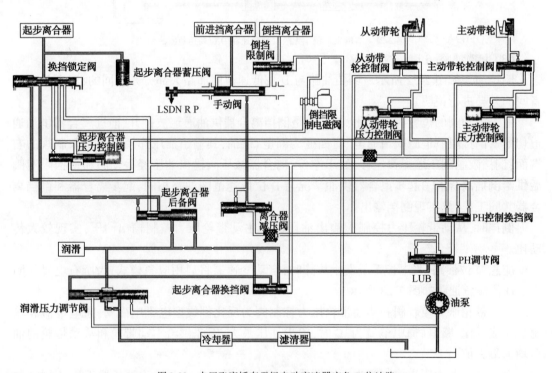

图 2-23　本田飞度轿车无级自动变速器应急 D 位油路

倒挡限制电磁阀断电供油,其输出油压作用于倒挡限制阀右端,倒挡限制阀压缩弹簧左移,处于左位,手动阀至倒挡离合器间供油通道被打通,其作用是保证应急倒挡时倒挡离合器的供油。

主动带轮压力控制阀输出的油压分为三路。一路流向主动带轮控制阀右端面;第二路去 PH 控制换挡阀;第三路作用于换挡锁定阀承压环面上,由于此时主动带轮压力控制阀输出的油压大于正常工作时油压(正常工作时,通电电流大于0),作用于承受环面的推力足以克服弹簧力,推动换挡锁定阀左移,换挡锁定阀处于左位。此时起步离合器应急的供油通道就被接通,油路走向是:油泵→离合器减压阀→换挡锁定阀右切槽→起步离合器后备阀(进行调压)→换挡锁定阀左切槽→起步离合器。

自换挡锁定阀右切槽流出的油液共分三路,除了一路为起步离合器供油外,还有两路。其中一路至起步离合器换挡阀右端,推动起步离合器换挡阀左移,起步离合器换挡阀压缩弹簧处于左位。PH 调节阀泄压(LUB)油路流出的油液不再直接供给润滑油路,而是经过另外一条带有节流孔的油路为润滑油路供油,这使起步离合器后备阀弹簧油压提高,起步离合器后备阀输出油压提高,保证了起步离合器可靠接合。LUB 油路油液经两个节流孔后进入起步离合器后备阀弹簧室,减缓了起步离合器压力增长速度,以保证接合平稳。自换挡锁定阀右切槽输出的另一条油液,流至主动带轮控制阀,为环形断面加压,最终使主动带轮供油压力下降且低于从动带轮供油压力,PH 控制换挡阀处于右位。

前进挡离合器直接由手动阀供油,与正常 D 位相同。

2.3.2 日产天籁 REOF09A 无级变速器

1. REOF09A 无级变速器简介

东风日产天籁 6 速手自一体无级变速器 REOF09A 是由液力变矩器与钢带、带轮组合而成。其钢带、带轮变速机构如图 2-24 所示。

图 2-25 是表示动力性能的最大驱动力曲线图,与以往的 A/T 变速器相比较,因为其不产生挡位差,使得 REOF09A 变速器可以继续保持在发动机高输出功率区域的同时实现了加速,车辆在高速行驶过程中,驱动力保持顺畅的变换,无动力损失并不产生冲击。由于发动机转速波动减小,始终保持在经济转速范围内,提高了经济性,排气污染有效降低。

与广本飞度不同,REOF09A 变速器没有采用起步离合器,而是采用了液力变矩器。由于采用了液力变矩器,使得起步

图 2-24 REOF09A 自动变速器带轮、钢带结构

时的加速性能得到提高,即便在上坡时的起步也变得容易。通过液力变矩器特有的自动爬行性能,提高了极低速行驶性能,减少由原来驾驶 A/T 车到驾驶 CVT 车时的不适应感。

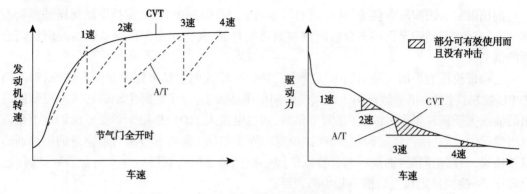

图 2-25　CVT 自动变速器发动机转速、驱动力曲线

2. REOF09A 换挡模式

（1）自动换挡模式

变速杆处于 D 位时，自动变速器便按自动换挡模式工作。TCM 通过调整带轮上钢带的转动半径，从低速状态（变速比 2.371）到高速传动状态（变速比 0.439）对传动比进行连续调节。变速比的变化是由初级带轮与次级带轮共同调节来完成的。

（2）手动换挡模式

如图 2-26 所示，要实现手动换挡功能，只需将处于 D 位的变速杆右移即可。此时可以进行 6 速手动换挡操作。每前推一次变速杆增加一个挡位；每后拉一次变速杆降低一个挡位。

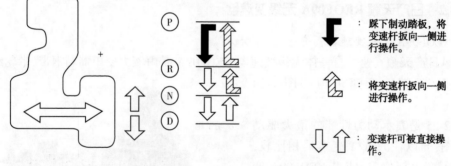

图 2-26　REOF09A 自动变速器换挡操作示意图

3. 前进与后退转换机构

在液力变矩器与初级带轮之间，设置了行星排来负责前进、后退转换。变矩器的动力通过输入轴输入，在通过油压控制离合器和制动器来进行前进和后退的切换。行星排的 3 种动力传递形式如表 2-6 所示。

4. 主减速器

主减速器共有两级减速。第一级减速和第二级减速采用的都是斜齿轮。主减速器结构如图 2-27 所示。

5. 带轮、钢带变速机构

带轮、钢带变速机构由槽宽可在带轮轴方向自由变化的一对多层钢环将许多钢片引导、叠合在一起。通过调整钢带与带轮的卷绕半径，从低速状态（变速比 2.371）到超速传动状态

（变速比 0.439）实现传动比的连续无际的变化，这个主、被带轮的直径由初级带轮与次级带轮的油压来控制。钢带结构如图 2-28 所示。

行星排的 3 种动力传递形式　　　　　　　　表 2-6

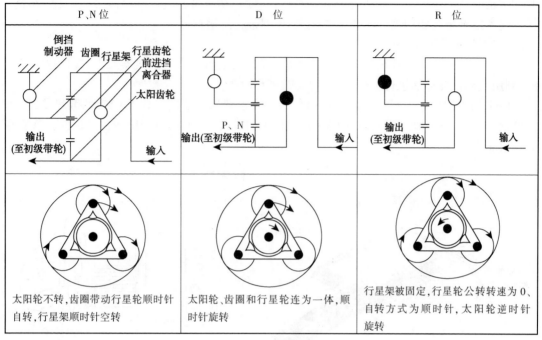

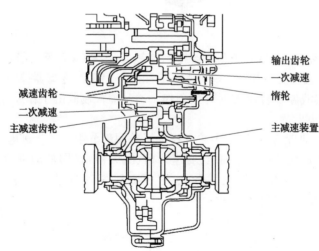

图 2-27　REOF09A 自动变速器的主减速器

钢带有大约 400 个钢片与两根 12 层重叠的钢环构成。此钢带与橡胶带通过张力作用传递动力不同，是通过钢片的压缩作用来传递动力的。钢片为了传递动力，需要与带轮的倾斜面之间产生摩擦力。摩擦力的产生机理是：次级带轮的油压发挥作用夹紧钢片→钢片被挤向外侧→钢板环被拉紧→钢板环产生张力→初级带轮→侧的钢片被夹在带轮之间→钢带与带轮之间产生摩擦力。通过压缩作用传递动力的钢片与为传递动力而产生摩擦力的钢片环分别承担作用。由于钢板环的张力是有整体分散承担的,所以具有应力变换较少,持久性强的特点。

初级带轮、次级带轮都由倾斜面为 11°的固定带轮与可移动式带轮构成。在可移动带轮的背面设有油压室(初级或者次级油压室),可移动式带轮通过球笼式花键在轴上滑动,起到改变带轮槽宽的作用。把发动机负荷(节气门开度)、初级带轮转速和次级带轮转速(车速)作为输入信号来改变初级带轮的工作压力,控制带轮的槽宽。

6. CVT 有散热器系统

CVT 有散热器在变速桥前侧采用了小型、轻便的铝质水冷式散热器。当 CVT 油温过低时,利用发动机冷却油进行加热,油温过高时进行冷却。

CVT 油液散热器:与某些 A/T 车一样,天籁在散热器的下端安装了 CVT 油散热器,如图 2-29 所示。在 CVT 散热器上装有 CVT 油过滤网,用于除去 CVT 油内的杂质来提高 CVT 的工作可靠性。

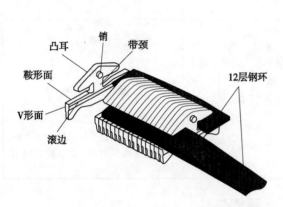

图 2-28　REOF09A 自动变速器钢带结构　　图 2-29　REOF09A 自动变速器油液散热器

CVT 油冷却器控制阀:CVT 油冷却器控制阀被安装在 CVT 变速器总成上方,通过控制在 CVT 油冷却器内流动的冷却液,来控制 CVT 油温。CVT 油冷却器控制阀通过节温器及复位弹簧工作,在冷却液温度为 80℃时开始工作。冷却器控制阀的工作原理如图 2-30 所示。

7. CVT 变速控制原理

初级带轮(即主动带轮)由固定半轮和移动半轮两部分组成。步进电动机借助变速杆驱动换挡控制阀,产生初级带轮工作油压,变速开始:次级带轮(即从动带轮)的油压由次级带轮控制电磁阀控制。当次级带轮优雅达到平衡后变速停止,传动比就被固定下来。REOF09A 变速控制原理如图 2-31 所示。

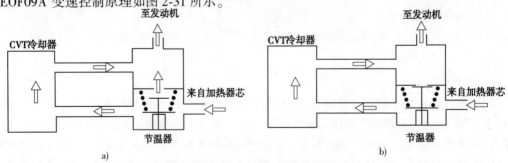

图 2-30　REOF09 自动变速器冷却器控制阀
a)冷却液温度低于 80℃时;b)冷却液温度超过 80℃时

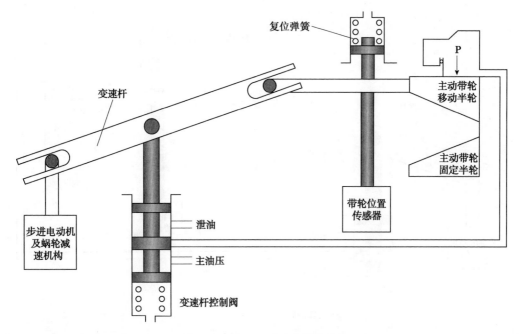

图 2-31 REOF09A 变速控制原理图

初级带轮控制 TCM 接受各传感器信号,计算出当前速比值,然后向步进电动机发出变速比指令,步进电动机动作,驱动换挡控制阀同步动作,结果主动带轮油压改变,有效半径改变,变速器比随即得到控制。REOF09A 初级带轮控制图如图 2-32 所示。

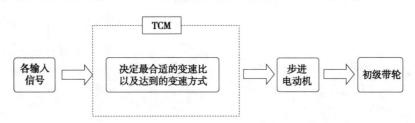

图 2-32 REOF09A 初级带轮控制框图

升挡控制:升挡控制过程如图 2-33 所示。TCM 向步进电动机通电,通过涡轮向上推动旋转轴,通过变速杆提升换挡控制阀,管路油压供给初级带轮,可动一侧的初级带轮向下运动,使带轮的槽宽变窄,增大初级带轮的直径,使变速比减小。

反馈控制:在复位弹簧和油压的共同作用下,带轮传感器随初级带轮一起向下移动,借助变速杆,换挡控制阀向下移动(此时步进电动机固定),当移动量达到一定时,换挡控制阀下移,切断主动轮压力油液供给,主动带轮随即不再移动,调节达到平衡状态,步进电动机与初级带轮维持在一定位置,不再改变。

减挡控制:减挡控制过程如图 2-34 所示。TCM 向步进电机通电,通过涡轮向下推动旋转轴,通过变速杆控制换挡控制阀,初级带轮油路与卸油口接通,初级带轮压力油也被减压,可动一侧的初级带轮随即向上运动,使带轮的槽宽变大,初级带轮的有效直径变小,使变速比增大。

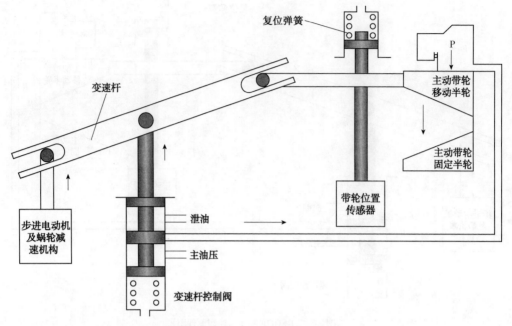

图 2-33 REOF09A 自动变速器升挡控制

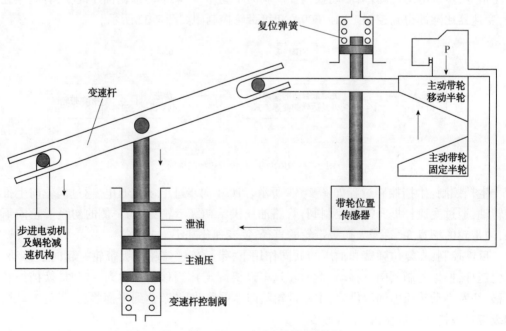

图 2-34 REOF09A 自动变速器减挡控制

反馈控制：随着主动带轮移动半轮上移，换挡控制阀随之上移，主动带轮供油通道会被换挡控制阀圆柱面封堵，主动带轮油压不再下降，主动带轮移动半轮不再移动，调节达到平衡状态，步进电动机与初级带轮维持在一定位置，不再改变。

从动带轮控制：从动带轮控制也是通过改变从动带轮油压以及移动从动轮的移动半轮来实现的。从动轮的油压通过刺激油压电磁阀控制，如图 2-35 所示。

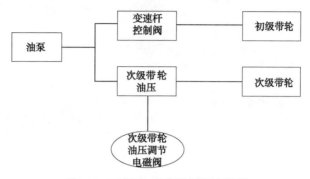

图 2-35　REOF09A 自动变速器油压控制

(1) CVT 电控系统

REOF09A 自动变速器的电控元件主要由 TCM、初级带轮传感器、次级带轮压力传感器、初级带轮压力传感器、次级带轮压力传感器、CVT 油温传感器、主转速传感器、次转速传感器、CVT 开关、锁止/选挡切换电磁阀（ON/OFF 开关）、TCC 锁止控制电磁阀、次级压力控制电磁阀、管路压力控制电磁阀等组成，如图 2-36 所示。

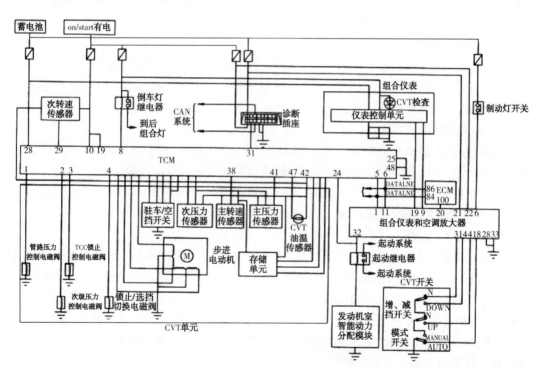

图 2-36　REOF09A 自动变速器电控系统

驻车/空挡开关：驻车/空挡开关（图 2-37）为 TCM 提供挡位信号，使 TCM 能够识别当前变速杆所处位置。驻车/空挡开关信号时 TCM 正确控制自动变速器工作的前提条件。

驻车/空挡开关格挡状态见表 2-7。

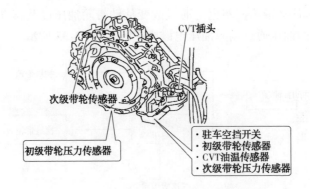

图 2-37 REOF09A 自动变速器驻车/空挡开关

驻车/空挡开关状态表　　　　　　　　　　　表 2-7

	SW1	SW2	SW3	SW4	SW3(MON)
	#27	#34	#35	#36	#32
P	OFF	OFF	OFF	OFF	OFF
R	ON	OFF	OFF	ON	OFF
N	ON	OFF	OFF	OFF	OFF
D	ON	ON	ON	ON	ON

(2) TCM 控制策略

①上下坡控制:TCM 检测到下坡时,进行减挡,增强发动机制动的效果。

②急加速控制:在急加速时,TCM 通过检测节气门开度的变化速度,来判别是否进行及加速,当判断到需要加速时,变速特性会比普通才加速踏板时的变速特性快,然后慢慢地改变,以保持灵敏准确地变速。

③选挡控制:当从 N 到 P 位或从 N 到 D、R 位进行操作时,为了减少选挡时的冲击,利用节气门开度、发动机转速、次级带轮(输出)转速信号来设定最佳的工作压力。

④锁止控制:20～30km/h 无负荷时、40km/h 一般路面比以往的 A/T 低的车速锁止液力变矩器,扩大锁止状态的变速区域,在一定程度上提高了传动效率。

(3) 失效保护功能

①次级带轮转速传感器:当 TCM 接收到次级带轮转速传感器的异常信号时,可依据节气门开度信号来控制变速。另外,在这种情况下,手动模式功能被禁止,按照 D 位置模式进行控制。

②初级带轮转速传感器:当 TCM 接搜到次级带轮转速传感器的异常信号时,可依据节气门开度信号来控制变速。另外,在这种情况下,手动模式功能被禁止,按照 D 位模式进行控制。

③次级压力传感器:当 TCM 检测到次级压力传感器的异常时,刺激压力反馈控制停止,通过异常发生前的修正值来控制管路压力。

④油温传感器:当 TCM 接收到油温传感器的异常信号时,会保持与行驶状态对应的异常发生前的变速比,或者控制变速比使发动机的转速在 500r/min 以下。

⑤次级压力电磁阀:TCM 检测到电磁阀的异常状态时,会为次级压力电磁阀断电,将次级压力变到最大油压。

⑥管路油压电磁阀:TCM 接收到电磁阀的异常状态时,会为管路油压电磁阀断电,将管路压力变到最大油压。

⑦锁止电磁阀:当 TCM 接收到电磁线圈的异常状态时,会为锁止电磁阀断电,解除锁止功能。

⑧锁止/挡位切换电磁阀:当锁止/挡位切换电磁阀的信号发生异常时,则会为锁止电磁阀断电,解除锁止功能。

⑨步进电动机:当 TCM 检测到步进电动机的异常状态时,则为四组线圈断电,保持异常发生前的变速比。

⑩驻车/空挡开关:当 TCM 接收到来自驻车/空挡开关的异常信号时,则自动判断为 D 位进行控制。

8.REOF09A 自动变速器油路

REOF09A 自动变速器油路构成如图 2-38 所示。

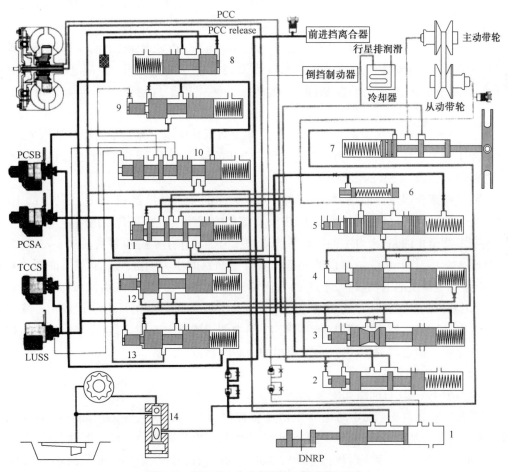

图 2-38 REOF09A 自动变速器 D 位(解锁)油路

1-手控阀;2-冷却、润滑供油阀;3-变矩器供油阀;4-主油路调压阀;5-从动带轮压力调节器;6-减振器;7-换挡控制阀;8-电磁阀供油压力调节阀;9-换挡减压阀;10-锁止选挡转换阀;11-变矩器供油泄油转换阀;12-负荷油压调节阀;13-从动带轮控制调节阀;14-限压阀

(1) D 位(解锁)油路

变速器 D 位(解锁)油路如图 2-38 所示。

① 主油压调节油路分析:管道压力控制电磁阀 PCSA 的输出油压作用于负荷油压调节阀 12 的弹簧室,来自油泵的压力油液经主油压调节阀 4 调压后为负荷油压调节阀 12 供油。负荷油压调节阀 12 的输出油压又作用于主油压调节阀 4 的弹簧室。管路压力控制电磁阀 PCSA 的输出油压决定了负荷油压调节阀 12 的输出油压,而负荷油压调节阀 12 的输出油压又决定了主油压调节阀 4 输出油压,管路压力控制电磁阀 PCSA 经过两级调压控制实现对管路油压(即主油压)的调控。

管路压力调节气门开度同步变化。TCM 通过对管道压力控制电磁阀 PCSA 的控制信号占空比的控制,来实现对管路油压的调节。

② 主动带轮油压调节油路:主动带轮压力油液由换挡控制阀供给。换挡控制阀输出油压受步进电动机控制。当主动带轮油压变化时,主动带轮的移动半轮会轴向移动(改变有效半径),带轮的移动会反作用于控制杆,使控制杆向平衡位置移动,当调节达到平衡时,换挡控制阀便处于一定位置不动,直到工况发生变化,新的调节重新开始。

③ 从动带轮油压调节油路:从动带轮压力控制电磁阀 PCSB 的输出油压作用于从动带轮控制调节阀 13 的弹簧室,从动带轮控制调节阀 13 依据从动带轮压力控制电磁阀 PCSB 的输出油压,调节出正比变化的控制油压,次油压最终作用于从动带轮压力调节阀 5 的弹簧室。

从动带轮压力调节阀 5 是一个调压阀,其输出油压与作用于弹簧室的控制油压成正比。而控制油压受控于从动带轮压力控制电磁阀 PCSB 的输出油压,因此 TCM 通过控制从动带轮压力控制电磁阀 PCSB 的占空比信号,就可以控制从动带轮油压。

④ 前进挡离合器供油油路:主油压调节阀 4 输出的压力油液经锁止/选挡转换阀 10 右侧第一个切槽进入手动阀,再经手动阀切槽、节流阀实现为前进挡离合器供油。

⑤ 变矩器锁止油路:来自主油压调节阀 4 的压力油液作用于变矩器供油阀 3 左端,变矩器供油阀 3 右移,打开了变矩器供油通道。来自主油路的压力油液经变矩器供油阀 3 左切槽后,再经变矩器供油泄油转换阀 11 的右侧第一个切槽,进入变矩器涡轮轴油道(中心油道)。变矩器内的压力油压最终由变矩器壳体与导轮支撑轴管间的环形油道流出。变矩器流出的压力油液经变矩器供油泄油转换阀 11 的中间切槽流向冷却器,经冷却后去行星排润滑。变矩器中心油道进油,外部环形油道出油,锁止离合器分离。

(2) D 位(锁止)油路

变速器 D 位(锁止)油路如图 2-39 所示。

当满足锁止条件时,TCM 激活变矩器锁止控制电磁阀 TCCS,变矩器锁止控制电磁阀 TCCS 输出的压力油液经锁止/选挡转换阀 10 的中间切槽流向变矩器供油泄油转换阀 11 的左端面,推动阀芯右移,变矩器供油泄油转换阀 11 处于右位。变矩器供油泄油转换阀 11 动作后,变矩器油路发生改变。变矩器供油供油阀 3 输出的压力油液经变矩器供油泄油转换阀 11 的中间切槽流向变矩器环形油道,为变矩器供油。变矩器解锁油道内的压力油液经变矩器供油泄油 11 右侧第一个切槽排空,变矩器锁止。

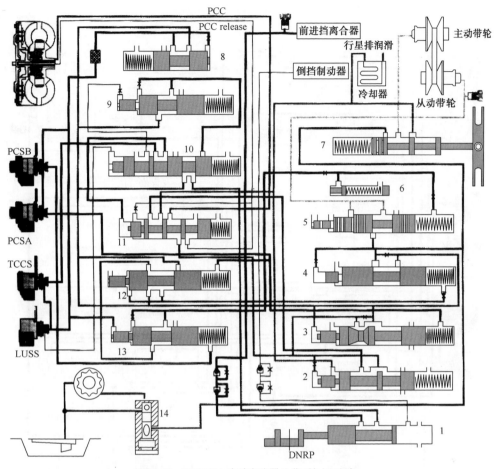

图 2-39 REOF09A 自动变速器 D 位(锁止)油路

(3) D 位选挡油路

D 位选挡油路如图 2-40 所示。车辆在 D 位某挡运行(变矩器锁止状态),当需要换挡时,锁止/选挡电磁阀 LUSS 短时被激活,油路功能随之改变,以保证换挡平顺。

锁止/选挡电磁阀 LUSS 被激活后,锁止/选挡电磁阀 LUSS 输出油压作用于锁止/选挡转换阀 10 的左端,阀芯右移至右位。变矩器锁止控制电磁阀 TCCS 输出的压力油液经锁止/选挡转换阀 10 左侧第一个切槽流向换挡减压阀 9 的左端面。换挡减压阀 9 时一个减压阀,TCCS 输出的压力油液作用于换挡减压阀 9 的左端面后,换挡减压阀 9 的输出油压会降低。

主油压经换挡减压阀 9 减压后,流向锁止/选挡转换阀 10 右侧第一个切槽,再经手动阀切槽和节流阀,实现为前进离合器供油。此时的前进离合器供油压力低于普通 D 位时供油压力,这为平顺换挡提供了第一个条件。

锁止/换挡转换阀 10 动作后,变矩器供油泄油转换阀 11 的左端压力油液经锁止/选当转换阀 10 的中间切槽排空,变矩器供油泄油转换阀 11 便左移至左位,变矩器的供油、泄油油路随之变化,变矩器处于解除锁止状态。此时变矩器的油路走向与 D 位(解锁)油路相同,不再赘述。变矩器解锁为平顺换挡提供了第二个条件。

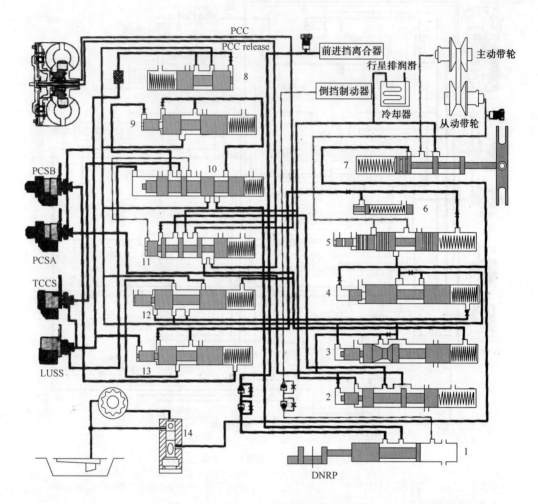

图 2-40　REOF09A 自动变速器 D 位选挡油路

(4) P、N 位油路

P、N 位油路如图 2-41 和图 2-42 所示。P、N 位油路与 D 位(解锁)油路差异只在于手动阀位置不同。其他相同部分不再赘述。

P、N 位时主压力油液进入手动阀后均被封堵,不再流向前进离合器。前进离合器分离,CVT 无动力输出。

(5) R 位油路

R 位油路如图 2-43 所示。R 位油路与 D 位(解锁)油路的差异只在于手动阀位置不同。其他相同部分不再赘述。

R 位时主压力油液进入手动阀后,流经手动阀切槽、节流阀实现为倒挡制动器供油,完成倒挡动力输出。

单元2 典型自动变速器结构及工作原理

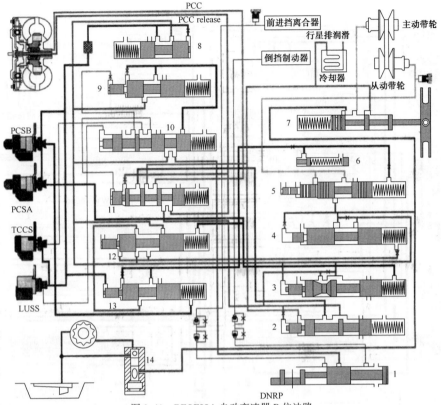

图 2-41 REOF09A 自动变速器 P 位油路

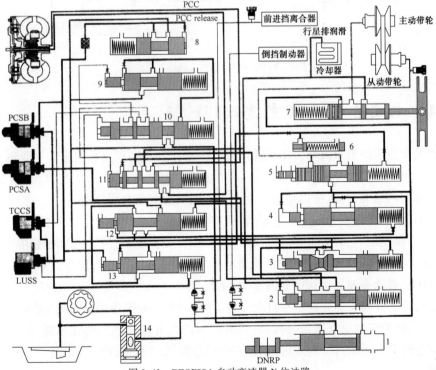

图 2-42 REOF09A 自动变速器 N 位油路

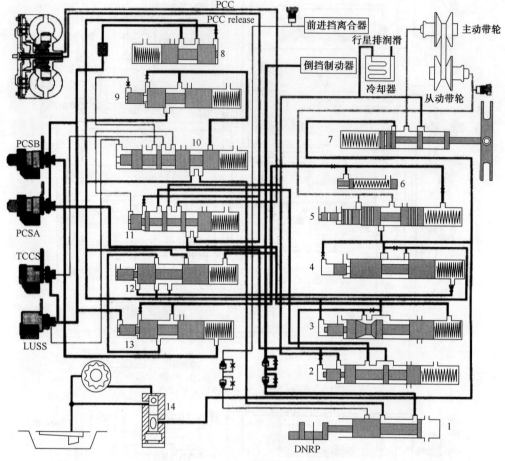

图 2-43 REOF09A 自动变速器 R 位油路

2.4 双离合器自动变速器(DSG)

随着大众公司提出双离合自动变速器概念,一时间 DSG、双离合器这些字眼迅速成为了市场焦点。DSG 是英文 Direct Shift Gearbox 的缩写,中文翻译过来应该为"直接换挡变速器",因为其有两组离合器,所以也有不少人干脆就叫它双离合变速器。

DSG 的起源来自赛车运动,它最早的实际应用是在 20 世纪 80 年代初的保时捷 Prosche962C 和 1985 年的奥迪 Audi sport quattro S1 RC 赛车上,但是因为使用寿命短等问题经过了 10 余年的改进后,才真正被普通量产车所应用。时至今日,DSG 这项技术已经非常成熟了。DSG 自动变速器结构图如图 2-44 所示。

变速器可以分为手动变速器和自动变速器两大类,一般来讲手动变速器的结构简单,传动效率高,换挡响应也更直接,它可以给喜爱驾车的人带来强烈的驾驶乐趣,但对于那些只把车当成是完全交通工具的人来讲,频繁的换挡过程增大了劳动强度,舒适性也不能满足他们的要求。

单元2　典型自动变速器结构及工作原理

图 2-44　DSG 自动变速器结构图

而自动变速器可以极大地方便换挡操作,让驾车变得轻松便捷,但是目前多数车型上普遍采用的都是液力变矩器式自动变速器,这种变速器虽然解决了换挡过程,但是它的换挡动作很迟缓,容易产生冲击感。液力变矩器的采用,在一定程度上损耗了一部分发动机的动力输出,使得传动效率降低,油耗增加。

DSG 的推出使情况大为改变。下面以大众生产的 DSG 为例(图 2-45、图 2-46),来看看 DSG 到底有哪些优势。

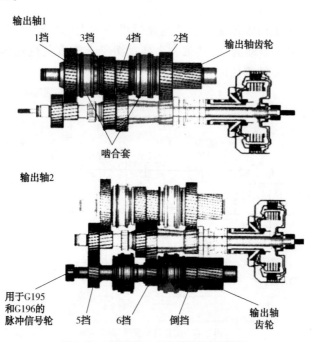

图 2-45　6 速 DQ250 变速器齿轮变速机构

DSG 不再使用变矩器,转而采用两套离合器,通过两套离合器的相互交替工作,来达到无间隙换挡的效果。两组离合器分别控制奇数挡和偶数挡,具体说来就是在换挡之前,DSG

已经预先将下一挡位齿轮啮合,在得到换挡指令之后,DSG 迅速使第一组离合器分离,而第二组离合器几乎同时完全接合,完成一次升挡动作。继续升挡以此类推。

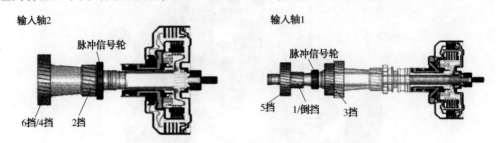

图 2-46 6 速 DQ250 变速器的双离合结构

2.4.1 大众 6 速 02E(DQ250)自动变速器

1.02E(DQ250)自动变速器结构

02E 型自动变速器主要用于奥迪 TT、一汽大众速腾、迈腾等车型。如图 2-47 所示,它采用了 2 个离合器和 6 个前进挡的传统齿轮变速器作为动力传输部件。其中两个离合器取代了自动变速器的液力变矩器。离合器 K1 负责 1、3、5、R 挡,离合器 K2 负责 2、4、6 挡。由于两个离合器的工作也是电液控制的,所以并没有离合器踏板。

多片湿式双离合器的结构和普通自动挡变速器中的离合器相似,但是尺寸要大很多。双离合器的工作受电液控制单元(阀板、ECU 及电磁阀组合体)控制。两个离合器的工作状态是相反的。其中一个接合,另外一个就处于分离状态。

这种变速器的变速机构跟传统的手动变速器没有太大的区别,只不过同步器上的换挡拨叉是由 ECU 控制、液压驱动的,而且每一个换挡拨叉上都有其位置传感器,因此,ECU 可以通过传感器来判定拨叉的确切位置。

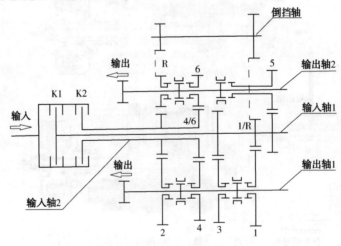

图 2-47 02E 自动变速器结构图
K1-1、3、5 倒挡离合器;K2-2、4、6 挡离合器

由于双离合器的使用,可以使变速器同时有两个挡位啮合,使换挡操作更加便捷。在 1 挡起步行驶时离合器 K1 接合,通过输入油 1 将动力传递到 1 挡齿轮再输出到差速器。同时

2挡同步器也是啮合状态,由于离合器2是分离的,2挡路线并不传力,只是为接下来的升挡做好准备的。当变速器升入2挡后退出1挡,同时3挡预先接合。所以在02E变速器的工作过程中总是有2个挡位是接合的,如果4挡正在工作,则3挡作为预选挡位而接合。02E变速器的升挡或降挡使由ECU进行判断的,踩加速踏板时,ECU判定为升挡过程,做好升挡准备;当踩下制动踏板时,ECU判定为降挡过程,做好降挡准备。如图2-48所示,换挡拨叉是通过液压方式来驱动的,并由自锁装置来锁定其液压驱动后的位置,防止两端无液压时自动退回空挡位置。

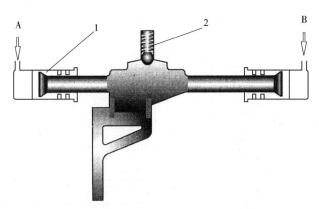

图2-48 换挡拨叉结构
1-活塞;2-自锁装置;A、B-换挡油压

2.02E自动变速器液压系统

(1)液压系统组成

02E自动变速器液压系统组成如图2-49所示。系统由油泵、散热器、主调压阀、2个电磁阀供油压力调节阀、离合器冷却供油压力调节阀、多路换向阀等组成。

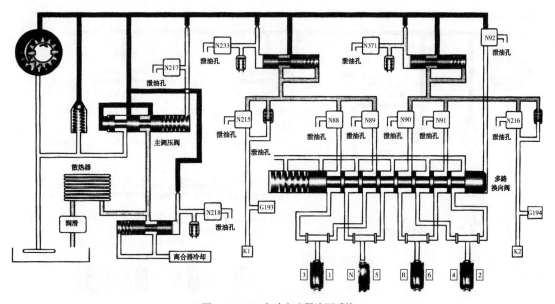

图2-49 02E自动变速器液压系统

液压系统工作受电磁阀控制。系统中共有电磁阀 11 个。G193 和 G194 为压力传感器，分别用于检测离合器 K1 和离合器 K2 的油压。油路中的各电磁阀类型和功用见表 2-8。

电磁阀一览表　　　　　　　　　　　表 2-8

电磁阀	类型	功用
N88	开关型	控制 1 挡和 5 挡的选挡油压
N89	开关型	控制 3 挡和 N 挡的选挡油压
N90	开关型	控制 2 挡和 6 挡的选挡油压
N91	开关型	控制 4 挡和倒挡的选挡油压
N92	开关型	用于控制多路换向阀，136R/245N 选挡转换
N215	脉冲型	压力调节电磁阀，用于调节离合器 K1 油压
N216	脉冲型	压力调节电磁阀，用于调节离合器 K2 油压
N217	脉冲型	压力调节电磁阀，用于调节主油压
N218	脉冲型	压力调节电磁阀，依据油温调节离合器冷却油流量
N233	脉冲型	安全阀，使两条动力传动路线相互独立
N371	脉冲型	安全阀，使两条动力传动路线相互独立

（2）各挡时的油路

① 1 挡油路

1 挡时 N88 通电、N215 被激活。主轴压经安全阀 N233 调压后，为电磁阀 N88、N89、N215 供油。N88 为常闭阀，通电时打开，压力油液得以进入 1/3 挡拨叉左侧液压缸，推动 1/3 挡拨叉和接合套右移，挂入 1 挡。N215 激活后，压力油液经 N215 调节后为离合器 K1 供油，K1 得液工作。来自发动机的动力经离合器 K1 传递至输入轴 1，再经输出轴 1 输出。02E 自动变速器 1 挡油路如图 2-50 所示。

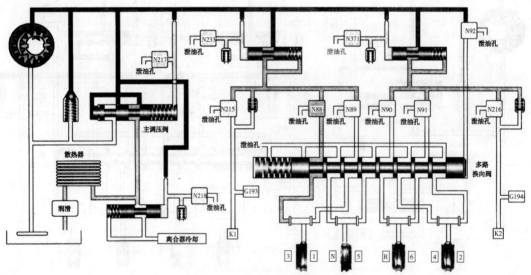

图 2-50　02E 自动变速器 1 挡油路

②1挡(备2)油路

1挡准备升2挡时,N215保持激活状态;N88断电、关闭;N90和N92通电打开。N92打开后,压力油液流至多路换向阀的右侧,推动多路换向阀左移(压缩弹簧),多路换向阀处于左位。N90通电打开,压力油液得以通过多路换向阀右侧第三个切槽进入2/4挡拨叉左侧液压缸,推动拨叉和接合套右移,挂入2挡。因为离合器K2不工作,所以2挡并不传递动力,致使为升入2挡做好了提前准备。

1挡油路压力油液经多路换向阀左侧第一个切槽排空,但1/3接合套仍被自锁装置保持在1挡接合位置。N215保持激活状态,K1仍保持工作,1挡动力传递路线继续传力。

当达到升2挡的车速后,ECU将N216激活、供油,K2得液接合。与此同时,N215被关闭、停止供油,K1随机退出工作,完成1挡升2挡。02E自动变速器1挡(备2)油路如图2-51所示。

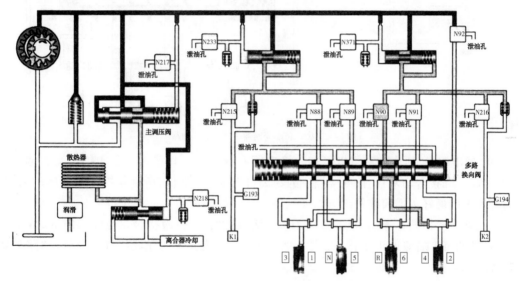

图2-51 02E自动变速器1挡(备2)油路

③2挡(备3)油路

2挡准备升3挡时,N216保持激活状态;N90由通电变为断电;N92断电、关闭;N89通电打开。N92断电后,多路换向阀在弹簧作用下处于右位。2挡油路压力油液经多路换向阀右侧第三个切槽排空,2/4接合套仍被自锁装置保持在2挡接合位置。N216为离合器K2供油,车辆保持2挡运行。

N89通电打开,压力油液得以经多路换向阀左侧第三个切槽进入1/3挡拨叉右侧液压缸,推动拨叉和接合套左移,挂入3挡。以为离合器K1不工作,所以3挡并不传递动力,只是为升入3挡做好了提前装备。

当达到升3挡的车速后,ECU将N215激活、供油,K1得液接合。与此同时,N216被关闭、停止供油,K2随即推出工作,完成2挡升3挡。02E自动变速器2挡(备3)油路如图2-52所示。

④3挡(备4)油路

3挡准备升4挡时,N215保持激活状态,离合器K1保持工作状态;N89由通电变为断电、关闭;N91、N92通电打开。多路换向阀在N92输出油压作用下处于左位。3挡油路压力油液经多路换向阀左侧第三个切槽排空,1/3 接合套仍被自锁装置保持在 3 挡接合位置。车辆保持 3 挡运行。

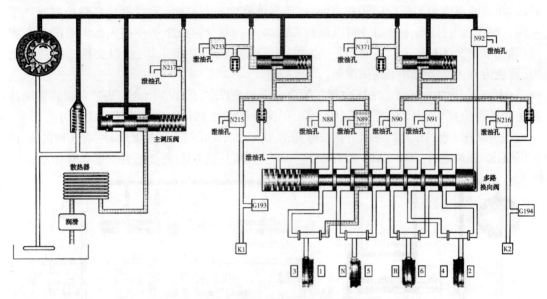

图 2-52　02E 自动变速器 2 挡(备 3)油路

N91 通电打开,压力油液得以经多路换向阀右侧第一个切槽进入 2/4 挡拨叉右侧液压缸,推动拨叉和接合套左移,挂入 4 挡。因为离合器 K2 不工作,所示 4 挡并不传递动力,只是为升入 4 挡做好了提前准备。

当达到升 4 挡的车速后,ECU 将 N216 激活、供油,K2 得液接合。与此同时 N215 被关闭,停止供油,K1 随即退出工作,完成 3 挡升 4 挡。02E 自动变速器 3 挡(备 4)油路如图 2-53 所示。

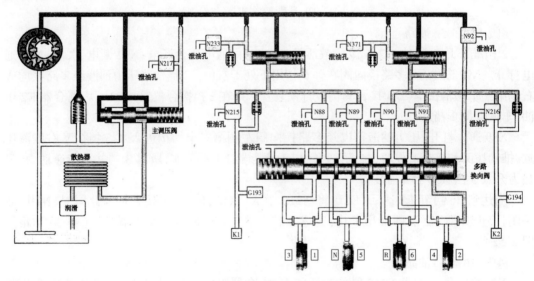

图 2-53　02E 自动变速器 3 挡(备 4)油路

⑤4挡(退3)油路

车辆增挡提速过程中,升入4挡后,将准备升5挡。由4挡向4备5转换过程中,应当先将3挡退出啮合,这就是由4挡(退3)油路来完成的。

4退3工况时,N92断电、泄压;N88通电供油;N216保持激活状态。4挡油路压力油液经多路换向阀右侧第一个切槽排空,2/4接合套仍被自锁装置保持在4挡接合位置。N216为离合器K2供油,车辆保持4挡运行。

N88通电打开,压力油液得以进入1/3挡拨叉左侧液压缸,推动拨叉和接合套右移至空位置(拨叉位置传感器将位置信号传递给自动变速器ECU),3挡退出啮合。

⑥4挡(备5)油路

4挡准备升5挡时,N216保持激活状态,离合器K2保持工作状态;N88、N92通电打开。多路换向阀在N92输出油压作用下处于左位。4挡油路保持与泄油口相通,2/4接合套仍被自锁装置保持在4挡接合位置。N216为离合器K2供油,车辆保持4挡运行。

N88通电打开,压力油液得以通过多路换向阀左侧第二个切槽进入N/5挡拨叉左侧液压缸,推动拨叉和接合套右移,挂入5挡。因为离合器K1不工作,所以5挡并不传递动力,只是为升入5挡做好了提前准备。

当达到升5挡的车速后,ECU将N215激活、供油,K1得液接合。与此同时,N216被关闭,停止供油,K2随即退出工作,完成4挡升5挡。

⑦5挡(退4)油路

5退4工况时,N92通电、供油,使多路换向阀处于左位;N90通电供油;N215保持激活状态。

N90通电打开,压力油液得以经多路换向阀右侧第三个切槽进入2/4挡拨叉左侧液压缸,推动2/4挡拨叉和接合套右移至空挡位置,4挡退出啮合。

5挡油路压力油压经多路换向阀左侧第二个切槽后,再经N88排空,N/5挡接合套仍被自锁装置保持在5挡接合位置。N215仍为离合器K1供油,车辆保持5挡运行。

⑧5挡(备6)油路

5挡准备升6挡时,N215保持激活状态,离合器K1保持工作状态;N92断电、关闭;N90通电打开。多路换向阀在弹簧作用下处于右位。5挡油路经多路换压阀左侧第二个切槽与泄油口相通,被排空,N/5挡接合套仍被自锁装置保持在5挡结合位置。N215仍为离合器K1供油,车辆保持5挡运行。

N90通电打开,压力油液得以通过多路换向阀右侧第四个切槽进入R/6挡拨叉左侧液压缸,推动R/6挡拨叉和接合套右移,挂入6挡。因为离合器K2不工作,所以6挡并不传递动力,只是为升入6挡做好了提前准备。

当达到升6挡车速后,ECU将N216激活、供油,K2得液接合。与此同时N215被关闭,停止供油,K1随即退出工作,完成5挡升6挡。02E自动变速器5挡(备6)油路如图2-54所示。

⑨6挡油路

6挡时,N216为激活状态,离合器K2保持工作状态;N92断电、关闭。多路换向阀在弹簧作用下处于右位。5挡油路与泄油口相通,被排空。6挡油路经N90排空。R/6挡接合套被自锁装置保持在6挡位置,车辆保持6挡运行。

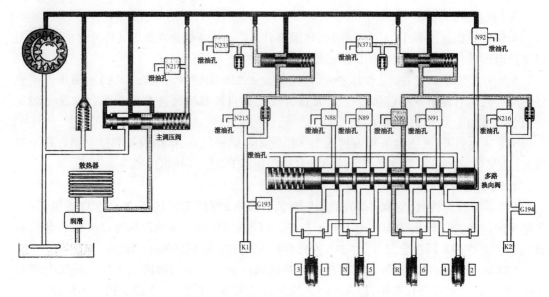

图 2-54 02E 自动变速器 5 挡(备 6)油路

N/5 接合套被自锁装置保持在 5 挡位置,但因离合器 K1 并不工作,所以 5 挡只是预啮合,并不传力。02E 自动变速器 6 挡油路如图 2-55 所示。

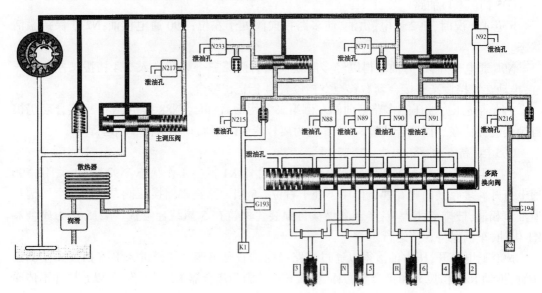

图 2-55 02E 自动变速器 6 挡油路

⑩倒挡油路

倒挡时,N215 为激活状态,离合器 K1 保持工作状态;N92 断电、关闭;N91 通电、供油。多路换向阀在弹簧作用下处于右位。N91 输出的压力油液经多路换向阀右侧第二个切槽,进入 R/6 挡拨叉右侧液压缸,推动拨叉和接合套左移,挂入倒挡,实现挡动力传输。02E 自动变速器倒挡油路如图 2-56 所示。

单元2 典型自动变速器结构及工作原理

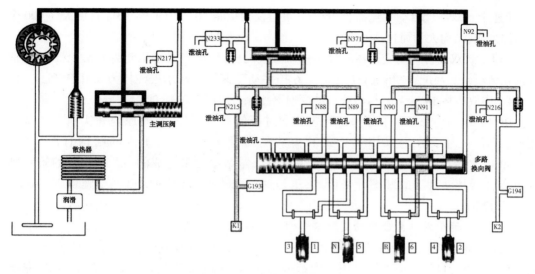

图 2-56 02E 自动变速器倒挡油路

2.4.2 大众 7 速干式双离合自动变速器

1.7 速干式双离合自动变速器

大众 7 速干式双离合自动变速器(大众内部编号 DQ200)与大众 6 速湿式双离合自动变速器(大众内部编号 DQ250)传递转矩较低,它用于配备 1.4TSI 发动机的宝来、朗逸、速腾、途观、高尔夫 6、迈腾、CC 等汽车。而 6 速双离合自动变速器用于配备 1.8TSI、2.0TSI 发动机的迈腾、途观、CC 等汽车。大众 7 速干式双离合自动变速器的原理图 2-57 所示。

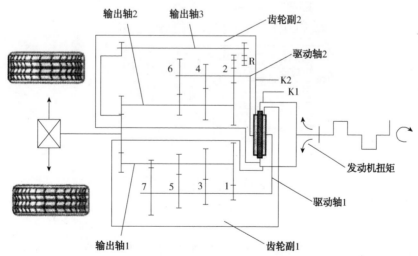

图 2-57 大众 7 速干式双离合自动变速器原理图

7 速干式双离合自动变速器的干式双离合结构简单简化了相关的液力系统,通过其从动盘上的干式摩擦片来传递动力,因此,它的系统效率更高。7 速干式双离合自动变速器可匹配最大转矩 250N·m 的发动机比较适合小排量发动机配置应用。

7速干式双离合自动变速器长369mm重量仅为70kg(6挡DSG为93kg),由大约400个零部件组成,结构大为简化。

7速干式双离合自动变速器配合90kWTSI发动机,使高尔夫轿车创造了5.9L/100km的低油耗新纪录。而配备90kWTSI发动机、6挡手动变速器的高尔夫油耗为6.3L/100km。同时,CO_2排放也从149g/km,与传统自动变速器相比可以降低油耗20%。

DQ200和DQ250除了传递的转矩和前进挡位数不同外,技术原理和实施方式基本相同,只不过由于分别采用了干式和湿式的传递方式,导致了内部结构有所差异。DQ250传递转矩时通过浸没在油中的湿式离合器摩擦片来完成的,而DQ200的转矩则通过离合器从动盘上的摩擦片来传递,正是这一介质差异使DQ200的变速器效率最终高于DQ250。

2.大众7速干式双离合自动变速器结构

大众7速干式双离合自动变速器结构如图2-58所示。DQ200与普通手动变速器一样,7速干式双离合自动变速器油只用在内部齿轮和轴承的润滑和冷却,其中的电液控制系统是独立变速器油循环系统之外的,可以设定更高的系统工作压力,使执行机构的效率提高。变速器内省去了吸滤器、油冷器以及变速器壳体中的高压油管。基于以上原因,DQ200仅需1.7L ATF油,而DQ250则需要6.5L。

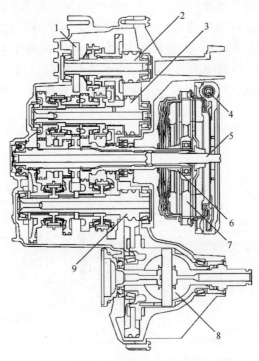

图2-58 大众7速干式双离合自动变速器

1-倒挡齿轮;2-输出轴3;3-输出轴2;4-弹簧;5-输出轴1;6-输出轴2;7-双离合器;8-差速器;9-输出轴1

变速器的前进挡位数越多,也意味着各挡位之间的速比差更小,换挡时将拥有更良好的平顺感。DQ200的传递比变化范围比DQ250高一些,这更能够发挥发动机的动力性。

当然,与DQ250相比,DQ200也有其不足之处。DQ200离合器散热条件远不如DQ250,

所以它可以传递的最大转矩要低于 DQ250。DQ250 更适用于那些大排量、高转矩的自然吸气与涡轮增压发动机，而 DQ200 更适用那些低转矩、注重燃油经济性的小排量车型。

思考题

1. 简述 CVT 钢带、带轮的变速原理。
2. 无级变速器与自动变速器相比有何优点？
3. 简述拉威娜式自动变速器组成及各部分的作用。
4. 简述辛普森式自动变速器组成及各部分的作用。
5. 简述拉威娜式自动变速器工作原理。
6. 简述辛普森式自动变速器工作原理。
7. 简述 CVT 无级变速器工作原理。
8. 简述双离合器自动变速器工作原理。

单元 3　自动变速器检测与维修

📖 本单元重点

- 自动变速器基本检查内容
- 自动变速器的维修内容
- 自动变速器的道路试验与检查
- 自动变速器油压试验与检查
- 液力变矩器的检查

本单元难点

- 自动变速器的道路试验与检查
- 自动变速器油压试验与检查
- 自动变速器性能测试

3.1　自动变速器基本检查和性能测试

对于有故障的自动变速器应先进行性能检验,以确认其故障范围,为进一步的分解修理提供依据。修前检测是从诊断故障和确定修理部位出发,在车作必要的检查或测试。自动变速器在修理完毕后,也应进行全面的性能检查,修后检查是为了鉴定修理质量,检验自动变速器的各项性能指标是否达到标准要求。

1.自动变速器的基本检查

自动变速器的油位不当,油质不佳、联动机构调节不当以及发动机怠速不正常,是引起自动变速器产生故障的最常见原因。通常把对这些部件的检查与重新调整,叫做自动变速器的基本检查。无论具体故障是什么,这种基本检查总是要进行,而且也是首先进行的。基本检查和调整项目包括:油面检查、油质检查、液压控制系统漏油检查、油门拉索检查和调整、换挡杆位置检查和调整、空挡起动开关和怠速检查。

1)油面检查

在对变速器进行检查前或故障诊断前,首先要对变速器油面高度进行检查,一般在车辆行驶 1 万公里后检查油液面。

变速器与差速器有一公用的油池,其间是相通的。在拉出油尺之前,应将护罩及手柄上的脏东西都擦干净。

把选挡手柄放在 P 位或 N 位(空挡),将发动机在怠速时至少运转 1min,汽车必须停放在水平路面上,这样才能确保在差速器和变速器之间的油面高度正常、稳定。检查应在油液正常工作温度50~90℃时进行。

自动变速器油面检查的具体方法是：

(1)将汽车停放在水平地面上，并拉紧手制动。

(2)让发动机怠速运转一分钟以上。

(3)踩住制动踏板，将操纵手柄拨至倒挡(P)、前进挡(D)、前进低挡(S、L或2、1)等位置，并在每个挡位上停留几秒钟，使液力变矩器和所有换挡执行元件中都充满液压油。最后将操纵手柄拨至停车挡(P)位置。

(4)从加油管内拔出自动变速器油尺，将擦干净的油尺全部插入加油管后再拔出，检查油尺上的油面高度。

液压油油面高度的标准是：如果自动变速器处于冷态（即冷车刚刚起动，液压油的温度较低，为室温或低于25℃时），液压油油面高度应在油尺刻线的下限附近；如果自动变速器处于热态（如低速行驶5min以上，液压油温度已达70~80℃），油面高度应在油尺刻线的上限附近（图3-1）。这是因为低温时液压油的粘度大，运转时有较多的液压油附着在行星齿轮等零件上，所以油面高度较低；高温时液压油粘度小，容易流回油底壳。因此油面较高。

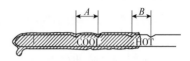

图3-1 自动变速器油面高度的检查

若油面高度过低，应从加油管处添加合适的液压油，直至油面高度符合标准为止。

继续运转发动机，检查自动变速器油底壳，油管接头等处有无漏油。如有漏油，应立即予以修复。

在自动变速器调整、加注液压油，并经试车之后，应重新检查自动变速器液压油的油面高度是否正常，油底壳、油管接头等处有无漏油。

2) 油质检查

变速器在正常工作温度下一般能行驶约4万公里或24个月，影响油液和变速器使用寿命的最重要因素之一是油液的温度，而影响油液温度的主要因素是液力变矩器有故障、离合器、制动器滑转或分离不彻底，单向离合器滑转和油冷却器堵塞等，所以油液温度过高或急剧上升是十分重要和危险的信号，说明自动变速器内部有故障或油量不够。若发现温度过高，应当立即停止检查。延长自动变速器使用寿命的关键就在于经常检查油面、检查油液的温度和状态。

油液温度过高，将会使油液粘性下降、性能变坏（产生油膏沉淀和积炭）、堵塞细小量孔、卡滞控制阀门、降低润滑效果、破坏橡胶密封部件，从而导致变速器损坏。

检查变速器油的气味和状态，也是十分重要的。油液的气味和状态可以表明自动变速器的工作状态。检查油液时，从油尺上嗅一嗅油液的气味，在手指上点少许油液，用手指互相摩擦看是否有渣粒，或将油尺上的液压油滴在干净的白纸上，检查液压油的颜色及气味。正常液压油的颜色一般为粉红色，且无气味。如液压油呈棕色或有焦味，说明已变质（变质原因详见表3-1的分析），应立即换油。

换油时应优先采用车辆随车手册上推荐使用的变速器油，也可使用8号自动传动油，无推荐用油时，可用国内的22号透平油、液力变矩器Ⅰ号、Ⅱ号油。某些轿车自动变速器使用DEXRON-Ⅱ或M-Ⅲ型液压油。这两种液压油稳定性好，使用寿命长。注意切不可用齿轮油或机油代替液压油。否则会造成自动变速器的严重损坏。

油质与故障原因 表 3-1

油　液　状　态	变　质　原　因
油液变为深褐色或深红色	1. 没有及时更换油液 2. 长期重载荷运转,某些部件打滑或损坏引起变速器过热
油液中有金属屑	离合器盘、制动器盘或单向离合器严重磨损
油尺上粘附胶质油膏	变速器油温过高
油液有烧焦气味	1. 油温过高、油面过低 2. 油冷却器或管路堵塞
油液从加油管溢出	油面过高或通气孔堵塞

3) 液压控制系统漏油检查与液压油的更换

(1) 液压控制系统漏油检查

液压控制系统的各连接部位上都有油封和密封垫,这些部件是常发生漏油的地方。液压系统漏油会引起油路压力下降,油位下降是换挡打滑和延迟的常见原因。图 3-2 是自动变速器易发生漏油部位,应逐一进行检查。

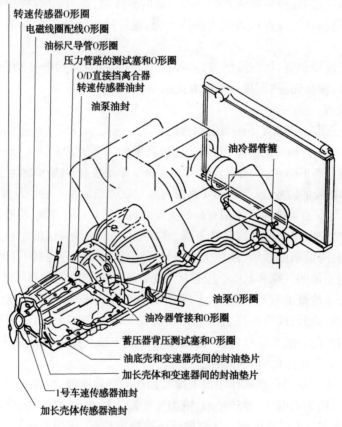

图 3-2 变速器各油封位置图

（2）液压油的更换

自动变速器换油的具体方法可参照如下方法进行：

①车辆运行至自动变速器达到正常工作温度油温 70~80℃ 后停车熄火。

②拆下自动变速器油底壳上的放油螺塞，将油底壳内的液压油放净。有些车型的自动变速器油底壳上没有放油螺塞，应拆下整个油底壳，然后放油。拆油底壳时应先将后半部油底壳螺钉拆下，拧松前半部油底壳螺钉，再将后半部油底壳撬离变速器壳体，放出部分液压油，最后再将整个油底壳拆下。

③拆下油底壳，将油底壳清洗干净。有些自动变速器的油底壳上的放油螺塞为磁性螺塞，也有些自动变速器在油底壳内专门放置一块磁铁，以吸附铁屑。清洗时必须注意将螺塞或磁铁上的铁屑清洗干净后放回。

④拆下自动变速器液压油散热器油管接头，用压缩空气将散热器的残余液压油吹出，再装好油管接头。

⑤装好油底壳和放油螺塞。

⑥从自动变速器加油管中加入规定牌号的液压油。一般自动变速器油底壳内的贮油量为 4L 左右。

⑦起动发动机，检查自动变速器油面高度。要注意由于新加入的油液温度较低，油面高度应在油尺刻线的下限附近。如油面高度太低，应继续加油至规定油面高度。

⑧让汽车行驶至发动机和自动变速器达到正常工作温度，再次检查油面高度是否在油尺线的上限附近。如过低，应继续加油，直至满足规定要求为止。

⑨如果不慎加入过多液压油，使油面高于规定的高度，切不可凑合使用。因为当油面过高时，行驶中油液被行星排剧烈地搅动，产生大量的泡沫。这些带有泡沫的液压油进入油泵和控制系统后，对自动变速器的工作极为不利。其后果和油面高度不足一样，会造成油压过低，导致自动变速器内的摩擦元件打滑磨损。因此油面过高时，应把油放掉一些。有放油螺塞的自动变速器只要把螺塞打开即可放油；没有放油螺塞的自动变速器在做少量放油时，可从加油管处往外吸。

一般自动变速器的总油量为 10L 左右，按上述方法换油时，变矩器内的液压油是无法放出的。若液压油严重变质，必须全部更换时，可先按上述方法换油，然后让汽车行驶约 5min 后再次换油。

4）节气门拉索的检查和调整

（1）节气门拉索的检查

节气门的开度将影响自动变速器的换挡时间，发动机熄火后，节气门应全闭，当油门踩死时，节气门应全开。节气门拉索的索芯不应松弛，索套端和索芯上限位之间的距离应在 0~1mm 之间（图 3-3）。若节气门拉索调整不当，对于液力控制自动变速器来说，会导致换挡时刻不正常，造成过早或过迟换挡，使汽车加速性能变差或产生换挡冲击；对于电子控制自动变速器来说，会导致主油路压力异常，造成油压过低或过高，使换挡执行元件打滑或产生换挡冲击。

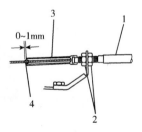

图 3-3 节气门拉索的调整
1-节气门拉索；2-调整螺母；3-索套；4-锁芯

(2)节气门拉索的调整

节气门拉索的调整步骤是：

①推动油门踏板连杆，检查油门是否全开，如油门不全开，则应调油门踏板连杆；

②把油门踏板踩到底；

③把调整螺母拧松；

④调整油门拉线；

⑤拧动调整螺母，使橡皮套与拉线止动器间的距离为0~1mm；

⑥拧紧调整螺母；

⑦重新检查调整情况。

5）操纵手柄位置的检查和调整

操纵手柄调整不当，会使操纵手柄的位置与自动变速器阀板中手动阀的实际位置不符，造成挂不进停车挡或前进低挡，或操纵手柄的位置与仪表盘上挡位指示灯的显示不符，甚至造成在空挡或停车挡时无法起动发动机。

操纵手柄的调整方法如下：

(1)拆下操纵手柄与自动变速器手动阀摇臂之间的连接杆。

(2)将操纵手柄拨至空挡位置。

(3)将手动阀摇臂向后拨至极限位置（停车挡位置），然后再退回2格，使手动阀摇臂处于空挡位置。

(4)稍稍用力将操纵手柄靠向R位方向，然后连接并固定操纵手柄与手动阀摇臂之间的连杆。

6）挡位开关的检查和调整

将操纵手柄拨至各个挡位，检查挡位指示灯与操纵手柄位置是否一致、P位和N位时发动机能否起动，R位时倒挡灯是否亮起。发动机应只能在空挡（N挡）和驻车挡（P挡）起动，其他挡位不能起动，若有异常，应调节空挡起动开关螺栓和开关电路。

(1)松开挡位开关的固定螺钉，将操纵手柄放到N挡位。

(2)将槽口对准空挡基准线。有些自动变速器的挡位开关外壳上刻有一条基准线，调整时应将基准线和手动阀摇臂轴上的槽口对齐，如图3-4a)所示；也有一些自动变速器的挡位开关上有一个定位孔，调整时应使摇臂上的定位孔和挡位开关上的定位孔对准，如图3-4b)所示。

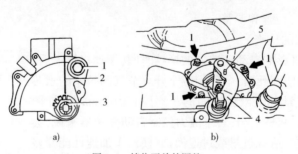

图3-4 挡位开关的调整
1-固定螺钉；2-基准线；3-槽口；4-摇臂；5-调整用定位销

(3)挡位开关的位置调好后进行固定。

7）怠速检查

发动机怠速不正常，特别是怠速过高，会使自动变速器工作不正常，出现换挡冲击等故障。因此在对自动变速器作进一步的检查之前应先检查发动机的怠速是否正常。检查怠速时应将自动变速器操纵手柄置于停车挡（P）或空挡（N）位置。通常装有自动变速器的汽车发动机怠速为750r/min。若发动机怠速过低或过高，都应予以调整。

2.手动换挡试验与检查

对于电子控制自动变速器而言，为了确定故障存在的部位，区分故障是由机械系统、液压系统引起，还是由电子控制系统引起的，可进行手动换挡试验。

所谓手动换挡试验就是将电子控制自动变速器所有换挡电磁阀的线束插头全部脱开，此时电脑不能通过换挡电磁阀来控制换挡，自动变速器的换挡取决于操纵手柄的位置。不同车型的电子控制自动变速器在脱开换挡电磁阀线束插头后的挡位和操纵手柄的关系都不完全相同。

手动换挡试验的步骤如下：

（1）脱开电子控制自动变速器的所有换挡电磁阀线束插头。

（2）起动发动机，将操纵手柄拨至不同位置，然后做道路试验（也可以将驱动轮悬空，进行台架试验）。

（3）观察发动机转速和车速的对应关系，以判断自动变速器所处的挡位。不同挡位时发动机转速与车速的关系可参考表3-2。由于变矩器的减速作用与传递的扭矩有关，因此表中车速只能作为参考，实际车速将随着行驶中油门开度的不同而产生一定的变化。

自动变速器不同挡位时发动机转速和车速的关系　　　　表3-2

挡　　位	发动机转速（r/min）	车速（km/h）
1挡	2000	18~22
2挡	2000	34~38
3挡	2000	50~55
超速挡	2000	70~75

（4）若操纵手柄位于不同位置时，自动变速器所处的挡位与表3-2相同。说明电子控制自动变速器的阀板及换挡执行元件基本上工作正常。否则，说明自动变速器的阀板或换挡执行元件有故障。

（5）试验结束后，接上电磁阀线束插头。

（6）清除电脑中的故障代码，防止因脱开电磁阀线束插头而产生的故障代码保存在电脑中，影响自动变速器的故障自诊断工作。

3.自动变速器的道路试验与检查

道路试验是诊断、分析自动变速器故障的最有效的手段之一。此外，自动变速器在修复之后，也应进行道路试验，以检查其工作性能，检验修理质量。自动变速器的道路试验内容主要有：检查换挡车速、换挡质量以及检查换挡执行元件有无打滑等。在道路试验之前，应先让汽车以中低速行驶5~10min，让发动机和自动变速器都达到正常工作温度。在试验中，如特殊需要，通常应将超速挡开关置于ON位置（即超速指示灯熄灭），并将模式开关置于普通模式或经济模式的位置。道路试验的方法如下：

(1) 升挡检查

将操纵手柄拨至前进挡"D"位置,踩下油门踏板,使节气门保持在1/2开度左右,让汽车起步加速,检查自动变速器的升挡情况。自动变速器在升挡时发动机会有瞬时的转速下降,同时车身有轻微的闯动感。正常情况下,汽车起步后随着车速的升高,试车者应能感觉到自动变速器能顺利地由1挡升入2挡,随后再由2挡升入3挡,最后升入超速挡。若自动变速器不能升入高挡(3挡或超速挡),说明控制系统或换挡执行元件有故障。

(2) 升挡车速的检查

将操纵手柄拨至前进挡"D"位置,踩下油门踏板,并使节气门保持在某一固定开度,让汽车起步并加速。当察觉到自动变速器升挡时,记下升挡车速。一般4挡自动变速器在节气门开度保持在1/2时由1挡升至2挡的升挡车速为25~35km/h,由2挡升至3挡的升挡车速为55~70km/h,由3挡升至4挡(超速挡)的升挡车速为90~120km/h。由于升挡车速和节气门开度有很大的关系,即节气门开度不同时,升挡车速也不同,而且不同车型的自动变速器各挡位传动比的大小都不相同,其升挡车速也不完全一样,因此,只要升挡车速基本保持在上述范围内,而且汽车行驶中加速良好,无明显的换挡冲击,都可认为其升挡车速基本正常。若汽车行驶中加速无力,升挡车速明显低于上述范围,说明升挡车速过低(即过早升挡);若汽车行驶中有明显的换挡冲击,升挡车速明显示高于上述范围,说明升挡车速过高(即太迟升挡)。

在部分《自动变速器维修手册》中都有该自动变速器升挡(或降挡)车速标准表,但表中通常只列出了节气门开或全关时的升挡(或降挡)车速。然而,在道路试验中,让汽车以节气门全开状态行驶,往往因道路条件的限制而无法实施,而且以节气门处于全开位置行驶也容易加剧自动变速器内摩擦元件的磨损,一般不宜采用。因此表中的数据只能作为参考。有些《自动变速器维修手册》中作出了该自动变速器的换挡图,从这种换挡图中可以得出不同节气门开度下自动变速器的升挡车速。这可作为判断换挡车速是否正确的标准。图3-5为A43DE自动变速器的换挡图。图中实线为升挡曲线,虚线为降挡曲线,电子控制自动变速器的升挡车速和节气门开度的变化关系图呈阶梯状折线。

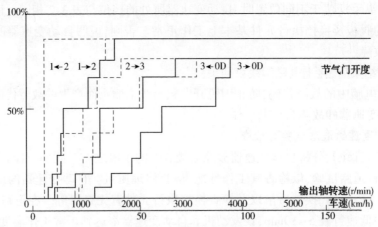

图3-5　A3DE自动变速器经济模式换挡图

由于降挡时刻在行驶中不易察觉,因此在道路试验中一般无法检查自动变速器降挡车速,只能通过检查升挡车速来判断自动变速器有无故障。如有必要,还可检查在其他模式下或操纵手柄位于前进低挡位置时的换挡车速,并与标准值进行比较以作为判断故障的参考依据。

升挡车速太低一般是控制系统的故障所致;换挡车速太高则可能是控制系统的故障所致,也可能是换挡执行元件的故障所致。

(3) 升挡时发动机转速的检查

有发动机转速表的汽车在作自动变速器道路试验时,应注意观察汽车行驶中发动机转速变化的情况。它是判断自动变速器工作是否正常的重要依据之一。在正常情况下,若自动变速器处于经济模式或普通模式,节气门保持在低于1/2开度范围内,则汽车在由起步加速直至升入高速挡的整个行驶过程中,发动机转速都将低于300r/min。通常发动机在加速至即将要升挡时的转速可达到2500~3000r/min,在刚刚升挡后的短时间内发动机转速将下降至2000r/min,说明升挡时间过早或发动机动力不足;如果在行驶过程中发动机转速始终偏高,升挡前右的转速在2500~3500r/min之间,且换挡冲击明显,说明升挡时间过迟;如果在行驶中发动机转速过高,常高于3000r/min,在加速时达到4000~5000r/min,甚至更高,则说明自动变速器的换挡执行元件(离合器或制动器)打滑,应拆修自动变速器。

(4) 换挡质量的检查

换挡质量的检查内容主要是检查有无换挡冲击。正常的自动变速器只能有不太明显的换挡冲击,特别是电子控制自动变速器的换挡冲击应十分微弱。若换挡冲击太大,说明自动变速器的控制系统或换挡执行元件有故障,其原因可能是油路油压高或换挡执行元件打滑,应做进一步的检查。

(5) 锁止离合器工作状况的检查

自动变速器变矩器中的锁止离合器工作是否正常也可以采用道路试验的方法进行检查。试验中,让汽车加速至超速挡,以高于80km/h的车速行驶,并让节气门开度保持在低于1/2的位置,使变矩器进入锁止状态。此时,快速将油门踏板踩下至2/3开度,同时检查发动机转速的变化情况。若发动机转速没有太大的变化,说明锁止离合器处于结合状态;反之,若发动机转速升高很多,则表明锁止离合器没有结合(图3-6),其原因通常是锁止控制系统有故障。

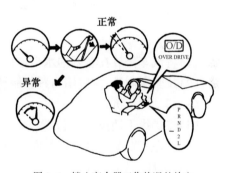

图3-6 锁止离合器工作状况的检查

(6) 发动机制动作用的检查

检查自动变速器有无发动机制动作用时,应将操纵从手柄拨至前进低挡(S、L或2、1)位置,在汽车以2挡或1挡行驶时,突然松开油门踏板,检查是否有发动机制动作用。若松开油门踏板后车速立即随之下降,说明有发动机制动作用;否则说明控制系统或前进强制离合器有故障。

(7) 强制降挡功能的检查

检查自动变速器强制降挡功能时,应将操纵手柄拨至前进挡"D"位置,保持节气门开度为1/3左右,在以2挡、3挡或超速挡行驶时突然将油门踏板完全踩到底,检查自动变速器是否被强制降低一个挡位。在强制降挡时,发动机转速会突然上升至4000r/min左右,并随着加速升挡,转速逐渐下降。若踩下油门踏板后没有出现强制降挡,说明强制降挡功能失效。若在强制降挡时发动机转速升高反常,达5000~6000r/min,并在升挡时出现换挡冲击,则说明换挡执行元件打滑,应拆修自动变速器。

4.失速试验与检查

失速试验是检查发动机、变矩器及自动变速器中有关换挡执行元件的工作是否正常的一种方法。

1)准备工作

在进行失速试验之前,应做好以下准备工作:

(1)让汽车行驶至发动机和自动变速器均达到正常工作温度。

(2)检查汽车的脚制动和手制动,确认其性能良好。

(3)检查自动变速器液压油高度,应正常。

2)试验步骤(图3-7)

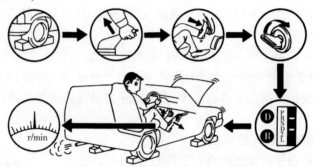

图3-7 失速试验

(1)将汽车停放在宽阔的水平地面上,前后车轮用三角木块塞住。

(2)拉紧手制动,左脚用力踩住制动踏板。

(3)起动发动机。

(4)将操纵手柄拨入D位置。

(5)在左脚踩紧制动踏板的同时,用右脚将油门踏板踩到底,在发动机转速不再升高时,迅速读取此时的发动机转速。

(6)读取发动机转速后,立即松开油门踏板。

(7)将操纵手柄拨入P或N位置,让发动机怠速运转1min,以防止液压油因温度过高而变质。

(8)将操纵手柄拨入其他挡位(R、S、L或2、1),做同样的试验。

在前进挡或倒挡中踩住制动踏板并完全踩下油门踏板时,发动机处于最大扭矩工况,而此时自动变速器的输出轴及输入轴均静止不动,变矩器的涡轮也因此静止不动,只有变矩器壳及泵轮随发动机一同转动,这种工况称为失速工况,此时的发动机转速称为失速转速。由于在失速工况下,发动机的动力全部消耗在变矩器内液压油的内部摩擦损失上,液压油的温度急剧上升,因此在失速试验中,从油门踏板踩下到松开的整个过程的时间不得超过5s,否则会使液压油因温度过高而变质,甚至损坏密封圈零件。在一个挡位的试验完成之后,不要立即进行下一个挡位的试验,要等油温下降之后再进行。试验结束后不要立即熄火,应将操纵手柄拨入空挡或停止挡,让发动机怠速运转几分钟,以便让液压油温度降至正常。如果在试验中发现驱动轮因制动力不足而转动,应立即松开油门踏板,停止试验。

不同车型的自动变速器都有其失速转速标准。大部分自动变速器的失速转速标准为2300r/min左右。若失速转速与标准值相符,说明自动变速器的油泵、主油路油压及各个换挡执行元件的工作基本正常;若失速转速高于标准值,说明主油路油压过低或换挡执行元件打滑;若失速转速低于标准值,则可能是发动机动力不足或液力变矩器有故障。例如,当液力变矩器中的导轮单向超越离合器打滑时,液力变矩器在液力偶合器的工况下工作,其变矩比下降,从而使发动机的负荷增大,转速下降。不同挡位失速转速不正常的原因详见表3-3。

失速转速不正常的原因　　　　　　　表3-3

操纵手柄位置	失速转速	故障原因
所有位置	过高	主油路油压过低; 前进挡和倒挡的换挡执行元件打滑; 低挡及倒挡制动器打滑
所有位置	过低	发动机动力不足; 变矩器导轮的单向超越离合器
仅在D位	过高	前进挡油路油压过低; 前进离合器打滑
仅在R位	过高	倒挡油路油压过低; 倒挡及高挡离合器打滑

5.油压试验与检查

油压试验是在自动变速器运转时,对控制系统各个油压进行测量,为分析自动变速器的故障提供依据,以便于有针对性地进行修复。正确的油路油压是自动变速器正常工作的先决条件。油压过高,会使自动变速器出现严重的换挡冲击,甚至损坏控制系统;油压过低,会造成换挡执行元件打滑,加剧其摩擦片的磨损,甚至使换挡执行元件烧毁。对于因油压过低而造成换挡执行元件烧毁的自动变速器,如果仅仅更换烧毁的摩擦片而没有找出故障的真正原因修复,换后的摩擦片经过一段时间的使用后往往会再次烧毁。因此,在分解修理自动变速器之前和自动变速器修复之后,都要对自动变速器做油压试验,以保证自动变速器的修理质量。

油压试验的内容取决于自动变速器的类型及测压孔的设置方式。下面介绍一般车型自动变速器油压试验的主要内容和方法。

1)主油路油压测试

测试主油路油压时,应分别测出前进挡和倒挡的主油路油压。

(1)前进挡主油路油压测试方法

①拆下变速器壳体上主油路测压孔或前进挡油路测压孔螺塞,接上油压表。

②起动发动机。

③将操纵手柄拨至前进挡"D"位置。

④读出发动机怠速运转时的油压。该油压即为怠速工况下的前进挡主油路油压。

⑤用左脚踩紧制动踏板,同时用右脚将油门踏板完全踩下,在失速工况下读取油压。该油压即为失速工况下的前进挡主油路油压。

⑥将操纵手柄拨至空挡或停车挡,让发动机怠速运转1min以上。

⑦将操纵手柄拨至各个前进低挡(S、L或2、1)位置,重复①~⑥的步骤,读出各个前进低挡在怠速工况和失速工况下的主油路油压。

(2)倒挡主油路油压测试方法

①拆下自动变速器壳体上的主油路测压孔或倒挡油路测压孔螺塞,接上油压表。

②起动发动机。

③将操纵手柄拨至倒挡"R"位置。

④在发动机怠速运转工况下读取油压。该油压即为怠速工况下的倒挡主油路油压。

⑤用左脚踩紧制动踏板,同时用右脚将油门踏板完全踩下,在发动机失速工况下读取油压。该油压即为失速工况下的倒挡主油路油压。

⑥将操纵手柄拨至空挡"N"位置,让发动机怠速运转1min以上。

将测得的主油路油压与标准值进行比较。不同车型自动变速器的主油路油压都不完全相同。若主油路油压不正常,说明油泵或控制系统有故障。表3-4列出了主油路油压不正常的可能原因。

主油路油压不正常的原因 表3-4

工况	测试结果	故障原因
怠速	所有挡位的主油路油压均太低	油泵故障;主油路调压阀卡死;主油路泄漏;主油路调压阀弹簧太软;节气门阀卡滞;节气门拉索或节气门位置传感器调整不当
	前进挡和前进低挡的主油路油压均太低	前时离合器活塞漏油;前进挡油路泄漏
	前进挡的主油路油压正常;前进低挡的主油路油压太低	1挡强制离合器或2挡强制离合器活塞漏油;前进低挡油路泄漏
	前进挡主油路油压正常;倒挡主油路油压太低	倒挡及高挡离合器活塞漏油;倒挡油路泄漏
	所有挡位的主油路油压均太高	节气门拉索或节气门位置传感器调整不当;主油路调压阀卡死;节气门阀卡滞;主油路调压阀弹簧太硬;油压电磁阀损坏或线路故障
失速	稍低于标准油压	节气门位案或节气门位置传感器调整不当;油压电磁阀损坏或线路故障;主油路调压阀卡死或弹簧太软
	明显低于标准油压	油泵故障;主油路泄漏

2)调速器油压的测试

大部分液力控制自动变速器都可以做这项测试。在测试调速器的油压时,应当用举升器将汽车升起,或用千斤顶将驱动桥顶起,也可以接上压力表后进行路试。

(1)拆下自动变速器壳体上的调速器测压螺塞,接上油压表。

（2）起动发动机。

（3）将操纵手柄拨至前进挡"D"位置。

（4）松开手制动拉杆，缓慢地踩下油门踏板驱动转动。

（5）读取不同车速下的调速器油压。

（6）将测试结果与标准值进行比较。

若调速器油压太低，可能有以下原因：主油路油压太低；调速器油路泄漏；调速器工作不正常。

3）油压电磁阀工作的测试

电子控制自动变速器常采用油压电磁阀控制主油路油压或减振器背压。这种自动变速器可以在油压试验中人为地向油压电磁阀施加电信号，同时测量油路油压的变化，以检查油压电磁阀的工作是否正常。不同车型的电子控制自动变速器的油压电磁阀工作原理不完全相同，其检测方法也不一样。下面以凌志LS400轿车的A341E和A342E电子控制自动变速器为例，说明测试油压电磁阀工作的方法，其他车型也可以参考。

（1）将油压表接至自动变速器减振器背压的测压孔。

（2）对照电路图，找出自动变速器电脑线束插头上油压电磁阀控制端的接线脚，将一个8W灯泡的一脚与油压电磁阀控制端的接脚连接。

（3）将汽车停放在水平地面上，拉紧手制动拉杆，并用三角木块将4个车轮塞住。

（4）起动发动机，检查并调整好发动机怠速。

（5）踩住制动踏板，将操纵手柄挂入前进挡"D"位置。

（6）读取此时的减振器背压，其值应大于0。

（7）将连接油压电磁阀8W灯泡的另一脚接地，此时油压电磁阀将通电而开启。读出此时的减振器背压。

在油压电磁阀的接线脚经8W灯泡接地时，油压电磁阀将通电开启。此时减振器背压应下降为0。如有异常，说明油压电磁阀工作不良。

6.延时试验与检查

在发动机怠速运转时将操纵手柄从空挡拨至前进挡或倒挡后，需要有一段短暂时间的迟滞或延时才能使自动变速器完成挡位的接合（此时汽车会产生一个轻微的震动），这一短暂的时间称为自动变速器换挡的迟滞时间。延时试验就是测出自动变速器换挡的迟滞时间，根据迟滞时间的长短来判断主油路油压及换挡执行元件的工作是否正常。延时试验的步骤如下：

（1）让汽车行驶，使发动机和自动变速器达到正常工作温度。

（2）将汽车停放在水平地面上，拉紧手制动。

（3）检查发动机怠速。如不正常，应按标准予以调整。

（4）将自动变速器纵手柄从空挡"N"位置拨至前进挡"D"位置，用秒表测量从拨动操纵手柄开始到感觉汽车震动为止所需的时间，该时间称为N-D延时时间。

（5）将操纵手柄拨至N位置，让发动机怠速运转1min后，再做一次同样的试验。

（6）做3次试验，并取平均值。

（7）按上述方法，将操纵手柄由N位置拨至R位置，测量N-R延时时间。

大部分自动变速器 N-D 延时时间小于 1.0~1.2s，N-R 延时时间小于 1.2~1.5s。若 N-D 延时时间过长，说明主油路油压过低，前进离合器摩擦片磨损过甚或前进单向超越离合器工作不良；若 N-R 延时时间过长，说明倒挡主油路油压过低，倒挡离合器或倒挡制动器磨损过甚或工作不良。

3.2 自动变速器的检修

随着汽车行驶里程的增加，自动变速器的技术性能会逐渐下降，表现出汽车行驶的最高车速下降、发动机转速偏高、加速或爬坡无力、液压油变色或有焦味等。这些现象的出现，表明自动变速器的某些机件已丧失或部分丧失其应有的性能或出现损坏。自动变速器的一般损坏，特别是损坏程度较轻时，由于不会使汽车立即丧失行驶能力，不易被人们察觉，因而会造成自动变速器未能得到及时地检修而使损坏程度不断加重，甚至导致基础零件的严重损坏，失去修理价值，最后只能更换总成。因此，对自动变速器故障，应及时进行检修，切不可带故障运行，以免造成更大的损坏。

1. 自动变速器拆卸的基本步骤

自动变速器的拆卸方法和普通齿轮变速器有所不同，必须按照正确的方法和步骤进行，以避免零部件的损坏。

对于自动变速器的拆卸，不同车型的拆卸方法有所不同，一般情况下都是先关闭汽车的点火开关，拆下蓄电池搭铁线，放掉自动变速器内的液压油，然后按下列步骤进行拆卸。

(1) 拆下与节气门摇臂连接的自动变速器节气门拉索，拔下自动变速器上的所有线束插头，拆除车速表软轴、液压油加油管、散热器油管、操纵手柄与手动阀摇臂的连接杆等所有与自动变速器连接的零部件。

(2) 拆去排气管中段，拆除自动变速器下方的护罩、护板等。

(3) 松开传动轴与自动变速器输出轴的连接螺栓，拆下传动轴。

(4) 拆下飞轮壳盖板，用起子撬动飞轮，逐个拆下飞轮与变矩器的连接螺栓。

(5) 拆下起动机。

(6) 拆下自动变速器与车架的连接支架，用千斤顶托住自动变速器。

(7) 拆下自动变速器和飞轮壳的连接螺栓，将变矩器和自动变速器一同抬下。在抬下自动变速器时，应扶住变矩器以防滑落。

在拆卸前驱动自动变速器时，应先拆除变速器上方的有关部件，如蓄电池、空气滤清器、进气歧管等，同时还应拆去左右前轮半轴。

2. 自动变速器的拆卸与检验

自动变速器的分解方法与步骤因自动变速器的型号不同也有所不同。下面以北京切诺基吉普车装用的 AW-4 为例，介绍自动变速器的分解过程，其他型号自动变速器的分解均可参照进行。

(1) 连接件的拆卸

① 从自动变速器前方拆下液力变矩器。

②拆卸油尺和加油管上、下两部分。
③拆卸固定变速器线束和节气门拉线夹。
④拆卸变速器左侧的手控制阀轴上的选挡拉杆和空挡开关。
⑤拆卸车速表被动齿轮,拆卸速度传感器。
⑥拆卸液力变矩器壳体固定螺栓,把壳体从变速器壳体上拆下来,再拆卸外接壳体或后壳体。对于二轮驱动车型,从外接壳体上,拆卸油管和油封。
⑦拆卸车速表驱动齿轮卡环,拆下齿轮和齿轮隔套。
⑧用木榫或锤子手柄松动、拆卸速度传感器转子和键。
⑨拆卸变速器油盘、油滤网和密封垫,然后把变速器放置在有支承和定位的装置上。
⑩拆卸阀体供油管和电磁阀线束拆卸线束支架,拆掉线束和支架;拆卸节气门阀凸轮上的节气门拉线。

(2) 储能器的拆卸
①拆卸阀体螺栓,从壳体上拆卸阀体,再拆卸储能器弹簧、隔垫和单向阀及弹簧。
②用压缩空气,拆卸第二制动器和离合器储能器活塞、超速挡制动器储能器活塞、超速挡离合器储能器活塞,通过给供油口施加气压,把活塞从活塞座中慢慢取出。

(3) 油泵的拆卸
①拆卸油泵螺栓,用桥形拆卸器拆卸油泵。
②拆卸油泵座圈。
③拆卸四挡超速传动行星齿轮和超速挡直接离合器。
④拆卸四挡超速传动行星齿轮座圈。
⑤拆卸止推轴承、座圈和超速挡行星齿轮齿圈。

(4) 超速挡制动器的拆卸
①按照下列所述,测量超速挡制动器活塞行程:把千分表固定在变速器壳体上;调整表测头使它与活塞接触后,固定表测头;通过活塞供油孔,施加 400~800kPa 的气压,注意千分表上活塞行程的读数。行程应该是 1.40~1.70mm;如果行程不在极限内,更换制动器组件固定片。在技术规范部分中,从超速挡制动器固定片选择表中,挑选需要的固定片。
②拆卸超速挡制动器卡环。
③拆卸超速挡制动器片和制动器盘,用千分尺测量片的厚度。片的最小厚度是1.84mm。如果片的厚度小于规定值,更换制动器片。
④拆卸超速挡支座下座圈以及上轴承和座圈总成。
⑤拆卸超速挡支座螺栓。
⑥用夹钳拆卸超速挡支座卡环。
⑦用桥形拆卸器拆卸超速挡支座。
⑧从超速挡支座毂上拆卸轴承座圈。

(5) 第二滑行制动器的拆卸
①按照下述程序,测量第二滑行制动器活塞杆的行程:a.在活塞杆上,做参考标记;b.通过活塞供油口,施加 400~800kPa 的气压,用表测头检查活塞行程;c.活塞行程应该是 1.5~

3.0mm;d.如果行程不正确,安装新的活塞杆,重新检查行程。如果行程还是不正确,更换第二滑行制动带;e.更换的活塞杆有71.4mm和72.9mm两种不同的长度。

②用夹钳拆卸第二滑行制动器活塞卡环。然后,通过活塞供油孔,用压缩空气拆卸活塞盖和活塞总成。

③解体第二滑行制动器活塞。

④拆卸直接挡和前进挡离合器总成。

⑤拆卸离合器毂止推轴承和座圈。

⑥从制动带销处,拆卸第二滑行制动器制动器制动带"E"形卡环,拆卸制动带。

(6)前行星齿轮的拆卸

①拆卸前行星齿轮齿圈和前轴承座圈。

②拆卸齿圈上的止推轴承和后座圈。

③拆卸行星齿轮止推座圈。

④按下述方法,给行星齿轮卡环齿载:松动变速器夹紧装置,翻转变速器,用输出轴支撑变速器的重量。为了保护输出轴花键,应在输出轴下垫上木块。

⑤拆卸行星齿轮卡环,拆卸行星齿轮齿圈。

(7)第二制动器离合器的拆卸

①拆卸太阳轮、输入毂和单向离合器总成。

②测量第二制动器离合器组件的间隙,正常间隙应该是0.62~1.98mm。如果间隙不在规定值内,更换离合器卡。

③拆卸第二制动器离合器组件卡环。

④拆卸第二制动器离合器组件。用千分尺测量片的厚度,最小厚度应该是1.84mm,如果不在规定值内,更换离合器片。

⑤拆卸连接停车杆支架和壳体的螺栓,然后,将手控制阀轴拉杆和停车杆拆开,拆卸杆和支架。

⑥拆卸停车棘爪弹簧、销和棘爪。

(8)变速器壳体的检验

①用装有胶带的拆盖工具,拆卸第二制动器活塞套。

②拆卸后行星齿轮、第二制动毂和输出轴总成。

③拆卸行星齿轮和制动毂止推轴承和座圈总成。

④用密封垫刮刀,除去壳体上第二制动器鼓密封垫。

⑤用量缸表或内径千分表测量变速器后衬套内径,最大允许直径为38.18mm。如果衬套内径大于规定值,更换变速器壳体,衬套是不能维修的。

3.液力变矩器的检修

轿车自动变速器的液力变矩器的外壳是采用焊接式的整体结构,不可分解。液力变矩器内部,除了导轮的单向超越离合器和锁止离合器压盘之外,没有互相接触的零件,因此在使用中基本上不会出现故障。液力变矩器的维修工作主要是清洗和检查。

1)液力变矩器的洗清

自动变速器的机油污染,多表现为在油中可见到金属粉末。这些金属粉末大部分来自多片离合器上的磨耗。

(1)倒出变矩器中残留的液压油。

(2)向变矩器内加入干净的液压油,以清洗其内部,然后将液压油倒出。

(3)再次向变矩器内加入干净的液压油,清洗后倒出。

(4)用清洗剂清洗变矩器零部件,只能用压缩空气吹干,不要用车间纸巾或棉丝擦干。

(5)用压缩空气吹所有的供油孔或油道,确保清洁。

清洗时,也可加入专用的去污剂,在清洗台上一边旋转变矩器,一边不停地注入压缩空气,以便使清洗液作用得彻底。为取出清洗液,可在变矩器最外侧较平的面上,在两叶片之间打一个孔(用钻床钻一个正圆的孔),将孔向下放置 15min 后,变矩器内原有变速器液压油就可排出,然后从变矩器轴孔处加入清洁剂或挥发性好的汽油,进行内部清洗,再次将钻孔向下时,清洗剂又可流出,这样反复作业 2~3 次,最后用压缩空气吹干,再用铆钉将钻孔封死。应该注意不能采用先切开变矩器,洗净后再焊接的方法进行清洗,因为若这样做,会损伤变矩器的内部,产生变形。

从外侧钻孔清洗的方法,属于一般的方法,其方法存在着损伤变矩器和清洗不够彻底等缺点。简易的方法是将压缩空气自下而上吹入液力变矩器,同时不断地转动变矩器,或用手上、下晃动进行清洗,然后再按前述方法吹出、排净。需要注意的是,清洗后一定要干燥;否则,残留的汽油或清洗剂与新注入的变速器液压混合,会导致液压油变质。

2)液力变矩器的检查

(1)检查液力变矩器外部有无损坏和裂纹,轴套外径有无磨损,驱动油泵的轴套缺口有无损伤。如有异常,就应更换液力变矩器。

(2)将液力变矩器安装在发动机飞轮上,用千分表检查变矩器轴套的偏摆量,如图 3-8 所示。如果在飞轮转动一周的过程中,千分表指针偏摆大于 0.03mm,应采用转换角度重新安装的方法予以校正,并在校正后的位置上作一记号,以保证安装正确。若无法校正,应更换液力变矩器。

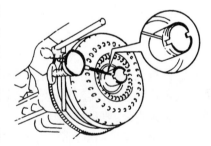

图 3-8 液力变矩器轴套偏摆量的检查

(3)检查导轮单向超越离合器:将单向超越离合器内座圈驱动杆(专用工具)插入变矩器中;将单向离合器外座圈固定器(专用工具)插入变矩器中,并卡在轴套上的油泵驱动缺口内。转动驱动杆,检查单向超越离合器工作是否正常。在逆时针方向上,单向超越离合器应锁止,顺时针方向上应能自由转动。如有异常,说明单向超越离合器损坏,应更换液力变矩器。

4.供油系统的检修

供油系统的检修,主要是指对油泵和散热器的检修。

1)油泵的检修

(1)油泵的分解(图 3-9)

①拆下油泵后端轴颈上的密封环。

②按照对称交叉的顺序依次松开转子轴与泵体的固定螺栓,打开油泵。

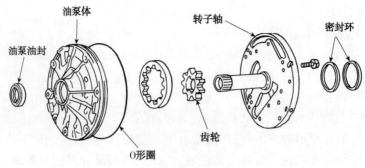

图 3-9 油泵分解图

③用油漆在小齿轮上作一记号,取出小齿轮及齿轮。

④拆下油泵前端盖上的油封。

在分解油泵时应注意,不要损伤铝合金的油泵前端盖,不可用冲子在油泵齿轮和油泵壳上作记号。

(2)油泵零件的检验

①用厚薄规分别测量油泵内齿轮外圆与油泵壳体之间的间隙、小齿轮及内齿轮的齿顶与月牙板之间的间隙、小齿轮及内齿轮端面与泵壳平面的端隙。将测量结果与表 3-5 对照。如不符合标准,应更换齿轮、泵壳或油泵总成。

油 泵 测 量 标 准　　　表 3-5

项　　目	标准间隙(mm)	最大间隙(mm)
内齿轮与壳体间隙	0.07~0.15	0.3
齿顶与月牙板间隙	0.11~0.14	0.3
齿轮端隙	0.02~0.05	0.1

②检查油泵小齿轮、内齿轮、泵壳端面有无肉眼可见的磨损痕迹。如有,应更换新件。

③用量缸表或内径千分表,测量泵体衬套内径。最大直径应该是 38.19mm。如果衬套直径大于规定值,要更换油泵体。

④测量转子轴衬套内径。测量衬套前、后端的直径。前端最大直径是 21.58mm,后端最大直径是 27.08mm。如果衬套内径超出规定值,更换转子轴。

⑤轴瓦磨损的检查。首先要检查一下液力变矩器输出驱动油泵的轴颈,如果发现有磨损或伤痕,轻者可用细砂纸打磨,重者则需要更换。在检查完轴颈后,可将带有轴瓦的油泵盖套入并用双手晃动,检查间隙是否过大。如果间隙过大,则需更换新的轴瓦。更换时,可使用专用工具把轴瓦压出后,再砸入新的轴瓦。

2)散热器的检修

液压油散热器检修时一般无需从汽车上拆下,可直接在车上进行检修。

①检查液压油散热器及油管各接头处有无漏油。如果漏油,应更换相应接头处的 O 形密封圈。

②如液压油散热器或油管破裂,应更换或拆下焊修后装回。

③用专用清洗设备清洗液压油散热器内部,或者从散热器进出油管内吹入压缩空气,将

残留在散热器及油管内的旧液压油清除掉,然后向油管内加入一定数量(0.5~1L)的液压油,吹入压缩空气,进行清洗。

5.超速挡行星齿轮和离合器的检修

在分解行星排、单向超越离合器之间,应先认明各个单向超越离合器的锁止方向,其方法是:用手握住与单向超越离合器内外圈连接的零件,分别朝不同方向作相对转动,检查并记下内外圈的相对锁止方向。特别是在没有详细技术资料的情况下维修自动变速器时,一定要做好这一记录;否则,一旦分解后不能按原有安装方向装复,将会使自动变速器不能正常工作,必须再次分解自动变速器进行检查,造成返工。

(1)测量离合器活塞行程。在拆卸离合器组件前,按下述方法,测量离合器活塞行程:把油泵装在液力变矩器上,将离合器装在油泵上;把千分表安装在离合器上,把千分表触头放置到离合器活塞上(图3-10);通过油泵上供油孔,施加压缩空气,观察活塞的行程。正常行程应该是 1.85~2.15mm,如图3-10所示。

(2)测量离合器片的厚度。离合器片最小允许厚度为 1.84mm。

对于离合器的主动片(驱动片),由于自动变速器的过热和液压油的污染,一些小的金属粉末聚积在摩擦衬片表面,会使其变色,容易造成磨损,因而,应检查衬片上印有的标记是否被磨掉,若被磨

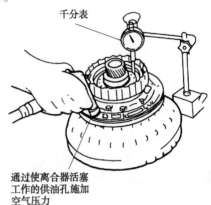

图3-10 检查超速挡离合器活塞行程

掉,应更换新的离合器片。对主动片两侧的衬片,还应检查是否有破损、剥落或粘接不实等。另外,主动片上的花键槽口,在工作过程中,会产生磨损和高温变化,检查时应予以注意。衬片上布有的沟槽,容易沉淀上油泥和其他杂质,如果不清洗干净,脱落下来会造成离合器早期打滑或烧蚀,如遇此现象,也应及时予以更换。经检查后,能继续使用的主动片,一定要清洗干净并晾干;安装时,将最里面的一片和最外面的一片调换位置,是一种较好的做法。

对于离合器的从动片,首先要检查与主动片衬片的接触面,看有无损伤、生锈之处。轻微的生锈或损伤,可用细砂纸打磨,严重的应予以更换。同样,对摩擦片上的花键槽口也应进行检查,看是否有磨损烧蚀等现象。此外,变速器液压油的污染和颜色变黑,多是由于离合器片间出现高温、烧结等造成的,所以在检查从动片时还应注意其工作表面有无伤痕、烧结和变色等。

对于离合器的推力盘,在离合器结合时被压缩变形,具有缓冲作用,故也称之为缓冲盘。拆检时,将推力盘的外圆置于平台上并转动,用卡尺测量内圆各处高度的变化,来检测推力盘工作面是否为同一平面,若出现过大扭曲时,应予以更换。

(3)测量带有弹簧座的活塞复位弹簧的自由长度。标准长度应为 16.8mm。

(4)检查离合器活塞单向球阀。该球阀有的装在活塞上,有的装在离合器毂上。检查时,先振动活塞,判断能否听到球阀的动作声,观察球是否自由移动;然后将低压力压缩空气对准球阀的进口吹气,检查球阀的密封状况,看其能否起到单向球阀的作用。空气通过球阀

时,不能泄漏。

(5)用量缸表或内径千分表,测量离合器毂衬套内径。最大直径不应大于27.11mm。如果衬套内径大于规定值,更换离合器毂。对离合器毂应重点检查如下项目:检查与活塞配合的工作面有无损伤;检查毂内轴套上的密封槽是否清洁;检查毂外圆的工作面上有无损伤;检查离合器毂的轴承孔有无磨损。检查时可用内径千分尺进行测量,也可将轴装入后,检查配合状况。检查从动片外部花键齿和鼓内花键槽的配合面有无磨损或烧蚀;检查毂内轴套上的卡圈槽是否磨损或有损伤。

(6)检查行星齿轮衬套内径。最大内径为11.27mm。如果衬套内径大于规定值,更换行星齿轮。

6.控制系统的检修

1)电液式控制系统主要零部件的检修

电子控制自动变速器的电液式控制系统中的传感器、执行器、开关等任何零部件产生故障,都会对自动变速器工作产生影响。利用电脑检测仪读取故障代码。可以找出控制系统大部分故障的大致范围,但要确定故障所在的具体部位,还必须进一步用万用表等简单工具,按照《自动变速器维修手册》中提供的检测方法、检测步骤及标准数据,对各零部件进行检测。另外,一些执行器的机械故障(如卡滞、泄漏等)是无法被电脑故障自诊断电路检测出来,只有通过实际检测才能发现。

为了提高电子控制自动变速器工作的可靠性,该控制系统的大部分零部件在结构上都被设计成密封式、不可分解的,损坏后也不能修复。检修的主要任务就是找出这些有故障的零部件,予以更换,从而恢复电子控制自动变速器的工作性能。

(1)节气门位置传感器的检修

①节气门位置传感器的检测

检测节气门位置传感器的方法是:

a.拔去节气门位置传感器的线束插头。

b.用万用表在节气门位置传感器接线插座上测量怠速开关的导通情况(图3-11)。当节气门全闭时,怠速开关应导通;当节气门开启时,怠速开关应不导通。否则,应调整或更换节气门位置传感器。

c.用万用表测量节气门位置传感器传感器中线性电位计的电阻(图3-12中E_2和V_{TA}之间的电阻)。该电阻应能随节气门开度的增大而呈线性增大。

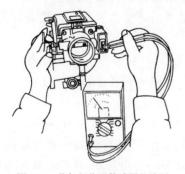

图3-11 节气门位置传感器的检测

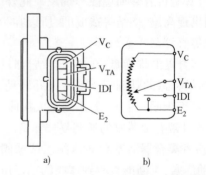

图3-12 凌志LS400轿车节气门位置传感器电路

d.将测量结果与表 3-6 进行比较。如有不符,应调整或更换节气门位置传感器。

凌志 LS400 轿车节气门位置传感器的检测标准　　　　　表 3-6

测量端	节气门开度或节气门摇臂与限位钉之间的间隙(mm)	电阻(kΩ)
IDL-E	0.40	0
	0.65	
$V_{AT}-E_2$	全闭	0.34~6.3
	全开	2.4~11.2
V_C-E	任意开度	3.1~7.2

②节气门位置传感器的调整

节气门位置传感器调整不当,会影响电子控制自动变速器的正常工作,甚至会使故障警告灯亮起,出现节气门位置传感器的故障代码。其调整方法是:

a.拧松节气门位置传感器的两个固定螺钉。

b.将厚度为 0.50mm 的厚薄规插入节气门摇臂和限位螺钉之间,同时用万用表测量怠速开关的导通情况(图 3-13)。

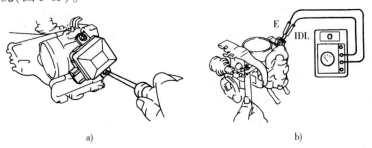

图 3-13　节气门位置传感器的调整

c.朝节气门闭合方向转动节气门位置传感器,使怠速开关触点断开,然后朝节气门开启方向慢慢地转动节气门位置传感器,直至怠速开关闭合为止。

d.拧紧节气门位置传感器的两个固定螺钉。

e.分别用 0.40mm 和 0.65mm 的厚薄规插入节气门限位螺钉和节气门摇臂之间,同时测量怠速开关的导通情况。当厚薄规为 0.40mm 时,怠速开关应导通;当厚薄规为 0.65mm 时,怠速开关应断开。否则,应重新调整节气门位置传感器。

(2)车速传感器和输入轴转速传感器的检修

车速传感器与输入轴转速传感器的结构和工作原理相同,其检修方法也是一样的,即各种测量方法判断其工作性能是否正常。

①车速传感器或输入轴转速传感器的感应线圈电阻的测量

其测量方法是:

a.拔下车速传感器或输入轴转速传感器线束插头。

b.用万用表测量车速传感器或输入轴转速传感器两接线端之间的电阻(图 3-14)。不同车型自动变速器的这种传感器感线圈的电阻不完全相同,通常为几百欧到几千欧。

如果感应线圈短路、断路或电阻值不符合标准,应更换传感器。

②车速传感器或输入轴转速传感器的输出脉冲的测量

a.测量车速传感器输出脉冲时,可用千斤顶将汽车一侧的驱动轮顶起,让操纵手柄位于空挡位置,用手转动悬空的驱动轮,同时用万用表测量车速传感器两接线柱之间有无脉冲感应电压。测量时,应将万用表选择开关转至1V以下的直流电压挡位置或电阻挡位置。若在转动车轮时万用表指针有摆动,说明传感器有输出脉冲,其工作正常;否则,应更换传感器。

b.测量输入轴转速传感器输出脉冲时,应将传感器拆下,用一根铁棒或一块磁铁迅速靠近或离开传感器(图3-15)。同时用万用表测量传感器两接线柱之间有无脉冲感应电压。如果没有感应电压或感应电压很微弱,说明传感器有故障,应更换。

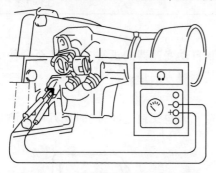

图3-14 车速传感器感应线圈电阻的测量

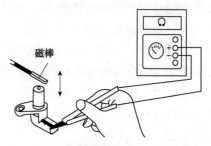

图3-15 输入轴转速传感器输出脉冲的测量

(3)水温传感器和液压油温度传感器的检修

水温传感器和液压油温度传感器的内部都是一个半导体热敏电阻,其检修方法相同。

①拆下水温传感器或液压油温度传感器。

②将传感器置于盛有水的烧杯,加热杯中的水,同时测量在不同温度下传感器两接线端之间的电阻(图3-16)。

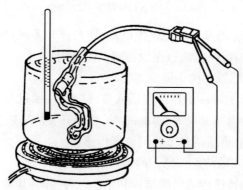

图3-16 水温传感器和液压油温度传感器的检测

③将测量的电阻值与标准相比较。如果不符合标准,应更换传感器。

(4)挡位开关的检修

①挡位开关的检测

挡位开关的检测方法为:

a.用举升器将汽车升起。

b.拆下连接在自动变速器手动阀摇臂和操纵手柄之间的连杆。

c.拔下挡位开关的线速插头。

d.将手动阀摇臂拨至各个挡位,同时用万用表测量挡位开关线束插座内各插孔之间的导通情况。

e.将测量结果与标准进行比较。如果有不符,应重新调整挡位开关。

②挡位开关的更换

a.拆下手动阀摇臂和操纵手柄之间的连杆。

b.拧松手动阀摇臂轴上的锁紧螺母,拆下手动阀摇臂。

c.拧下挡位开关固定螺栓,拆下挡位开关。

d.按拆卸相反的顺序安装新的挡位开关。

e.按规定的程序重新调整挡位开关。

(5)开关式电磁阀的检修

电子控制自动变速器的换挡电磁阀等开关式电磁阀的检修可采用下列方法:

①开关式电磁阀的就车检查

a.用举升器将汽车升起。

b.拆下自动变速器的油底壳。

c.拔下电磁阀的线束插头。

d.用万用表测量电磁阀线圈的电阻。自动变速器的开关式电磁阀线圈的电阻一般为 $10\sim30\Omega$。若电磁阀线圈短路、断路或电阻值不符标准,应更换。

e.将12V电源施加在电磁阀线圈上,此时应能听到电磁阀工作的"咔嗒"声;否则,说明阀芯卡住,应更换电磁阀。

②开关式电磁阀的性能检验

开关式电磁阀性能的检验方法是:

a.拆下电磁阀。

b.将压缩空气吹入电磁阀进油口。

c.当电磁阀线圈不接电源时,进油孔和泄油孔之间应不通气;否则,说明电磁阀损坏,应更换电磁阀。

d.接上电源后,进油孔和泄油孔之间应相通;否则,说明电磁阀损坏,应更换电磁阀。

(6)脉冲线性式电磁阀的检修

电子控制自动变速器的油压电磁阀等脉冲线性式电磁阀可采用下列方法检修。

①脉冲线性式电磁阀的就车检查

a.用举升器将汽车升起。

b.拆下自动变速器的油底壳。

c.拔下电磁阀的线束插头。

d.用万用表测量电磁阀线圈的电阻值。脉冲线性式电磁阀的线圈电阻值较小,一般为 $2\sim6\Omega$。若电磁阀线圈短路、断路或电阻值不符合标准,应更换电磁阀。

②脉冲线性式电磁阀的性能检验

脉冲线性式电磁阀性能的检验方法是:

a.拆下脉冲线性式电磁阀。

b. 将蓄电池电源串联一个 8~10W 的灯泡,然后与电磁阀线圈连接(脉冲线性式电磁阀线圈电阻较小,不可直接与 12V 电源连接,否则会烧毁电磁阀线圈)。

c. 在通电时,电磁阀阀芯应向外伸出;断电时,电磁阀阀芯应向内缩入。如果异常,说明电磁阀损坏,应更换。

脉冲线性式电磁阀的另一种检验方法是采用可调电源。其方法是:将可调电源与电磁阀线圈连接。调整电源的电压,同时观察阀芯的移动情况。当电压逐渐升高时,阀芯应随之向外移动;当电压逐渐减小时,阀芯应随之向内移动。否则,说明电磁阀损坏,应更换。在检验中应注意保持电源的电流不超过 1A。

2) 电液式控制系统电脑及其控制电路检修

电脑及其控制电路的故障可以用该车型的电脑检测仪或通用于各种汽车电脑解码器来检测。这些仪器可以准确地检测出电脑及其控制电路的故障所在之处。由于不同车型电脑的结构及控制电路分布形式有很大的不同,不同的电脑检测仪和电脑解码器的使用方法也有很大的不同,因此在检测之前就在熟练掌握《自动变速器维修手册》及《汽车电脑检测仪使用手册》中所提供的有关被测车型的检测技术、检测范围、检测步骤等内容。只有在此基础上,才能充分发挥检测仪的作用,得到正确的检测结果。

如果不具备电脑检测仪或电脑解码器,或被检修车型自动变速器的电脑不能采用电脑检测仪来检测,也可以采用另一种检测方法,即通过测量电脑线束插头内各接脚的工作电压来判断电脑及其控制电路工作是否正常。用这种方法检测电脑及控制电路的故障,必须以被测车型的详细维修技术资料为依据。这些技术资料包括:该车型电脑线束插头中各接脚与控制系统中的哪些传感器、执行器相连接;各接脚在发动机不同工作状态下的标准电压值,如果在检测中发现某一接脚的实际工作电压与标准值不符,即表明电脑或控制电路有故障。如果与执行器连接的接脚工作电压不正常,则表明电脑有故障;如果与传感器连接的接脚工作电压不正常,则可能是传感器损坏或电路有故障,通过进一步的检测,可找出故障所处的准确部位。

必须指出的是,这种检测方法对于判断电脑及控制电路的故障只是一种辅助的方法。因为电脑在工作中所接收或输出的信号有多种形式,如脉冲信号、模拟信号等,而一般的指针式电压表只能测出电路的平均电压值。因此,即使在检测中电脑各脚的电压都正常,也不能说明电脑绝对没有故障,当自动变速器控制系统工作不正常时,如果用这种方法检测,仍未发现异常现象,必须采用总成互换的方法来判断电脑是否有故障。

在检测电脑线束各接脚工作电压时,应注意以下几点:

(1) 在检测之前,应先检查自动变速器控制系统及其他电气系统各保险丝、熔断丝及有关的线束插头是否正常。在点火开关处于开启位置时,蓄电池电压应不低于 11V。过低的蓄电池电压会影响测量结果。

(2) 必须使用高阻抗的电压表,低阻抗的电压表可能会损坏电脑。

(3) 必须在电脑和线束插头处于连接的状态下测量电脑各接脚的电压。

(4) 应从线束插头的电线一侧插入测笔来测量各接脚的电压。

(5) 不可在拔下电脑线束插头的状态下,直接测量各接脚电阻,否则可能损坏电脑。

(6)若要拔下电脑的线束插头,测量各控制线路,应先拆下蓄电池搭铁线。不可在蓄电池连接完好的状态下拔下电脑的线束插头,否则会损坏电脑。

(7)应可靠地连接电脑的线束插头,否则可能损坏电脑内的集成电路等电子元件。

3)电液式控制系统工作过程的检验

电子控制自动变速器控制系统中的电脑是通过向各个电磁阀发出控制信号来完成换挡控制、锁止控制、油压控制等各种控制任务的。控制系统工作过程的检验就是要检查电脑向各个电磁阀发出的控制信号是否正常。只要这些控制信号正常,就可以说明控制系统中的电脑、传感器及其控制电路的工作是正常的。如果在对电子控制自动变速器进行性能检查,特别是在道路试验的过程中,能同时对控制系统的工作过程进行检验,就可以对自动变速器的工作性能以及故障发生的部位作出更加准确的判断。控制系统的工作过程可以用汽车电脑检测仪来检验,如美国的通用、福特等车型可用这种方法。只要将汽车电脑检测仪和汽车故障检测插座连接,就可以通过观察检测仪显示屏上的数值,检查电子控制自动变速器电脑发出的换挡控制、锁止控制等各种控制信号是否正常。

在汽车行驶过程中,检查电脑发出换挡控制信号的时刻,可以准确地判断电脑的换挡控制是否正常。若换挡控制不正常,如发出升挡信号的时刻太早,太迟或没有发出升挡信号,则说明控制系统的电脑,传感器或控制电路有故障;或换挡控制正常,但电脑发出换挡信号后自动变速器没有响应,则说明换挡电磁阀或控制电路有故障;若电脑发出升挡信号后自动变速器有响应,但出现打滑现象,则可以准确地判断出打滑的是哪一个挡位或哪一个换挡执行元件,从而有针对性地进行拆修。

汽车电脑检测仪操作简单,使用方便,但并非每一种车型的电子控制自动变速器都可以采用这种方法。如果被修车型的电子控制自动变速器控制系统不能用电脑检测仪来进行检验,则可以采用以下几种方法来检验控制系统的工作过程。

(1)用电压表通过故障检测插座进行检测

在某些日本产汽车故障检测插座内有一个 T_t 插孔,是专门用于检测电子控制自动变速器控制系统的。将直流电压表的正极测笔接 T_t 插孔,负极测笔接 E_1 插孔,就可以按以下方法对节气门位置传感器、刹车灯开关和换挡控制信号进行检测。

①节气门位置传感器的检测

节气门位置传感器的检测方法如下:

a.打开点火开关,不要起动发动机。

b.缓慢踩下油门踏板,同时观察电压表指针的指示情况。

c.若电压表指示的电压能随着油门踏板的逐渐被踩下而呈阶跃性增大(图3-17),说明节气门位置传感器工作正常。

②刹车灯开关检测

a.打开点火开关,不要起动发动机。

b.将油门踏板踩到底。

c.踩下或松开制动踏板,同时观察电压表指针的指示情况。

d.若踩下制动踏板时,电压表读数为0V;松开制动踏板时,电压表读数为8V,说明刹车灯开关工作正常。

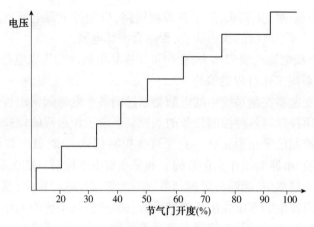

图 3-17 电压与节气门开度关系曲线图

③换挡控制信号的检测

a.起动发动机并运转至正常工作温度。

b.按下超速挡开关,置于 ON 位置。

c.按下模式开关,使之位于普通模式或经济模式位置。

d.将操纵手柄拨至前进挡"D"位置,踩下油门踏板,让汽车行驶并加速。

e.观察电压表指针指示情况。此时电压表指示的电压与电脑与发出的换挡信号的关系见表 3-7。由表中可知,随着挡位的升高,电压表指示的电压将作阶跃性增大。每次电压增大的时刻即为电脑发出升挡信号的时刻。

电压与换挡信号的关系　　　　　　　　　　　　表 3-7

挡 位 信 号	电压(V)	挡 位 信 号	电压(V)
1 挡	0	3 挡、锁止离合器接合	5
2 挡	2	4 挡	6
2 挡、锁止离合器接合	3	4 挡、锁止离合器接合	7
3 挡	4		

(2)通过电磁阀的控制电路进行检测

电脑是通过几个电磁阀来控制自动变速器工作的,因此,只要检测电脑输送给各个电磁阀的控制信号,就可以检测到控制系统的工作状态。由于电磁阀的控制信号通常是 12V 的直流电压或脉冲电压,因此,检测电磁阀控制信号最简便的方法是采用自制的 12V 电压信号指示灯。

12V 电压信号指示灯可以用普通的发光二极管自制,只要在发光二极管上串一个 1kΩ 左右的电阻即可(图 3-18)。由于不同型号的发光二极管的参数不同,在选择串联电阻时,可用 12V 电源直接配试,方法是:将接有串联电阻的发光二极管与 12V 电源连接,观察发光二极管的亮度。若亮度太大,应加大串联电阻的阻值;反之,亮度太小,可减小串联电阻的阻值。总之,要使发光二极管既有适当的亮度(以便于观察),又不至于因亮度太大而烧坏发光二极管。

图3-18 用发光二极管自制信号指示灯

采用这种方法检测控制系统工作情况时,应先找出自动变速器各个电磁阀的控制线路。可以通过查阅被修车型来查找各个电磁阀的控制线路;也可以通过实际拆检、测量来找出各个电磁阀的控制线路。将自动的信号指示灯正极一端与电磁阀控制线路连接,负极一端接地,就可以通过观察发光二极管发亮情况来检测电磁阀的工作状态。若在自动变速器工作过程中,与某个电磁阀连接的信号指示灯发亮,说明该电磁阀正在工作。

为便于观察,可以用不同颜色,不同形状的发光二极管制成几个信号指示灯,分别与自动变速器的几个电磁阀的控制线路连接。这样,通过观察几个信号指示灯的闪亮规律,即可全面、直观地检测出控制系统的工作状态(图3-19)。

这种方法可以不受任何条件的限制,适于检测任何车型电子控制自动变速器的控制系统,特别适于检测控制系统的换挡信号。只要将测得的各个换挡电磁阀的工作状态与不同挡位下换挡电磁阀的工作规律情况进行比较,就可以知道控制系统向换挡电磁阀发出的控制信号是哪个挡位。

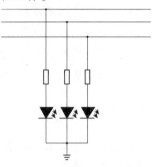

图3-19 电磁阀控制信号的检测

思考题

1. 何为换挡品质?
2. 何为失速,为什么要进行失速试验?
3. 自动变速油更换周期如何确定,简述更换自动变速器油的方法。
4. 列出拆卸装配拉威娜式自动变速器(097)的流程。
5. 列出拆卸装配辛普森式自动变速器(A341E)的流程。
6. 列出拆卸装配CVT无极变速器(本田飞度)的流程。
7. 如何洗清液力变矩器?
8. 主油路油压不正常的原因有哪些?

单元4　自动变速器故障诊断程序

本单元重点

- 自动变速器故障诊断步骤
- 自动变速器基本检查与调整
- 电子控制系统故障诊断
- 自动变速器机械系统测试
- 自动变速器典型故障的诊断与排除

本单元难点

- 自动变速器基本检查与调整
- 自动变速器电子控制系统故障诊断
- 自动变速器典型故障的诊断与排除

4.1　自动变速器故障诊断步骤

4.1.1　故障诊断分析步骤

由于自动变速器由变矩器、液压控制系统、行星齿轮机构、电子控制系统几大部件组成，技术人员要快速、准确地判断自动变速器中某个部件出现故障，必须具备下述3个条件：

(1) 彻底了解变速器的结构和运作。
(2) 对用户提供的故障症状进行分析。
(3) 彻底了解各种故障的症状。

准确进行自动变速器故障排除分析步骤如图4-1所示。

如果汽车自动变速器未按照步骤进行检测，切勿将变速器从车上拆下，进行分解，以免浪费大量维修时间，增加客户不必要的维修费用，下面简单介绍故障排除分析步骤中的主要内容。

1. 问诊

问诊是故障排除分析的基础，仔细分析客户提供的故障发生的症状，这在维修工作中是非常重要的你可以向客户询问以下几点：

(1) 何种——车型及自动变速器的型号；
(2) 何时——发生故障的时间及次数；
(3) 何地——故障产生的道路状况；

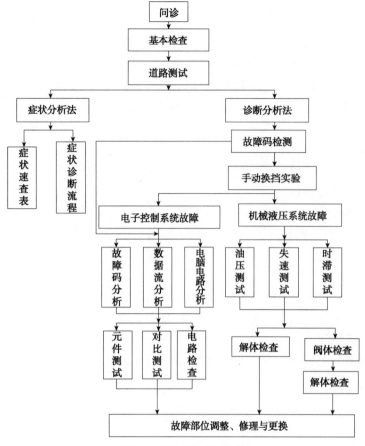

图 4-1 故障排除分析步骤

(4) 如何—汽车运行条件,故障症状。

2.基本检查及调整

在很多情况下,仅仅做一些基本检查和必要的调整即可排除故障,基本检测和调整项目如下:

(1) 蓄电池端电压和蓄电池负荷、电线和接线柱。
(2) 发动机怠速。
(3) 节气门位置:节气门全开位置,节气门拉索的长度。
(4) 自动变速器油(ATM):污染、气味、颜色。
(5) 变速杆位置。
(6) 空挡起动开关。
(7) 冷却系统的冷却剂。

例如,若怠速高出标准值很多时,从 N 或 P 位换至其他位时,换挡振动就会大得多。如果加速踏板拉索调整不当(太长),及时加速踏板踩到底,节气门也不会全开,就不可能换低挡。若自动变速器液位太低,空气就会进入油泵,产生异常噪声以及其他故障。甚至有可能使变速器锁止。

3. 电子控制系统故障诊断

电子控制自动变速器是在控制电脑的控制下工作。控制电脑根据各个传感器测得的信号，预先设定控制程序，向各个执行器发出相应的控制命令来控制自动变速器的工作，如果电子控制系统中的某个传感器出现故障，不能向控制电脑传送信号，或某个执行器损坏，便不能完成控制电脑的控制命令，直接影响控制电脑对自动变速器的控制，是变速器不能正常工作。为此，在控制电脑内设有专门的自诊断系统和实行保护系统，在汽车行驶过程中，不停地检测自动变速器电子控制系统中所有的传感器和执行器的工作情况。

（1）故障码检查

当自动变速器电控系统内发生故障时，通过故障灯读取故障码。每一个故障码表示一种故障的发生部位的电路回路。

（2）手动换挡试验

如果没有故障存在，则通过手动换挡测试的基本手段确定故障发生在电路还是在机械方面。

（3）数据流分析法

数据流分析法是利用电脑诊断仪的数据功能进行故障分析的方法。数据流分析不仅可以显示数据、数据图形，还可以记录实验过程，以便分析故障。

（4）电脑电路分析

电脑分析是利用示波器、万用表等在线式电路分析仪对电脑电路故障进行数据分析、波形分析、相位分析等。

（5）故障码分析

故障码分析是根据自诊断（故障码检查）中已查明的故障码进行故障诊断，是对故障码指明故障位置进行故障排除的方法指导。

4. 机械系统测试

无论是液力控制变速器，还是电子控制的变速器，当出现故障时都需要做四项性能测试，来查找变矩器、行星齿轮记过和液压控制系统的故障。这四项测试的目的如下：

（1）道路测试

道路测试是自动变速器各项性能的综合测试。此项测试的目的是在车辆实际行驶时，通过变速挡换高、低挡，检测换挡点是否符合标准值，检查换挡振动、打滑、异响等情况，检查液力变矩器的锁定情况，检查变速杆在各个位置的换挡范围和发动机制动状况等。

（2）液压测试

液压测试时通过测量液压控制系统各有路的压力，来判断液压控制系统及电子控制系统个零件的功能是否正常，检查液压控制系统液压泵和每个阀的动作及是否正常，工作状况测试的内容包括：系统油路压力测试，各离合器和制动器的蓄能器测试、各挡位离合器油压测试、速控阀油压测试和节气门油压调整。

（3）失速测试

此项测试的目的是全面检查发动机和变速器的性能，这项检测在车辆保持不动的情况下，挂 D 或 R 位，将加速踏板踩到底，测量发动机转速。

注意：失速测试的时间不能超过 8～10s。如果厂家说明书明确规定某型号的自动变速器不能做失速试验,则进行试验所产生的损失由维修人员承担。

（4）时滞测试

发动机怠速运转时,将变速器杆从 N 位换至 D 或 R 位后,需要有一段短暂时间的迟滞或延时,才能使变速器完成挡位的结合,这时汽车会产生一个轻微的振动,这一短暂的时间称为自动变速器换挡的迟滞时间。时滞测试时从 N 位换至 D 或 P 位,直至感觉到振动,测量其所经历的时间。这一测试的目的是根据迟滞时间长短来判断主油管路的功能,检查执行元件离合器衬层或制动器衬层的磨损是否正常。

5.故障症状分析流程

在进行初步检查和各项测试之后,如仍然不能确定故障的原因,则应该根据症状分析路程,按照各车辆自动变速器维修手册中所列的故障诊断流程。分析判断故障发生部位并进行检查。具体地分析查阅有关自动变速器维修手册。

总之,在开始诊断变速器故障前,维修人员首先应与顾客、主管和同事讨论,同时考虑两个关键点：

（1）确定哪个总成产生故障：是变速器还是其他总成(如引发发动或制动系统)。不能因为汽车运行不稳就认为是变速器故障,实际上这种情况常常与发动机转动情况有关,也可能是由于汽车制动器间隙调整不当所致。

（2）如果故障是变速器引起,就应该寻找故障症状作为证据。诊断故障是在自动变速器还是在驱动桥上,考虑故障时拆卸的是液压的、电气方面还是几个方面的综合。例如离合器松弛可能是由于离合器片磨损过大,或是离合器的液体压力过低等原因。

4.1.2 预防与安全措施

当对任何车辆的自动变速器诊断和维修时,技术人员必须遵守所有规定的安全操作程序,避免任何系统带来的有意或无意的伤害。如自动变速器油达到非常高的温度并发生泄漏时,会造成人体烧伤和烫伤,甚至引起爆炸。

4.2 实施自动变速器基本检查与调整程序

4.2.1 基本检测前的条件

（1）发动机技术状况调整完好。
（2）所有与自动变速器相连的总成技术状况完好。
（3）制动器处于不制动状态。

4.2.2 检查蓄电池技术状况

使用万用表检查蓄电池端电压、电线短路和接线柱连接情况,使用高效率放电计检测蓄电池负荷。

4.2.3　检查发动机怠速

发动机热机后,分别挂入 P 或 N 位,关闭空调,检查怠速转速,应符合原制造厂家的规范。怠速低:换挡时容易引起车身振动或发动机熄火。

怠速高时:换挡时容易产生冲击和振动,并且在 D 或 R 位时出现爬行现象。

4.2.4　检查自动变速器油

1.检查前的准备工作

(1)将车停在水平路面上,拉紧驻车制动,将车轮固定。

(2)起动发动机,行驶 15min 或达到正常温度后怠速运转。

(3)踏下制动踏板。

(4)逐一挂入所有挡位(从 P 位到 L 位),在各挡位时略做暂时停留,然后返回 P 位。

2.检查自动变速器油(ATF)液面和状况

1)检查自动变速器油液面

(1)ATF 油面高度的标准

①自动变速器处于冷态时:冷车刚刚启动,液压油的温度较低,为室温或低于 25 摄氏度,液压油油面高度应在油尺刻度的下限附近。

②自动变速器处于热态:低速行驶 5min 以上,液压油温度已达到 70 至 80 摄氏度时,油面高度应在油尺刻度的上限附近。

(2)故障带来的后果

①当油面过低时,离合器、制动器打滑,加速性能不良,润滑不良。

②当油面过高时,变速器溢流,控制油孔阻碍,排油不畅影响制动器和离合器的分离。

2)检查油液状况

油液的气味和颜色可以表明自动变速器的工作状况。检查步骤如下:

(1)从油尺上嗅一嗅油液的气味。

(2)在手指上点少许油液,用手指互相摩擦,看是否有渣粒。

(3)将油尺上的液压油滴在干净的白纸上,检查液压油的颜色和气味。

正常 ATF 的颜色一般为粉红色,并且无气味。如果 ATF 呈棕色或有胶味,说明已变质应立即换油。

3)检查油液泄露

将自动变速器外壳擦干净,起动发动机热机后,挂入 D 挡运转一段时间,检查自动变速器外壳的泄漏情况。

引起泄露的原因是:油封、O 形密封圈、各种垫片破损,油管插头破裂,油管卡子松动,螺栓松动等。

4.2.5　检查节气门的位置

1.检查节气门全开位置

检查加速踏板踩到底时节气门能否全开。

2.检查和调整节气门拉索

(1)将加速踏板踩到底,检查节气门,应在完全打开位置。注意:如果节气门不完全打开,调整加速踏板拉杆。

(2)继续踩着加速踏板,松开调整螺母。

(3)调整外拉索,使橡皮罩末端与拉索块距离符合标准。其标准距离为0~1mm。

(4)拧紧调整螺母。

4.2.6 检查和调整变速杆位置

当变速杆从P位依次移至其他挡位置时,检查变速杆是否能准确、平滑的换挡,换挡指示器与正确指定挡位是否一致,仪表指示灯能否重新指示各个挡位。

如果指示器与正确挡位记号不准确,按照下列步骤进行调整:

(1)拧松人工变速杆上的旋转螺母。

(2)将人工变速杆尽量向车辆右侧推。

(3)将人工变速杆退回两格至空挡位置。

(4)将人工变速杆设置于N位。

(5)一边轻轻地将人工变速杆向R位一侧推,一边拧紧旋转螺母。

(6)起动发动机,确认变速杆自N位换到D位时,车辆向前移动;而换到R位时,车辆后退。

4.2.7 调整空挡起动开关

发动机只能在N位或P位起动,如果在变速杆处其他挡位均起动,有必要进行以下调整:

(1)拧松空挡起动开关螺母,并将变速杆设定在N位。

(2)使凹槽与空挡位置线对准。

(3)将空挡起动开关保持定位,拧紧螺栓。

(4)确认变速杆只有在N位和P位才能起动发动机。

通过上述项目基本检查和调整,自动变速器正常的工作状态应该是:

(1)当挂入P位时,不能推动汽车。

(2)当挂入N位时,能够推动车辆。

(3)当踏下制动踏板、挂入P位时,感觉有冲击力。

(4)当放松制动踏板,车辆向后移动;分别挂入D、2和1位,车辆向前移动。

(5)当挂入R位时,倒车灯亮。

4.3 自动变速器电子控制系统故障诊断程序

4.3.1 自诊断程序

发动机和自动变速器ECU配备一个内置自诊断系统,它使技术人员能够简单而快速地确定自动变速器故障的部件或回路。

当车载计算机检测到计算机本身或驱动系统元件的故障时,仪表板上的故障指示灯会亮。当检查到故障是,除故障指示灯亮外,相应的故障码将存储在计算机的存储器中。如果故障不出现在三重检测逻辑中,故障指示灯熄灭但故障码仍将保存在发动机 ECU 存储器中。

1. 故障码的提取方式

1) 指示灯闪烁读取故障

由于自动变速器或自动传动桥的结构不同,显示故障指示灯的结构也不相同,通常有下面三种指示灯:

(1) 某些型号的汽车故障码通过超速挡指示灯(O/D OFF)闪亮来读取。当超速挡主开关断开时,即时检测出故障,(O/D OFF)指示灯保持亮,但不闪。

(2) 配有门式变速杆结构的汽车采用驾驶方式指示灯闪亮以警告驾驶员。

(3) 某些型号的汽车的故障码通过故障指示灯闪亮来读取。

当检测到速度传感器、电磁阀或其他电路有故障时,故障指示灯就会亮。在进行故障诊断时,故障指示灯连续地闪烁每秒闪烁 2 次,表示无故障。如果故障指示灯发生间断的闪烁,表示有故障。

2) 连接故障诊断仪读取故障码。

2. 自诊断检查程序

下面以丰田 A341 自动变速器为例,说明自诊断程序检查故障程序:

1) 使用故障指示灯检查故障码

(1) 检查故障指示灯工作状态。

点火开关旋至 ON 位置,发动机没有运转,故障指示灯亮为正常,如果不亮,则对组合仪表进行故障排除。

起动发动机,故障指示灯熄灭,如果仍然亮着,则诊断系统已经检测到故障或系统出现异常。

(2) 用故障指示灯检查故障码。

将点火开关旋至 ON 位置,不要起动发动机。

使用专用工具检测连接线 DLC3 端子(TC)和 4(CG)。

根据故障指示灯闪烁次数显示读取 DTC。

如果系统工作正常,指示灯将每秒闪两次。

如果相似故障码(以 DTC 为 42 为例),当存储 2 个或更多的故障码,则首先显示序号较小的代码。

2) 使用故障诊断仪检查故障码

采用故障指示灯检查 DTC 时,读取方法复杂,甚至出现读取失误等现象,这将影响故障诊断的准确性。因此,维修人员常采用故障指示灯发现系统存在故障后,使用故障诊断仪读取故障码。

(1) 检查 DTC 的初始状态。

蓄电池电压在 11V 以上。

节气门全开。

变速杆在 P 位。

空调开关为 OFF 位置。

（2）将点火开关旋至 OFF 位置

（3）将手持式测试仪连接至 DLC3，依据手持式故障诊断仪说明书，用手持式测试仪检查 DTC DE 指令。

（4）将点火开关旋至 ON 位置，并将手持式故障诊断仪开关旋至 ON 位置。

（5）将手持式故障诊断仪从正常模式旋至检查模式。

（6）起动发动机（发动机起动后，故障指示灯应熄灭）。

（7）模拟客户所述故障状态。

（8）模式故障状态后，用故障诊断仪检查 DTC 和定格数据等。

（9）检查 DTC 后，检查相应的电路。

3）清除 DTC 通常故障码

在下列三种情况下会被删掉：

（1）按照说明书步骤使用手持式故障诊断仪清除故障码。

（2）从发动机室 1 号继电器上拆下 EFI 熔丝 10s 或更长时间，即可清除故障码。

（3）当关闭点火开关时，故障码会被删除。

所以，如果要继续保留故障码，就需要使用辅助电源装置，插入点烟器中，才能避免故障码的丢失。

4.3.2 故障症状分析流程

故障症状分析流程是利用症状速查表和故障分析流程进行故障分析判断的诊断方法。这种诊断方法是根据系统的工作原理和维修的经验，直接分析判断故障点的方法。它具有简单明了、直接快速的优点，是从故障症状入手推断故障点一个简便方法。

在实际故障诊断中，如果遇到检查诊断故障码以正常码显示而故障仍然存在时，应按照生产厂家给出故障症状分析流程顺序检查每个症状产生的具体原因。

图 4-2 是尼桑轿车自动变速器部分症状速查表。

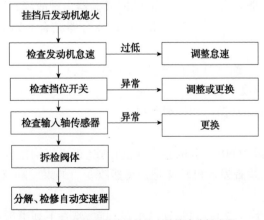

图 4-2 挂挡后发动机易熄火的故障分析流程

4.4 自动变速器机械系统测试程序

4.4.1 道路测试

1.测试条件

道路测试一般需要进行10min,但是道路测试之前需要做好以下准备工作:

(1)汽车具有正常行驶的技术状态。

(2)选择出现故障的路面进行测试。

(3)选择中等到最大限度的坡度测试汽车的爬坡能力。

(4)选择安全道路进行高速测试。

(5)变速器处于正常工作温度(50至80℃或122至176℉)

(6)所有变速器的调整应符合厂商技术规范。

(7)在道路测试中应连接液压表来测试液压系统的故障。

2.道路测试步骤

1)D位测试:换挡至D位并将加速踏板踩到底。

(1)检查升挡操作。在加速踏板踩到底的过程中,检查D位1挡换D位2挡,D位2挡、D位3挡换超速挡的升挡过程,各换挡点应与自动换挡表符合。

如果没有D位1挡换挡D位2挡升挡过程,有可能是速控液压阀有故障,或则是1~2挡换挡阀可能卡住。

如果没有D为2挡换D位3挡升挡过程,有可能是2~3挡换挡阀可能卡住。

如果没有D位3挡换超速挡的升挡过程,有可能是3~4挡换挡阀阀芯可能卡住,或则超速挡电磁阀可能出现故障。

如果换挡点不正确,有可能是加速拉索有可能调整不当,或节气门阀、1~2挡换挡阀、2~3挡换挡阀、3~4挡换挡阀等可能出现故障。

(2)检查换挡振动和打滑,以同样的方法,检查D位1挡换D位2挡、D位2挡、D位3挡、D位3挡换超速挡时的振动与打滑情况。

如果振动过大,有可能是管道压力太高、储能减振器出现故障、单向球阀可能卡住。

(3)检查异常噪声和振动。车辆以D位(锁止离合器结合)或超速挡行驶,检查有无异常噪声和振动。

(4)检查降挡操作。车辆以D位行驶,检查O/D换挡3挡、3挡换2挡、2挡换挡的车速限制时应与自动换挡点速度相符。

(5)检查降挡时有无异常振动和打滑现象。

(6)检查锁止机构。

车辆D位O/D挡,以约60km/h的稳定速度行驶(锁止机构接合)。

轻轻踩下加速踏板,检查发动机转速是否突然改变。如果发动机转速有很大突变,则没有锁止。

2)2位测试:变速杆移至2位,将加速踏板踩到底,检查下列事项:

(1)检查升挡操作。检查2位1挡升2挡是否发生,换挡点是否符合自动换挡。

(2)检查发动机制动。汽车在2位2挡行驶时,松开加速踏板,应有发动机制动。如果发动机不制动,有可能是2位2挡滑行制动器出现故障。

(3)检查加速、减速时有无异常噪声,以及换高挡、换低挡有无振动。

3)L位测试:变速杆移至L位,将加速踏板踩到底,检查下列事项:

(1)检查有无升挡。车辆在L位行驶时,不应该能升挡到2挡。

(2)检查发动机制动。车辆在L位行驶时,松开加速踏板,检查有无发动机制动。如无发动机制动,有可能是L位及倒车挡制动器故障。

(3)检查加速、减速有无异常噪声。

4)R位测试:变速杆移至R位,加速踏板踩到底,检查有无打滑。

5)P位测试:车辆停在斜坡上,变速杆移至P位,松开驻车制动器。检查驻车锁爪,使车辆保持原地不动。

4.4.2 失速测试

失速测试的目的是通过测量自动变速器在D位或R位时的失速转速,以检查变速器和发动机的整体性能。

1.测试条件

(1)此项测试应在变速器油正常工作温度(50至80℃或122至176℉)时进行。

(2)进行此项测试,不能连续超过5s。

(3)为确保安全,应在宽阔、清洁、平坦而且地面附着力良好的地方进行此项测试。

(4)失速测试必须有两位维修人员一起进行,其中一人从车外观察车轮和车轮挡块,另一人进行失速测试。如果车轮开始转动或车轮挡块开始移动,车外人员应立即发出警告。

2.失速转速测量步骤

(1)用垫木挡住前、后轮。

(2)将转速表与点火系连接。

使用专用工具测试线将手持式故障仪连接到DLC3。将转速表连至DLC3端子TAC上。

(3)完全拉起驻车制动器。

(4)左脚用力踩下制动器踏板不动。

(5)起动发动机。

(6)换至D位,用右脚将加速踏板踩到底,同时迅速读出失速转速。

(7)在R位进行同样测量。

3.测试数据分析,判断故障

(1)如果后轮不转动,失速转速在两个挡位都一样,并且都低于规定值时,故障产生原因为:

①发动机输出功率可能不足。

②定轮单向离合器不能正常工作。

(2)如果失速转速在D位高于规定值,故障产生原因为:

①管道压力可能太低。

②直接挡离合器打滑。

③2号单向离合器不能正常工作。

④超速挡单向离合器不能正常工作。

(3)如果失速转速在R位高于规定值时,故障产生原因为:

①管道压力可能太低。

②倒挡离合器打滑。

③第1挡及倒挡制动器打滑

④超速挡单向离合器不能正常工作。

(4)如果失速转速在R位和D位都高于规定值时,故障产生原因为:

①管道压力可能太低。

②ATF油液位不正确。

③超速挡单向离合器不能正常工作。

4.4.3 时滞测试

当发动机怠速运转时变速杆换挡,从换挡至感觉到振动之间有一时间间隔,这个时间间隔称为时滞,时滞测试常用于检查超速挡直接离合器、前进挡离合器,直接挡离合器及第1挡和倒挡离合器的工作状况。

1.测试条件

(1)在变速器正常操作、ATF温度(50至80℃或122至176°F)时进行。

(2)在两次测试之间有1min间隔时间。

(3)此项测试做3次,取其平均值。

2.测量时滞步骤

(1)用垫木挡住前、后轮。

(2)将转速表与点火系连接。

(3)完全拉起驻车制动器。

(4)起动发动机,检查怠速。

(5)将变速杆从N位换至D位,用秒表测出变速杆移动后的感觉到振动的时间。时滞时间一般要小于1.2s。

(6)以同样的方法,测出N位到R位的时滞。一般小于1.5s

3.测试数据分析,判断故障

(1)如果N为到D位的时滞时间超过规定值,故障原因可能是:

①管道压力可能太低。

②前进挡离合器磨损。

③超速挡离合器不能正常工作。

(2)如果N位到R位的时滞超过规定值,故障原因可能是下面原因:

①管道压力可能太低。

②ATF液面不正确。

③直接挡离合器磨损。

④第1挡及倒挡制动器磨损。

4.4.4 液压测试

液压测试的目的是通过自动变速器中液压系统各管路油路压力检查变速器液压系统工作性能。

1. 测试条件

(1) 在变速器正常操作、ATF 温度(50 至 80℃或 122 至 176℉)时进行。

(2) 进行管道压力测试时,必须有两名技术人员一起工作,一名技术员在车外观察车轮和车轮挡块,另一名技术员则进行液压测试。

(3) 拆下自动变速器壳后面的测试塞,并连接上专用工具。

2. 液压测试步骤

(1) 完全拉起驻车制动器,并用垫木挡住四个车轮。

(2) 起动发动机,检查怠速转速。

(3) 预热 ATF。

(4) 连接手持式故障诊断仪至 DLC3。

(5) 左脚紧踩制动踏板,将变速杆移至 D 位。

(6) 在发动机怠速运转时,测量管道压力。

(7) 将加速踏板踩到底,当发动机达到失速转速时,迅速地读出最高管道压力。

(8) 用同样的方法,在 R 位时测出怠速运转、失速运转时的管道压力。

3. 测试数据分析,判断故障

(1) 如果各挡位测量值都比标准高,产生故障原因为:

①SLT 电磁阀故障。

②调节器阀故障。

③油泵故障。

④O/D 直接挡离合器故障。

(2) 如果仅在 D 挡位上压力低,产生故障原因为:

①D 挡位油路液体泄漏。

②前进挡离合器故障。

(3) 如果仅在 R 位上压力低,产生故障原因为:

①R 位油路液体泄漏。

②直接挡离合器故障。

③第1挡和倒挡制动故障。

4.5 自动变速器典型故障的诊断与排除

汽车自动变速器在使用中,随着技术状况的下降会出现一系列故障,常见的故障会通过一定的现象特征表现出来,不同车型由于结构上有所不同,其故障原因会有所差异,但故障产生的常见原因和诊断排除方法是基本相同的。

4.5.1 汽车不能行驶故障的诊断

1. 故障现象

(1)无论操纵手柄位于倒挡、前进挡或前进低挡,汽车都不能行驶;

(2)冷车起动后汽车能行驶一小段路程,但热车状态下汽车不能行驶。

2. 故障原因

(1)自动变速器油底渗漏,液压油全部漏光。

(2)操纵手柄和手动阀摇臂之间的连杆或拉索松脱,手动阀保持在空挡或停车挡位置。

(3)油泵进油滤网堵塞。

(4)主油路严重泄漏。

(5)油泵损坏。

3. 故障诊断与排除

(1)检查自动变速器内有无液压油。其方法是:拔出自动变速器的油尺,观察油尺上有无液压油。若油尺上没有液压油,说明自动变速器内的液压油已漏光。对此,应检查油底壳,液压油散热器、油管等处有无破损而导致漏油。如有严重漏油处,应修复后重新加油。

(2)检查自动变速器操纵手柄与手动阀摇臂之间的连杆或拉索有无松脱。如果有松脱,应予以装复,并重新调整好操纵手柄的位置。

(3)拆下主油路测压孔上的螺塞,起动发动机,将操纵手柄拨至前进挡或倒挡位置,检查测压孔内有无液压油流出。

(4)若主油路侧压孔内没有液压油流出,应打开油底壳,检查手动阀摇臂轴与摇臂间有无松脱,手动阀阀芯有无折断或脱钩。若手动阀工作正常,则说明油泵损坏。对此,应拆卸分解自动变速器,更换油泵。

(5)若主油路测压孔内只有少量液压油流出,油压很低或基本上没有油压,应打开油底壳,检查油泵进油滤网有无堵塞。如无堵塞,说明油泵损坏或主油路严重泄漏,对此,应拆卸分解自动变速器,予以修理。

(6)若冷车起动时主油路有一定的油压,但热车后油压即明显下降,说明油泵磨损过甚。对此,应更换油泵。

(7)若测压孔内有大量液压油喷出,说明主油路油压正常,故障出在自动变速器中的输入轴,行星排或输出轴。对此,应拆检自动变速器。

汽车不能行驶的故障诊断与排除程序见图4-3。

4.5.2 自动变速器打滑故障的诊断

1. 故障现象

(1)起步时踩下油门踏板,发动机转速很快升高但车速升高缓慢。

(2)行驶中踩下油门踏板加速时,发动机转速升高但车速没有很快提高。

(3)平路行驶基本正常,但上坡无力,且发动机转速很高。

2. 故障原因

(1)液压油油面太低。

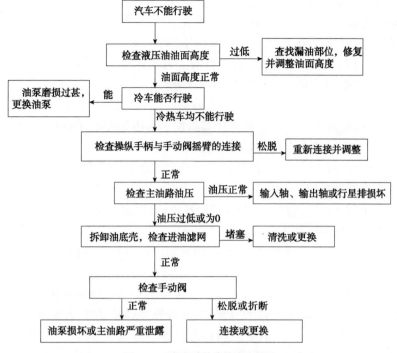

图 4-3 不能行驶故障排除流程图

(2) 液压油油面太高,运转中被行星排剧烈搅动后产生大量气泡。
(3) 离合器或制动器摩擦片、制动带磨损过甚或烧焦。
(4) 油泵磨损过甚或主油路泄漏,造成油路油压过低。
(5) 单向超越离合器打滑。
(6) 离合器或制动器活塞密封圈损坏,导致漏油。
(7) 减振器活塞密封圈损坏,导致漏油。

3. 故障诊断与排除

打滑是自动变速器中最常见的故障之一。虽然自动变速器打滑往往都伴有离合器或制动器摩擦片严重磨损甚至烧焦等现象,但如果只是简单地更换磨损的摩擦片而没有找出打滑的真正原因,则会使修后的自动变速器使用一段时间后又出现打滑现象。因此,对于出现打滑的自动变速器,不要急于拆卸分解,应先做各种检查测试,以找出造成打滑的真正原因。

(1) 对于出现打滑现象的自动变速器,应先检查其液压油的油面高度和品质。若油面过低或过高,应先调整至正常后再做检查。若油面调整正常后自动变速器不再打滑,可不必拆修自动变速器。

(2) 检查液压油的品质。若液压油呈棕黑色或有烧焦味,说明离合器或制动器的摩擦片或制动带有烧焦,应拆修自动变速器。

(3) 做路试,以确定自动变速器是否打滑,并检查出现打滑的挡位和打滑的程度。将操纵手柄拨入不同的位置,让汽车行驶。若自动变速器升至某一挡位时发动机转速突然升高,但车速没有相应地提高,即说明该挡位有打滑。打滑时发动机的转速愈容易升高,说明打滑愈严重。

根据出现打滑的规律,还可以判断产生打滑的是哪一个换挡执行元件:

①若自动变速器在所有前进挡都有打滑现象,则为前进离合器打滑。

②若自动变速器在操纵手柄位于 D 位时的 1 挡有打滑,而在操纵手柄位于 L 位或 1 位时的 1 挡不打滑,则为前进单向超越离合器打滑。若不论操纵手柄位于 D 位或 L 位或 1 位时,1 挡都有打滑现象,则为低挡及倒挡制动器打滑。

③若自动变速器只在操纵手柄位于 D 位时的 2 挡有打滑,而在操纵手柄位于 S 位或 2 位时的 2 挡不打滑,则为 2 挡单向超越离合器打滑。若不论操纵手柄位于 D 位或 S 位或 2 位时,2 挡都有打滑现象,则为 2 挡制动器打滑。

④若自动变速器只在 3 挡有打滑现象,则为倒挡及高挡离合器打滑。

⑤若自动变速器只在超速挡时有打滑现象,则为超速制动器打滑。

⑥若自动变速器在倒挡和高挡时都有打滑现象,则为倒挡及高挡离合器打滑。

⑦若自动变速器在倒挡和 1 挡时都有打滑现象,则为低挡及倒挡制动器打滑。

(4)对于有打滑故障的自动变速器,在拆卸分解之前,应先检查自动变速器的主油路油压,以找出造成自动变速器打滑的原因。自动变速器不论前进挡或倒挡均打滑,其原因往往是主油路油压过低。若主油路油压正常,则只要更换磨损或烧焦的摩擦元件即可。若主油路油压不正常,则在拆修自动变速器的过程中,应根据主油路油压,相应地对油泵或阀根据进行检修,并更换自动变速器的所有密封圈和密封环。

自动变速器打滑故障诊断与排除程序见图 4-4。

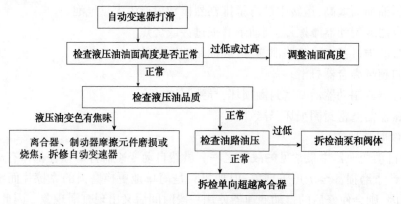

图 4-4 自动变速器打滑故障排除流程图

4.5.3 换挡冲击过大故障的诊断

1.故障现象

(1)在起步时,由停车挡或空挡挂入倒挡或前进挡时,汽车振动较严重。

(2)行驶中,在自动变速器升挡的瞬间汽车有较明显的闯动。

2.故障原因

导致自动变速器换挡冲击大的故障原因很多,主要原因在于调整不当,机构元件性能下降或损坏,电子控制系统有故障,具体原因有:

(1)发动机怠速过高。

(2)节气门拉索或节气门位置传感器调整不当,使主油路油压过高。
(3)升挡过迟。
(4)真空式节气门阀的真空软管破裂或松脱。
(5)主油路调压阀有故障,使主油路油压过高。
(6)减振器活塞卡住,不能起减振作用。
(7)单向阀钢球漏装,换挡执行元件(离合器或制动器)接合过快。
(8)换挡执行元件打滑。
(9)油压电磁阀不工作。
(10)电脑有故障。

3.故障诊断与排除

由于引起换挡冲击的原因较多,因此,在诊断故障的过程中,必须循序渐进,对自动变速器的各个部分做认真的检查。一定要在全面检测的基础上,有针对性地进行分解修理,切不可盲目地拆修。总体而言,若是由于调整不当所造成的,只要稍作调整即可排除;若是自动变速器内部控制阀、减振器或换挡执行元件有故障,应分解自动变速器,予以修理;若是电子控制系统有故障,应对电子控制系统进行检测,找出具体原因,加以排除。具体检查诊断与排除步骤如下:

(1)检查发动机怠速。装用自动变速器的汽车的发动机怠速一般为750r/min左右。若怠速过高,应按标准予以调整。

(2)检查节气门拉索或节气门位置传感器的调整情况。如不符合标准,应重新予以调整。

(3)检查真空式节气门阀的真空软管。如有破裂,应更换;如有松脱,应重新连接。

(4)做道路试验。如果有升挡过迟的现象,则说明换挡冲击大的故障是升挡过迟所致。如果在升挡之前发动机转速异常升高,导致在升挡的瞬间有较大的换挡冲击,则说明离合器或制动器打滑,应分解自动变速器,予以修理。

(5)检测主油路油压。如果怠速时的主油路油压高,则说明主油路调压阀或节气门阀有故障,可能是调压弹簧的预紧力过大或阀芯卡滞所致;如果怠速时主油路油压正常,但起步换挡时有较大的冲击,则说明前进离合器或倒挡及高挡离合器的进油单向阀阀球损坏或漏装。对此,应拆卸阀板,予以修理。

(6)检测换挡时的主油路油压。在正常情况下,换挡时的主油路油压会有瞬时的下降。如果换挡时主油路油压没有下降,则说明减振器活塞卡滞。对此,应拆检阀板和减振器。

(7)电子控制自动变速器如果出现换挡冲击过大的故障,应检查油压电磁阀的线路以及油压电磁阀工作是否正常、电脑是否在换挡的瞬间向油压电磁阀发出控制信号。如果线路有故障,应予以修复;如果电磁阀损坏,应更换电磁阀;如果电脑在换挡的瞬间没有向油压电磁阀发出控制信号,说明电脑有故障,对此,应更换电脑。

4.5.4 升挡过迟故障的诊断

1.故障现象

(1)在汽车行驶中,升挡车速明显高于标准值,升挡前发动机转速偏高。
(2)必须采用松油门提前升挡的操作方法,才能使自动变速器升入高挡或超速挡。

2. 故障原因

(1) 节气门拉索或节气门位置传感器调整不当。

(2) 节气门位置传感器损坏。

(3) 调速器卡滞。

(4) 调速器弹簧预紧力过大。

(5) 调速器壳体螺栓松动或输出轴上的调速器进出油孔处的密封环磨损,导致调速器油路泄漏。

(6) 真空式节气门阀推杆调整不当。

(7) 真空式节气门阀的真空软管破裂或真空膜片室漏气。

(8) 主油路油压或节气门油压太高。

(9) 强制降挡开关短路。

(10) 电脑或传感器有故障。

3. 故障诊断与排除

(1) 对于电子控制自动变速器,应先进行故障自诊断。如有故障代码,则按所显示的故障代码查找故障原因。

(2) 检查节气门拉索或节气门位置传感器的调整情况。如果不符合标准,应重新予以调整。

(3) 测量节气门位置传感器的电阻。如果不符合标准,应予以更换。

(4) 对于采用真空式节气门阀的自动变速器,应拔下真空式节气门阀上的真空软管,检查在发动机运转中真空软管内有无吸力。如果没有吸力,说明真空软管破裂、松脱或堵塞;对此,应予以修复。

(5) 检查强制降挡开关。如有短路,应予以修复或更换。

(6) 测量怠速时的主油路油压,并与标准值进行比较。若油压太高,应通过节气门拉索或节气门位置传感器予以调整。采用真空式节气门阀的自动变速器,应采用减少节气门阀推杆的长度的方法,予以调整。若调整无效,应拆检主油路调压阀或节气门阀。

(7) 用举升器将汽车升起,让驱动轮悬空,然后起动发动机,挂上前进挡,让自动变速器运转,同时测量调速器油压。调速器油压应能随车速的升高而增大。将不同转速下测得的调速器油压与《自动变速器维修手册》上的标准进行比较。若油压值低于标准值,说明调速器有故障或调速器油路有泄漏。对此,应拆卸自动变速器,检查调速器固定螺栓有无松动、调速器油路上的各处密封圈或密封环有无磨损漏油、调整器阀芯有无卡滞或磨损过甚,调速弹簧是否太硬。

(8) 若调速器油压正常,则升挡过迟的故障原因为换挡阀工作不良。对此,应拆检或更换阀板。

自动变速器升挡过迟的故障诊断与排除程序见图4-5。

4.5.5 不能升挡故障的诊断

1. 故障现象

(1) 汽车行驶中自动变速器始终保持在1挡,不能升入2挡和高速挡。

(2) 行驶中自动变速器可以升入2挡,但不能升入3挡和超速挡。

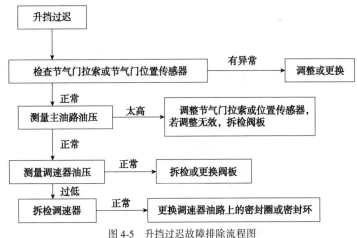

图 4-5　升挡过迟故障排除流程图

2.故障原因

(1)节气门拉索或节气门位置传感器调整不当。

(2)调速器有故障。

(3)调速器油路严重泄漏。

(4)车速传感器有故障。

(5)2挡制动器或高挡离合器有故障。

(6)换挡阀卡滞。

(7)挡位开关有故障。

3.故障诊断与排除

(1)对于电子控制自动变速器,应先进行故障自诊断。影响换挡控制的传感器有:节气门位置传感器、车速传感器等。按所显示的故障代码查找故障原因。

(2)按标准重新调整节气门拉索或节气门位置传感器。

(3)检查车速传感器。如有损坏,应予以更换。

(4)检查挡位开关的信号。如有异常,应予以调整或更换。

(5)测量调速器油压。若车速升高后调速器油压仍为0或很低,说明调速器有故障或调速器油路严重泄漏。对此,应拆检调速器。调速器阀芯如有卡滞,应分解清洗,并将阀芯和阀孔用金相砂纸抛光。若清洗抛光后仍有卡滞,应更换调速器。

(6)用压缩空气检查调速器油路有无泄漏。如有泄漏,应更换密封圈或密封环。

(7)若调速器油压正常,应拆卸阀板,检查各个换挡阀。换挡阀如有卡带,可将阀芯取出,用金相砂纸抛光,再清洗后装入。如不能修复,应更换阀板。

(8)若控制系统无故障,应分解自动变速器,检查各个换挡执行元件有无打滑现象,用压缩空气检查各个离合器、制动器油路或活塞有无泄漏。

自动变速器不能升挡的故障诊断与排除程序见图4-6。

4.5.6　无超速挡故障的诊断

1.故障现象

(1)在汽车行驶中,车速已升高至超速挡工作范围,但自动变速器不能从3挡换入超

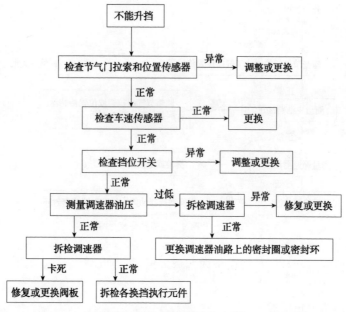

图 4-6 不能升挡故障排除流程图

速挡。

(2) 在车速已达到超速挡工作范围后,采用提前升挡(即松开油门踏板几秒后再踩下)的方法也不能使自动变速器升入超速挡。

2. 故障原因

(1) 超速挡开关有故障。

(2) 超速电磁阀故障。

(3) 超速制动器打滑。

(4) 超速行星排上的直接离合器或直接单向超越离合器卡死。

(5) 挡位开关有故障。

(6) 液压油温度传感器有故障。

(7) 节气门位置传感器有故障。

(8) 3~4 换挡阀卡滞。

3. 故障诊断与排除

(1) 对于电子控制自动变速器。应先进行故障自诊断,检查有无故障代码。液压油温度传感器、节气门位置传感器、超速电磁阀等部件的故障都会影响超速挡的换挡控制。按显示的故障代码查找故障原因。

(2) 检查液压油温度传感器在不同温度下的电阻值。并与标准值进行比较。如有异常,应更换液压油温度传感器。

(3) 检查挡位开关和节气门位置传感器的信号。挡位开关的信号应和操纵手柄的位置相符。节气门位置传感器的电阻或输出电压应能随节气门的开大而上升,并与标准相符。如有异常,应予以调整。若调整无效,应更换挡位开关或节气位置传感器。

(4) 检查超速挡开关。在 ON 位置时,超速挡开关的解点应断开,闭合超速指示灯不亮;

在 OFF 位置时,超速挡开关触点应闭合,超速指示灯亮起(图 4-7)。如有异常,应检查电路或更换超速挡开关。

(5)检查超速电磁阀的工作情况。打开点火开关,但不要起动发动机,在按下超速挡开关时,检查超速电磁阀有无工作的声音。如果超速电磁阀不工作,应检查控制线路或更换超速电磁阀。

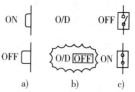

图 4-7 超速挡开关的检查

(6)用举升器将汽车升起,让驱动轮悬空。运转发动机,让自动变速器以前进挡工作,检查在空载状态下自动变速器的升挡情况。如果在空载状态下自动变速器能升入超速挡,且升挡车速正常,说明控制系统工作正常,不能升挡的故障原因为超速制动器打滑,在有负荷的状态下不能实现超速挡。如果能升入超速挡,但升挡后车速不能提高,发动机转速下降,说明超速行星排中的直接离合器或直接单向超越离合器卡死,使超速行星排在超速挡状态下出现运动干涉,加大了发动机运转阻力。如果在无负荷状态下仍不能升入超速挡,说明控制系统有故障。对此,应拆卸阀板,检查 3~4 换挡阀。如有卡滞,可将阀芯拆下,予以清洗并抛光。如不能修复,应更换阀板总成。

自动变速器无超速挡的故障诊断与排除程序见图 4-8。

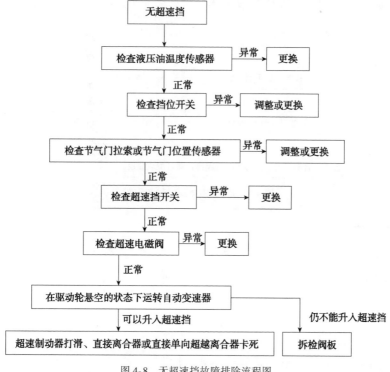

图 4-8 无超速挡故障排除流程图

4.5.7 无前进挡故障的诊断

1.故障现象

(1)汽车倒挡行驶正常,在前进挡时不能行驶。

(2)操纵手柄在 D 位时不能起步,在 S 位、L 位(或 2 拉、1 拉)时可以起步。

2.故障原因

(1)前进离合器严重打滑。

(2)前进单向超越离合器打滑或装反。

(3)前进离合器油路严重泄漏。

(4)操纵手柄调整不当。

3.故障诊断与排除

(1)检查操纵手柄的调整情况。如果异常,应按规定程序重新调整。

(2)测量前进挡主油路油压。若油压过低,说明主油路严重泄漏,应拆检自动变速器,更换前进挡油路上各处的密封圈和密封环。

(3)若前进挡的主油路油压正常,应拆检前进离合器。如摩擦片表面粉末冶金有烧焦或磨损过甚,就更换摩擦片。

(4)若主油路油压和前进离合器均正常,则应拆检前进单向超越离合器,按照《自动变速器维修手册》所述方法检查前进单向超越离合器的安装方向是否正确以及有无打滑。如果装反,应重新安装;如有打滑,应更换新件。

自动变速器无前进挡的故障诊断与排除程序见图 4-9。

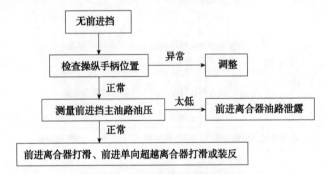

图 4-9　无前进挡故障排除流程图

4.5.8　无倒挡故障的诊断

1.故障现象

汽车在前进挡能正常行驶,但在倒挡时不能行驶。

2.故障原因

(1)操纵手柄调整不当。

(2)倒挡油路泄漏。

(3)倒挡及高挡离合器或低挡及倒挡制动器打滑。

3.故障诊断与排除

(1)检查操纵手柄的位置。如有异常,应按规定程序重新调整。

(2)检查倒挡油路油压。若油压过低,则说明倒挡油路泄漏。对此,应拆检自动变速器,予以修复。

(3)若倒挡油路油压正常,应拆检自动变速器,更换损坏的离合器片或制动器片(制动带)。

自动变速器无倒挡的故障诊断与排除程序见图4-10。

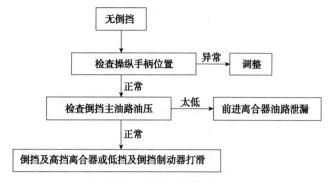

图4-10 无倒挡故障排除流程图

4.5.9 跳挡故障的诊断

1.故障现象

汽车以前进挡行驶时,即使油门踏板保持不动,自动变速器仍会经常出现突然降挡现象;降挡后发动机转速异常升高,并产生换挡冲击。

2.故障原因

(1)节气门位置传感器有故障。

(2)车速传感器有故障。

(3)控制系统电路接地不良。

(4)换挡电磁阀接触不良。

(5)电脑有故障。

3.故障诊断与排除

(1)对于电子控制自动变速器,应先进行故障自诊断。如有故障代码出现,按所显示的故障代码查找故障原因。

(2)测量节气门位置传感器。如有异常,应更换。

(3)测量车速传感器。如有异常,应更换。

(4)检查控制系统电路各条接地线的接地状态。如有接地不良现象,应予以修复。

(5)拆下自动变速器油底壳,检查各个换挡电磁阀线束接头的连接情况。如有松动,应予以修复。

(6)检查控制系统电脑各接线脚的工作电压。如有异常,应予以修复或更换。

(7)换一个新的阀板或电脑试一下。如果故障消失,说明原阀板或电脑损坏,应更换。

(8)更换控制系统所有线束。

自动变速器频繁跳挡的故障诊断与排除程序见图4-11。

4.5.10 挂挡后发动机怠速易熄火故障的诊断

1.故障现象

(1)发动机怠速运转时将操纵手柄由P位或N位换入R位、D位、S位、L位(或2位、1

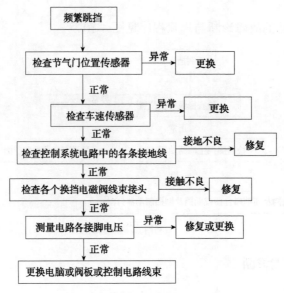

图 4-11 频繁跳挡故障排除流程图

位)时发动机熄火。

(2)在前进挡或倒挡行驶中,踩下制动踏板停车时发动机熄火。

2.故障原因

(1)发动机怠速过低。

(2)阀板中的锁止控制阀卡滞。

(3)挡位开关有故障。

(4)输入轴转速传感器有故障。

3.故障诊断与排除

(1)在空挡或停车挡时,检查发动机怠速。正常的发动机怠速应为750r/min。若怠速过低,应重新调整。

(2)对于电子控制自动变速器的信号,应先进行故障自诊断,按所显示的故障代码查找故障原因。

(3)检查挡位开关的信号,应与操纵手柄的位置相一致,否则应予以调整或更换。

(4)检查输入轴转速传感器。如有损坏应更换。

(5)拆卸阀板,检查锁止控制阀。如有卡滞应清洗抛光后装复。如仍不能排除故障,应更换阀板。若油底壳内有大量的摩擦粉末,应彻底分解自动变速器,予以检修。

自动变速器挂挡后发动机怠速易熄火的故障诊断与排除程序见图 4-12。

4.5.11 无发动机制动故障的诊断

1.故障现象

(1)在行驶中,当操纵手柄位于前进低挡(S、L 或 2、1)位置时,松开油门踏板,发动机转速降至怠速,但汽车没有明显减速。

(2)下坡时,操纵手柄位于前进低挡,但不能产生发动机制动作用。

2.故障原因

(1)挡位开关调整不当。

(2)操纵手柄调整不当。

(3)2挡强制制动器打滑或低挡及倒挡制动器打滑。

(4)控制发动机制动的电磁阀有故障。

(5)阀板有故障。

(6)自动变速器打滑。

(7)电脑有故障。

3.故障诊断与排除

(1)对于电子控制自动变速器,应先进行故障自诊断,按所显示的故障代码查找故障原因。

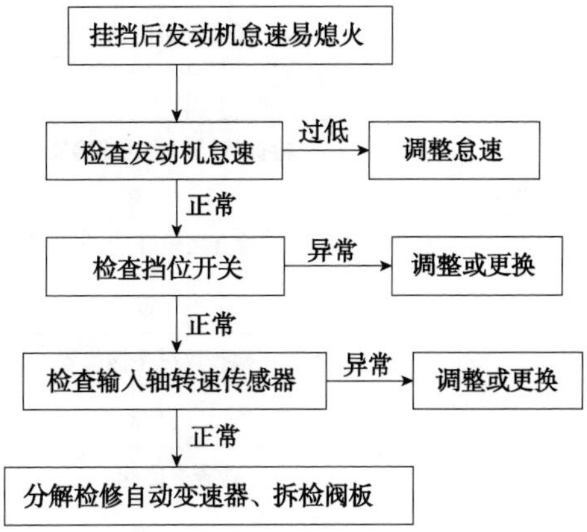

图 4-12　挂挡后发动机怠速易熄火故障排除流程图

(2)做道路试验,检查加速时自动变速器有无打滑现象。如有打滑,应拆修自动变速器。

(3)如果操纵手柄位于 S 位时没有发动机制动作用,但操纵手柄位于 L 位时有发动机制动作用,则说明 2 挡强制制动器打滑,应拆修自动变速器。

(4)如果操纵手柄位于 L 位时没有发动机制动作用,但操纵手柄位于 S 位时有发动机制动作用,则说明低挡及倒挡制动器打滑,应拆修自动变速器。

(5)检查控制发动机制动的电脑阀线路有无短路或断路;电磁阀线圈电阻是否正常;通电后有无工作声音。如有异常,应修复或更换。

(6)拆卸阀板总成,清洗所有控制阀。阀芯如有卡滞可抛光后装复。如抛光后仍有卡滞,应更换阀板。

(7)检测电脑各接脚电压。要特别注意与节气位置传感器、挡位开关连接的各接脚的电压。如有异常,应做进一步的检查。

(8)更换一个新的电脑试一下。如果故障消失,说明原电脑损坏,应更换。

自动变速器无发动机制动的故障诊断与排除程序见图 4-13。

4.5.12　不能强制降挡故障的诊断

1.故障现象

当汽车以 3 挡或超速挡行驶时,突然将油门踏板踩到底,自动变速器不能立即降低一个挡位,致使汽车加速无力。

2.故障原因

(1)节气门拉索或节气门位置传感器调整不当。

(2)强制降挡开关损坏或安装不当。

(3)强制降挡电磁阀损坏或线路短路、断路。

(4)阀板中的强制降挡控制阀卡滞。

3.故障诊断与排除

(1)检查节气门拉索或节气门位置传感器的安装情况。如有异常,应按标准重新调整。

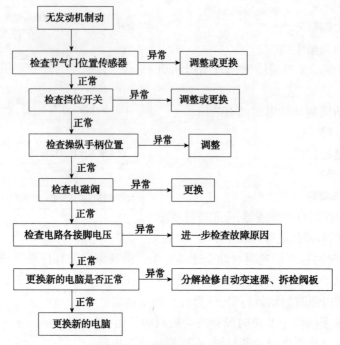

图 4-13 无发动机制动故障排除流程图

（2）检查强制降挡开关。在油门踏板踩到底时，强制降挡开关的触点应闭合；松开油门踏板时，强制降挡开关的触点应断开。如果油门踏板踩到底时强制降挡开关触点没有闭合，可用手直接按动强制降挡开关。如果按下开关后触点闭合，说明开关安装不当，应重新调整；如果按下开关后触点仍不闭合，说明开关损坏，应予以更换。

（3）对照电路图，在自动变速器线束插头处测量强制降挡电磁阀。如有异常，则故障原因是线路短路、断路或电磁阀损坏。对此，应检查线路或更换电磁阀。

（4）打开自动变速器油底壳。拆下强制降挡电磁阀，检查电磁阀的工作情况。如有异常，应予以更换。

（5）拆卸阀板总成，分解、清洗、检查强制降挡控制阀。阀芯如有卡滞，可进行抛光。若无法修复，则应更换阀板总成。

自动变速器不能强制降挡的故障诊断与排除程序见图 4-14。

4.5.13 无锁止故障的诊断

1. 故障现象

（1）汽车行驶中，车速、挡位已满足锁止离合器起作用的条件，但锁止离合器仍没有产生锁止作用。

（2）汽车油耗较大。

2. 故障原因

（1）液压油温度传感器有故障。

（2）节气门位置传感器有故障。

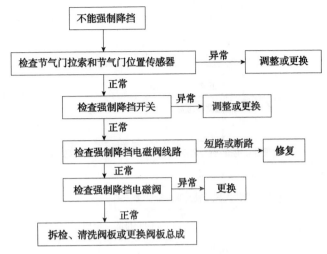

图 4-14 不能强制降挡故障排除流程图

(3)锁止电磁阀有故障或线路短路、断路。
(4)锁止控制阀有故障。
(5)变矩器中的锁止离合器损坏。

3.故障诊断与排除

(1)对于电子控制自动变速器,应先进行故障自诊断,检查有无故障代码。如有故障代码,则可按显示的故障代码查找相应的故障原因。与锁止控制有关的部件包括液压油温度传感器、节气门位置传感器、锁止电磁阀等。

(2)检查节气门位置传感器。如果在一定节气门开度下的节气门位置传感器输出电压过高或电位计电阻过大,应予以调整。若调整无效,应更换节气门位置传感器。

(3)打开油底壳,拆下液压油温度传感器。检测液压油温度传感器。如不符合标准,应更换液压油温度传感器。

(4)测量锁止电磁阀。如有短路或断路,应检查电路。如电路正常,则应更换电磁阀。

(5)拆下锁止电磁阀,进行检查。如有异常,应予以更换。

(6)拆下阀板。分解并清洗锁止控制阀。如有卡滞,应抛光装复。如不能修复,应更换阀板。

(7)若控制系统无故障,则应更换变矩器。

自动变速器无锁止的故障诊断与排除程序见图 4-15。

4.5.14 液压油易变质故障的诊断

1.故障现象

(1)更换后的新液压油使用不久即变质。
(2)自动变速器温度太高,从加油口处向外冒烟。

2.故障原因

(1)汽车使用不当,经常超负荷行驶,如经常用于拖车,或经常急速、超速行驶等。
(2)液压油散热器管路堵塞。
(3)通往液压油散热器的限压阀卡滞。

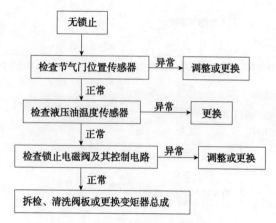

图 4-15 无锁止故障诊断排除流程图

(4) 离合器或制动器自由间隙太小。
(5) 主油路油压太低,离合器或制动器在工作中打滑。

3. 故障诊断与排除

(1) 让汽车以中低速行驶 5~10min,待自动变速器达到正常工作温度后,在发动机运转过程中检查自动变速器液压油散热器的温度。在正常情况下,液压油散热器的温度可达 60℃ 左右。若液压油散热器的温度低,说明油管堵塞,或通往液压油散热器的限压阀卡滞。这样,液压油得不到及时的冷却,油温过高,导致变质。

(2) 若液压油散热器的温度太高,说明离合器或制动器自由间隙太小。对此,应拆卸自动变速器,予以调整。

(3) 若液压油温度正常,应测量主油路油压。若油压太低,应检查节气门拉索或节气门位置传感器的调整情况。若节气门拉索或节气门位置传感器安装正常,应拆卸自动变速器,检查油泵是否磨损过甚、阀板内的主油路调压阀和节气门阀有无卡滞、主油路有无漏油处。

(4) 若上述检查均正常,则故障可能是汽车经常超负荷行驶所致,或未按规定使用合适牌号的液压油所致。对此,可将液压油全部放出,加入规定牌号和数量的液压油。

自动变速器液压油易变质的故障诊断与排除程序见图 4-16。

4.5.15 自动变速器异响故障的诊断

1. 故障现象

(1) 在汽车运转过程中,自动变速器内始终有一异常响声。
(2) 汽车行驶中自动变速器有异响,停车挂空挡后异响消失。

2. 故障原因

(1) 油泵因磨损过甚或液压油油面高度过低、过高而产生异响。
(2) 变矩器因锁止离合器、导轮单向超越离合器等损坏而产生异响。
(3) 行星齿轮机构异响。
(4) 换挡执行元件异响。

3. 故障诊断与排除

(1) 检查自动变速器液压油油面高度。若太高或太低,应调整至正常高度。

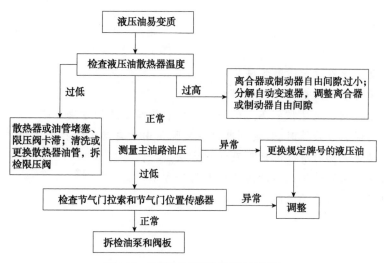

图 4-16 液压油易变质故障排除流程图

(2)用举升器将汽车升起,起动发动机,在空挡、前进挡、倒挡等状态下检查自动变速器产生异响的部位和时刻。

(3)若在任何挡位下自动变速器中始终有一连续的异响,通常为油泵或变矩器异响。对此,应拆检自动变速器,检查油泵有无磨损、变矩器内有无大量摩擦粉末。如有异常,应更换油泵或变矩器。

(4)若自动变速器只在行驶中才有异响,空挡时无异响,则为行星齿轮机构异响。对此,应分解自动变速器,检查行星排各个零件有无磨损痕迹,齿轮有无断裂,单向超越离合器有无磨损、卡滞,轴承或止推垫片有无损坏。如有异常,应予以更换。

自动变速器异响的故障诊断与排除程序见图 4-17。

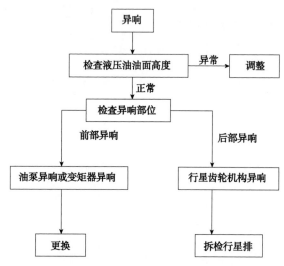

图 4-17 异响故障诊断排除流程图

思考题

1. 简述自动变速器故障诊断步骤。
2. 自动变速器基本检查内容包括哪些?
3. ECT电子控制系统从控制单元的内存中提取故障信息的方法有哪些?
4. 当汽车出现综合故障时,如何判断潜在故障是由于自动变速器产生的?
5. 简述自动变速器打滑故障原因及排除方法。
6. 简述自动变速器升挡过迟故障原因及排除方法。
7. 简述自动变速器异响故障原因及排除方法。

附录　自动变速器项目教学任务单

项目 1　汽车自动变速器日常维护

一辆雷克萨斯 LS400 轿车自购车后已有两年多没进行自动变速器检修及换油了,现将入维修厂进行维护。
查阅车辆自动变速器类型、自动变速器使用要求、自动变速器结构组成等,制订日常维护计划。

	车　辆　描　述	
1.车辆自动变速器类型信息描述	自动变速器类型描述信息描述	
	自动变速器油型号	
2.车辆自动变速器使用要求	在使用汽车自动变速器之前,认真阅读如下注意事项: 　　只有换挡手柄置于 P、N 位置时,方可起动发动机,在点火开关打开状态下,若想移出这两个挡位,必须先踏下制动踏板,同时按下手柄按钮,才可将换挡手柄移入其他挡位。 　　P 挡可作为手制动的辅助制动器,但不可替代手制动器。 　　车辆被牵引时换挡手柄须置于 N 位置,牵引时车速不可超过 50km/h,牵引距离也不能超过 50km,若需牵引更长的距离,需将驱动车轮离开地面。 　　若自动变速器的控制单元因电气故障而导致其进入应急状态,此时只有 3,1,R 挡可以工作,不要认为尚有挡位可用,就不去修理,应及时查明故障并排除,否则会损坏自动变速器内的多片离合器。 　　自动变速器车无法用牵引或推动起动的方法起动发动机,因为 ATF 油泵不工作,自动变速器无法建立起正常的工作油压。 　　在寒冷的冬季,行车前先起动发动机预热 1min 后再挂挡行驶。	
3.车辆自动变速器日常维护计划	(1)变速器油检查与更换。 (2)变速器壳体检查与维护。 (3)节气门拉索检查与维护。 (4)换挡手柄位置检查与维护。 (5)空挡起动开关检查与维护。 (6)各控制模式开关检查与维护。 (7)其他装置检查与维护。	

项目2 液力变矩器整体认知

序 号	部 件	作 用
1	液力变矩器	
2	涡轮	
3	泵轮	
4	导轮	
5	锁止离合器	
6	单向离合器	

1.液力变矩器中导轮单向离合器打滑的故障现象：
_____
_____
_____
_____

2.液力变矩器中导轮单向离合器卡死故障现象：
_____
_____
_____

3.液力变矩器中锁止离合器不分离的故障现象：
_____
_____
_____

4.液力变矩器中锁止不接合的故障现象：
_____
_____
_____
_____

项目 3　离合器、制动器整体认知

信　息　收　集　与　处　理		
序　号	部　　件	作　　用
1	离合器	
2	制动器	
3	单向离合器	
4	行星齿轮机构	

1. A341E 自动变速器有几个行星排？_____
2. 行星排中,行星架输入,其他两元件用来固定和输出,形成的挡位为_____
3. 行星排中,行星架固定,其他两元件用来输入和输出,形成的挡位为_____
　　行星排中,行星架输出,其他两元件用来固定和输入,形成的挡位为_____
4. 离合器 C0 的作用为_____
5. 离合器 C1 的作用为_____
6. 离合器 C2 的作用为_____
7. 制动器 B0 的作用为_____
8. 制动器 B1 的作用为_____
9. 制动器 B2 的作用为_____
10. 制动器 B3 的作用为_____
11. 单向离合器 F0 的作用为_____
12. 单向离合器 F1 的作用为_____
13. 单向离合器 F2 的作用为_____
14. A341E 自动变速器输出元件为_____
15. A341E 自动变速器前进挡 D1 的执行元件为_____
16. A341E 自动变速器前进挡 D2 的执行元件为_____
17. A341E 自动变速器前进挡 D3 的执行元件为_____
18. A341E 自动变速器前进挡 D4 的执行元件为_____
19. A341E 自动变速器前进挡 21 的执行元件为_____
20. A341E 自动变速器前进挡 22 的执行元件为_____
21. A341E 自动变速器前进挡 23 的执行元件为_____
　　_____
22. A341E 自动变速器前进挡 L1 的执行元件为_____
　　_____
23. A341E 自动变速器前进挡 L2 的执行元件为_____
　　_____
24. A341E 自动变速器倒挡 R 的执行元件为_____
　　_____

项目4　自动变速器挂挡不能行驶故障检修

1.查阅维修资料,了解车辆自动变速器类型特点,分析自动变速器挂挡不能行驶故障的原因。 2.查阅资料,熟悉车辆自动变速器检修规范。 3.查阅维修手册,熟悉车辆挂挡不能行驶故障检修流程,制订汽车自动变速器挂挡不能行驶故障检修计划。			
1.车辆类型、自动变速器信息描述	车　辆　描　述		
	自动变速器类型	自动变速器油	
		变速器型号	
		变速器主要结构	
		变速器控制类型	
2.车辆自动变速器故障现象描述			
3.辛普森式变速器传动元件	A341E 自动变速器 D1 挡的执行元件为 ＿＿＿＿＿＿＿＿＿＿＿＿＿＿＿＿＿＿ A341E 自动变速器 D2 挡的执行元件为 ＿＿＿＿＿＿＿＿＿＿＿＿＿＿＿＿＿＿ A341E 自动变速器 D3 挡的执行元件为 ＿＿＿＿＿＿＿＿＿＿＿＿＿＿＿＿＿＿ A341E 自动变速器 D4 挡的执行元件为 ＿＿＿＿＿＿＿＿＿＿＿＿＿＿＿＿＿＿ A341E 自动变速器 21 挡的执行元件为 ＿＿＿＿＿＿＿＿＿＿＿＿＿＿＿＿＿＿ A341E 自动变速器 22 挡的执行元件为 ＿＿＿＿＿＿＿＿＿＿＿＿＿＿＿＿＿＿ A341E 自动变速器 23 挡的执行元件为 ＿＿＿＿＿＿＿＿＿＿＿＿＿＿＿＿＿＿ A341E 自动变速器 L1 挡的执行元件为 ＿＿＿＿＿＿＿＿＿＿＿＿＿＿＿＿＿＿ A341E 自动变速器 L2 挡的执行元件为 ＿＿＿＿＿＿＿＿＿＿＿＿＿＿＿＿＿＿ A341E 自动变速器 R 挡的执行元件为 ＿＿＿＿＿＿＿＿＿＿＿＿＿＿＿＿＿＿		
4.汽车自动变速器挂挡不能行驶故障原因分析	控制元件：液压油路阀板变形及磨损、控制阀失效、电路接触不良 液压油：泄露、油量不足、油质差、油压过低 内部元件：钢片变形及磨损、摩擦片失效、密封不良 液力变矩：各工作轮及轴承失效、离合器失效 → 电控自动变速器挂挡不能行驶		

续上表

5.汽车自动变速器挂挡不能行驶故障检修工作准备	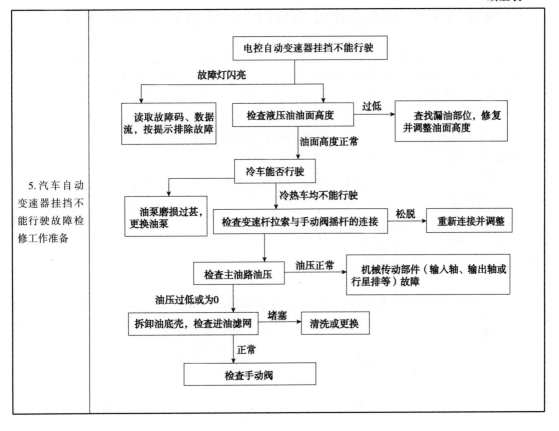

项目 4.1 自动变速器挂挡不能行驶故障检修步骤

根据"汽车自动变速器挂挡不能行驶故障原因分析",结合车辆实际情况,从简单到复杂、从外到内、从不拆到拆等故障诊断与排除原则,逐个收集相应检修规范等信息,并制订相应检修计划。按检修规范和检修计划,逐步进行检修训练,最终排除故障。

检查步骤	检修项目	操作要领与技术标准	检修记录
道路测试	各挡位	各挡位换挡正常,汽车的车速能达到规定车速,且换挡点正常。	
自动变速器常规检查	读故障码、数据流	根据维修手册的规范读取故障码和数据流,并对照维修手册进行分析,如果有故障码则按故障码检修。	
	检查液压油高度和油质	如变速器油处于热态,则正常。 如油处于热态,则加注。 油面高度应正常,油色鲜红,无烧焦味,无金属颗粒和胶质油膏。	
	检查换挡手柄位置及空挡开关	换挡手柄的位置与仪表台挡位指示灯位置对应,空挡开关连接可靠无松脱。	
	节气门拉索检查	拉锁过紧:节气门阀油压过大;主油压过高;换挡粗暴。 拉索过松:节气门阀油压过小;主油压过低;离合器、制动器打滑。	
机械系统试验	失速试验	D 位失速转速 2200±150r/min;R 位失速转速 2200±150r/min;如果转速不符合要求,请查找维修手册并进行分析数据。	
	时滞实验	丰田汽车时滞时间:N→D 小于 1.2s;N→R 小于 1.5s,如果测得的时滞不为规定值,请查找维修手册并分析原因。	
	主油路油压	<table><tr><td>速度</td><td colspan="2">主油路油压(kPa)</td></tr><tr><td></td><td>D 挡位</td><td>R 挡位</td></tr><tr><td>急速</td><td>382~441</td><td>579~657</td></tr><tr><td>失速</td><td>1265~1402</td><td>1638~1863</td></tr></table>如果测得的油压不为规定值,请查找维修手册并分析原因。	
	手动换挡实验	<table><tr><td>换挡挡位</td><td>D</td><td>2</td><td>L</td><td>R</td><td>N</td><td>P</td></tr><tr><td>挡位</td><td>超速挡</td><td>第3挡</td><td>第1挡</td><td>倒挡</td><td>空挡</td><td>驻车挡</td></tr></table>如变速器发现异常现象,则故障在于变速器本身。	

续上表

检查步骤	检修项目	操作要领与技术标准	检修记录
拆检自动变速器	变速器放油	按照维修手册规定程序对变速器放油,并检查油质。	
	拆卸变速器	按照维修手册的要求,规范的将变速器从车上拆卸下来,特别注意在拆卸时防止变速器失去平衡而掉下砸伤人。	
	分解变速器	按要求分解自动变速器,在分解时注意零件的摆放及目检所拆卸零件的性能。	
	检查行星齿轮机构	所有行星齿轮机构无缺齿、过度磨损、变形、烧蚀等情况,齿轮间隙在规定范围。	
	离合器C0,C1,C2检查	三个离合器的间隙应在规定范围,离合器摩擦片无烧蚀、过度磨损,离合器活塞动作自由,否则应进行更换或修理。	
	制动器B0,B2,B3检查	三个制动器的间隙应在规定范围,制动器摩擦片无烧蚀、过度磨损,制动器活塞动作自由,否则应进行更换或修理。	
	制动器B1检查	制动带无过度磨损,制动活塞动作自由,间隙在规定范围。	
	单向离合器检查	单向离合器能反向固定零件,并顺转自由。	
	输入、输出轴	输入、输出轴无变形及花键齿无损。	
	组装变速器	更换损坏零件,并将各零件清洗干净,按要求进行规范组装,特别提醒,在组装时应不断进行检查。	
	安装变速器	将变速器按照维修手册要求规范的安装在汽车上。如果有自动变速器检测设备,则应先在设备上检测后才能装回汽车上。	
	加注变速器油	按照维修手册要求加注适量变速器油。	
检修结论与处理措施:			

项目 5　自动变速器(A341E)打滑故障检修

序　号	部　件				
1	1号电磁阀				
2	2号电磁阀				
3	3号电磁阀				
4	4号电磁阀				
5	主调压阀				
6	手动阀				
7	节气门阀				
8	1~2换挡阀				
9	2~3换挡阀				
10	3~4换挡阀				
		N	R	D1	D2	D3
	1号电磁阀					
	2号电磁阀					

1. D1挡时的油路走向为＿＿＿＿＿＿＿＿＿＿＿＿＿＿＿＿＿＿＿＿＿＿＿＿＿＿＿＿＿＿＿

2. D2挡时的油路走向为＿＿＿＿＿＿＿＿＿＿＿＿＿＿＿＿＿＿＿＿＿＿＿＿＿＿＿＿＿＿＿

3. D3挡时的油路走向为＿＿＿＿＿＿＿＿＿＿＿＿＿＿＿＿＿＿＿＿＿＿＿＿＿＿＿＿＿＿＿

4. D4挡时的油路走向为＿＿＿＿＿＿＿＿＿＿＿＿＿＿＿＿＿＿＿＿＿＿＿＿＿＿＿＿＿＿＿

5. R挡时的油路走向为＿＿＿＿＿＿＿＿＿＿＿＿＿＿＿＿＿＿＿＿＿＿＿＿＿＿＿＿＿＿＿＿

6. P挡时的油路走向为＿＿＿＿＿＿＿＿＿＿＿＿＿＿＿＿＿＿＿＿＿＿＿＿＿＿＿＿＿＿＿＿

7. N挡时的油路走向为＿＿＿＿＿＿＿＿＿＿＿＿＿＿＿＿＿＿＿＿＿＿＿＿＿＿＿＿＿＿＿＿

项目 5.1 汽车自动变速器(A341E)打滑故障检修步骤

1.查阅维修资料,了解车辆自动变速器类型特点,分析自动变速器打滑故障的原因。
2.查阅资料,熟悉车辆自动变速器检修规范。
3.查阅维修手册,熟悉车辆自动变速器打滑故障检修流程,制订汽车自动变速器打滑故障检修计划。

1.车辆类型、自动变速器信息描述	车 辆 描 述		
	自动变速器类型	自动变速器油	
		变速器型号	
		变速器主要结构	
		变速器控制类型	
2.车辆自动变速器故障现象描述			
3.A340E 自动变速器传动原理	A341E 自动变速器 D1 挡的油路走向为 _____		
	A341E 自动变速器 D2 挡的油路走向为 _____		
	A341E 自动变速器 D3 挡的油路走向为 _____		
	A341E 自动变速器 D4 挡的油路走向为 _____		
	A341E 自动变速器 L 挡的油路走向为 _____		
	A341E 自动变速器 R 挡的油路走向为 _____		
4.汽车自动变速器打滑故障原因分析	控制元件:控制阀失效、电路接触不良;液压油:油量不足、油压过低、泄露;内部元件:摩擦片磨损、密封不良、叶片变形;液力变矩器:离合器失效 → 自动变速器打滑		

续上表

5.汽车自动变速器打滑故障诊断流程	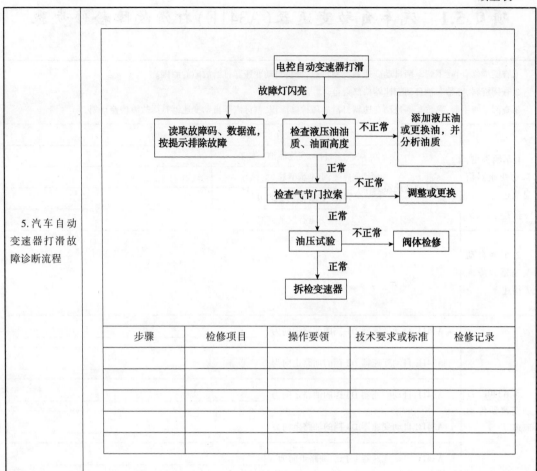				
	步骤	检修项目	操作要领	技术要求或标准	检修记录

项目 5.2 汽车自动变速器(A341E)打滑故障检修流程

根据"汽车自动变速器打滑故障原因分析",结合车辆实际情况,从简单到复杂、从外到内、从不拆到拆等故障诊断与排除原则,逐个收集相应检修规范等信息,并制订相应检修计划。按检修规范和检修计划,逐步进行检修训练,最终排除故障

检查步骤	检修项目	操作要领与技术标准	检修记录
道路测试	各挡位	各挡位换挡正常,汽车的车速能达到规定车速,且换挡点正常。	
自动变速器常规检查	对故障码、数据流	根据维修手册的规范读取故障码和数据流,并对照维修手册进行分析,如果有故障码则按故障码检修。	
	检查液压油高度和油质	如变速器油处于热态,则正常。 如油处于热态,则加注。 油面高度应正常,油色鲜红,无烧焦味,无金属颗粒和胶质油膏。	
	检查换挡手柄位置及空挡开关	换挡手柄的位置与仪表台挡位指示灯位置对应,空挡开关连接可靠无松脱。	
	节气门拉索检查	拉锁过紧:节气门阀油压过大;主油压过高;换挡粗暴。 拉索过松:节气门阀油压过小;主油压过低;离合器、制动器打滑。	
机械系统试验	失速试验	D位失速转速2200±150r/min;R位失速转速2200±150r/min;如果转速不符合要求,请查找维修手册并进行分析数据。	
	时滞实验	丰田汽车时滞时间:N→D 小于1.2s;N→R 小于1.5s,如果测得的时滞不为规定值,请查找维修手册并分析原因。	
	主油路油压	<table><tr><td rowspan="2">速度</td><td colspan="2">主油路油压(kPa)</td></tr><tr><td>D 挡位</td><td>R 挡位</td></tr><tr><td>怠速</td><td>382~441</td><td>579~657</td></tr><tr><td>失速</td><td>1265~1402</td><td>1638~1863</td></tr></table>如果测得的油压不为规定值,请查找维修手册并分析原因。	
	手动换挡实验	<table><tr><td>换挡挡位</td><td>D</td><td>2</td><td>L</td><td>R</td><td>N</td><td>P</td></tr><tr><td>挡位</td><td>超速挡</td><td>第3挡</td><td>第1挡</td><td>倒挡</td><td>空挡</td><td>驻车挡</td></tr></table>如变速器发现异常现象,则故障在于变速器本身。	

续上表

检查步骤	检修项目	操作要领与技术标准	检修记录
拆检自动变速器	变速器放油	按照维修手册规定程序对变速器放油,并检查油质。	
	拆下阀体	注意:防止将线束折断,检查节气门阀能否动作。	
	通压缩空气检查离合器、制动器活塞	在各离合器、制动器用压缩空气检查各活塞的动作情况。	
	检查1号、2号、3号电磁阀的工作情况	1.用万用表测量电磁阀线圈电阻,阻值一般为10~16Ω,若电磁阀线圈短路、断路或阻值不符合标准,应更换。 2.将12V电源加到电磁阀上,此时应能听到电磁阀工作的"喀哒"响声,否则应更换电磁阀。 3.换挡电磁阀的机械检测,拆下1号、2号电磁阀。 4.将压缩空气(490kPa)吹入电磁阀进油口。 5.当电磁阀线圈不通电时,进油口和泄油口应不通气;通电后,进油口和泄油口应相通。否则说明电磁阀损坏,应更换。	
		油压调节电磁阀大多采用脉冲式电磁阀,用于控制油压或锁止离合器锁止时的液压。 1.用万用表测量电磁阀线圈电阻值,一般为3.4~4.0Ω。若电磁阀线圈短路、短路或电阻值不符合标准,应更换。 2.将蓄电池电源串联一个8~10W的灯泡,与电磁阀线圈连接。切记不可直接与12V电源连接,否则会烧毁电磁阀线圈。 3.通电时,电磁阀阀芯向外伸出;断电时,电磁阀阀芯向内缩入。如果有异常,说明电磁阀损坏,应更换。 4.另外,可以用可调电源检测。	
	拆检阀体	按照信息收集中的提示进行阀体检修,特别注意清洁。	
检修结论与处理措施:			

项目6　汽车自动变速器(A341E)换挡冲击过大故障检修

序　号	部　件	作　用
1	发动机水温传感器	
2	节气门位置传感	
3	变速器电子控制单元	
4	超速控制开关	
5	O/D OFF 指示灯	
6	行驶模式选择开关	
7	制动灯开关	
8	超速离合器转速传感器	
9	1号车速传感器	
10	2号车速传感器	
11	1号电磁阀	
12	2号电磁阀	
13	巡航控制电路	
14	3号电磁阀	
15	4号电磁阀	
16	空挡起动开关	
17	节气门全开强制降挡开关	
18	发动机转速传感器	

项目 6.1　汽车自动变速器(A341E)换挡冲击过大故障检修计划

1. 查阅维修资料,了解车辆电控系统的特点,分析自动变速器电控系统工作不良故障的原因。
2. 查阅资料,熟悉车辆自动变速器电控系统检修规范。
3. 查阅维修手册,熟悉车辆自动变速器电控系统工作不良故障检修流程,制订汽车自动变速器电控系统工作不良故障检修计划。

1.车辆类型、自动变速器信息描述	车 辆 描 述		
	自动变速器类型	自动变速器型号	
		变速器控制类型	
		变速器主要结构	
2.车辆自动变速器故障现象描述			
3.A341E 自动变速器电路原理描述			
4.汽车自动变速器换挡冲击过大故障原因分析	换挡执行元件：离合器泄露、活塞密封不严、制动器泄露；阀体：调速器故障、调压阀不良、换挡阀卡滞；控制元件：挡位开关异常、ECU不良、车速传感器不良、节气门位置传感器不良、电控电磁阀工作不良；液力变矩器：各工作轮及轴承失效、锁止离合器失效 → 电控自动变速器换挡冲击过大故障		

续上表

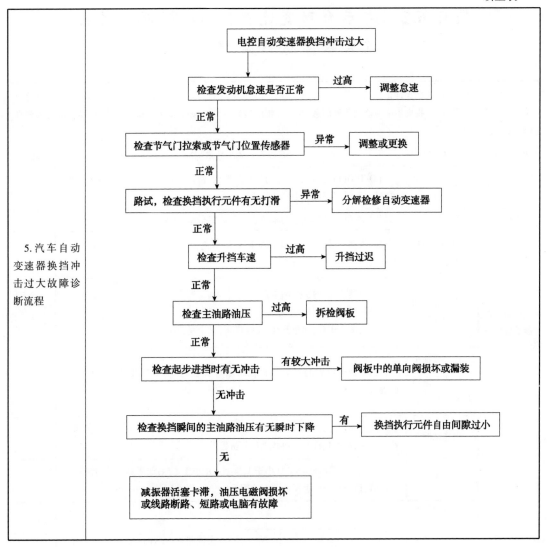

5.汽车自动变速器换挡冲击过大故障诊断流程

项目 6.2 汽车自动变速器（A341E）换挡冲击过大故障检修流程

根据"汽车自动变速器换挡冲击过大故障原因分析"，结合车辆实际情况，从简单到复杂、从内到外、从不拆到拆等故障诊断与排除原则，逐个收集相应检修规范等信息，并制订相应检修计划。按检修规范和检修计划，逐步进行检修训练，最终排除故障。

检查步骤	检修项目	操作要领与技术标准	检修记录
直观检查	故障灯是否亮	当 O/D OFF（超速开关）置于 NO 位置时，故障灯应不亮，如果在 NO 位置，故障灯亮，说明存储器中有故障代码存在。	
道路测试	各挡位	各挡位换挡正常，汽车的车速能达到规定车速，且换挡点正常。	
自动变速器常规检查	对故障码、数据流	根据维修手册的规范读取故障码和数据流，并对照维修手册进行分析，如果有故障码则按故障码检修。	
	检查液压油高度和油质	如变速器油处于热态，则正常。如油处于热态，则加注。油面高度应正常，油色鲜红，无烧焦味，无金属颗粒和角质油膏。	
	检查换挡手柄位置及空挡开关	换挡手柄的位置与仪表台挡位指示灯位置对应，空挡开关连接可靠无松脱。	
机械系统试验	失速试验	D 位失速转速 2200±150r/min；R 位失速转速 2200±150r/min；如果转速不符合要求，请查找维修手册并进行分析数据。	
	时滞实验	丰田汽车时滞时间：N→D 小于 1.2s；N→R 小于 1.5s，如果测得的时滞不为规定值，请查找维修手册并分析原因。	
	主油路油压	见下表	
	手动换挡实验	见下表。如变速器发现异常现象，则故障在于变速器本身。	

速度	主油路油压（kPa）	
	D 挡位	R 挡位
怠速	382~441	579~657
失速	1265~1402	1638~1863

如果测得的油压不为规定值，请查找维修手册并分析原因。

换挡挡位	D	2	L	R	N	P
挡位	超速挡	第3挡	第1挡	倒挡	空挡	驻车挡

续上表

检查步骤	检修项目	操作要领与技术标准	检修记录
自动变速器电控系统检查	节气门位置传感器测试	注意：在测试过程中，不要踩下制动踏板，否则电压表的示数始终为0V，同时将电压表两端子插入TT与E1端子。 电压表的示数应该逐渐上升从0V变化到8V，如果在测试过程中示数始终为0V，可能的原因是：IDL闭合；制动灯开过闭合；ECU电源电路有故障；ECU自身有故障。	
	制动灯开关的信号检查	1.踩下加速踏板直至电压表示数为8V，维持加速踏板在此位置不动。 2.踩下制动踏板并检查电压表的显示数。 3.踩下制动踏板时，电压表示数为0V；放松制动踏板时，电压表示数为8V。 4.如果示数不符合要求，制动灯开关或线路有故障。	
	检查油温传感器	检查液压油温度传感器在不同温度下的电阻，在25℃时测量其电阻值为3.5kΩ；在60℃时测量其电阻值为1200Ω。否则，应更换液压油温度传感器。	
	检查挡位开关	挡位开关的信号应和操纵手柄的位置相符，否则应进行调整。空挡起动开关检查和调整。 检查发动机是否仅能在选挡杆位于N或P挡位时起动，在其他挡位不能起动。 如果不符合要求，则应进行如下调整： 1.松开空挡起动开关螺栓，将挡杆位于N。 2.将槽口对准空挡基准线。 3.定位位置并按规定力矩拧紧螺栓。	
	换挡过程的信号检查	<table><tr><td>电压(V)</td><td>0</td><td>2</td><td>3</td><td>4</td><td>5</td><td>6</td><td>7</td></tr><tr><td>变速器动作</td><td>1挡</td><td>2挡</td><td>2挡锁止</td><td>3挡</td><td>3挡锁止</td><td>4挡</td><td>4挡锁止</td></tr></table> 如变速器发现异常现象，则故障在于变速器本身。	
自动变速器电控系统检查	车速传感器检查	1.检查电磁线圈电阻，方法是关闭点火开关，拔下传感器插头，用欧姆表测量电磁线圈电阻。不同车型自动变速器的车速传感器线圈电阻不同，一般为几百欧姆到几千欧姆。 2.模拟检查：方法是用交流电压表2V挡测量输出电压；起动时应高于0.1V，运转时应为0.4~0.8V。	
	电磁阀检查	1.将ECU上的线束连接脱开。 2.测量S1、S2、SLN、SLU端子与搭铁之间的电阻，或直接测量电磁阀的电阻，阻值应为11~15Ω。 3.在电磁阀端子上加12V电压，应该能够听到电磁阀工作的咔哒声。 4.在电磁阀的控制通道施加490kPa压缩空气，应无泄漏现象；电磁阀通电时，应有空气漏出。	
	ECU检查	检查ECU的工作情况	
	消除故障码	必须是点火开关在OFF位置，执行以下操作： 1.拆下蓄电池负极搭铁线10s以上。 2.拆下ECT ECU 10s以上。 3.拆下ECT ECU主保险丝10s以上。 4.用仪器清除。	

项目7　本田MAXA自动变速器异响故障检修

1. 查阅维修资料,了解车辆自动变速器类型特点,分析自动变速器在挡位时故障的原因。
2. 查阅资料,熟悉车辆自动变速器检修规范。
3. 查阅维修手册,熟悉车辆自动变速器打滑故障检修流程,制订汽车自动变速器在挡位时异响故障检修计划。

1.车辆类型、自动变速器信息描述	车　辆　描　述		
	自动变速器类型	自动变速器油	
		变速器型号	
		变速器主要结构	
		变速器控制类型	
2.车辆自动变速器故障现象描述			
3.MAXA自动变速器传动元件	MAXA自动变速器前进挡D4或D3之1挡执行元件为＿＿＿＿＿＿＿＿		
	MAXA自动变速器前进挡D4或D3之2挡执行元件为＿＿＿＿＿＿＿＿		
	MAXA自动变速器前进挡D4或D3之3挡执行元件为＿＿＿＿＿＿＿＿		
	MAXA自动变速器前进挡1挡执行元件为＿＿＿＿＿＿＿＿		
	MAXA自动变速器R挡执行元件为＿＿＿＿＿＿＿＿		
4.汽车自动变速器异响故障原因分析	液压系统／油量过多或过少／油泵磨损过大／泄露／齿轮机构磨损／摩擦片磨损／离合器失效／叶片变形／导轮单向离合器损坏／内部元件／液力变矩器 → 电控自动变速器异响		

续上表

5.汽车自动变速器异响故障检修工作准备	1.系统分析 液压管路检查、元件位置检查、相关电路检查、机构原理分析。 2.规定 排放法规、制造商规定、维修规定。 3.故障诊断 故障码、元件检测、诊断流程、液压测试、道路测试。 4.诊断设备 示波器、万用表、诊断电脑。
6.汽车自动变速器打滑故障诊断流程	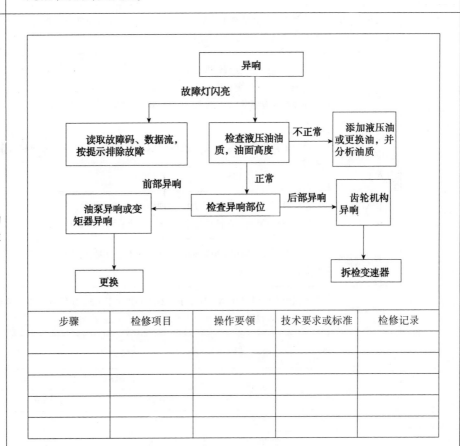 | 步骤	检修项目	操作要领	技术要求或标准	检修记录 | |---|---|---|---|---| | | | | | | | | | | | | | | | | | | | | | | | |

项目7.1　本田MAXA自动变速器异响故障检修流程

根据"汽车自动变速器异响故障原因分析",结合车辆实际情况,从简单到复杂、从外到内、从不拆到拆等故障诊断与排除原则,逐个收集相应检修规范等信息,并制订相应检修计划。

按检修规范和检修计划,逐步进行检修训练,最终排除故障。

检查步骤	检修项目	操作要领与技术标准	检修记录
道路测试	各挡位	各挡位换挡正常,汽车的车速能达到规定车速,且换挡点正常。	
自动变速器常规检查	对故障码、数据流	根据维修手册的规范读取故障码和数据流,并对照维修手册进行分析,如果有故障码则按故障码检修。	
	检查液压油高度和油质	如变速器油处于热态,则正常。 如油处于热态,则加注。 油面高度应正常,油色鲜红,无烧焦味,无金属颗粒和胶质油膏。	
	检查换挡手柄位置及空挡开关	换挡手柄的位置与仪表台挡位指示灯位置对应,空挡开关连接可靠无松脱。	
	节气门拉索检查	拉锁过紧:节气门阀油压过大;主油压过高;换挡粗暴。 拉索过松:节气门阀油压过小;主油压过低;离合器、制动器打滑。	
机械系统试验	失速试验	D位失速转速2600±200r/min;如果转速不符合要求,请查找维修手册并进行分析数据。	
	时滞实验	本田汽车时滞时间:N→D 小于1.2s;N→R 小于1.5s,如果测得的时滞不为规定值,请查找维修手册并分析原因。	
	主油路油压	<table><tr><td rowspan="2">速度</td><td colspan="2">主油路油压(kPa)</td></tr><tr><td>D挡位</td><td>R挡位</td></tr><tr><td>怠速</td><td>490~520</td><td>830</td></tr><tr><td>2000r/min</td><td>880</td><td>880</td></tr></table>如果测得的油压不为规定值,请查找维修手册并分析原因。	
	手动换挡实验	<table><tr><td>换挡挡位</td><td>D4</td><td>D3</td><td>2</td><td>1</td><td>N</td><td>P</td></tr><tr><td>挡位</td><td>4挡</td><td>3挡</td><td>2挡</td><td>1挡</td><td>空挡</td><td>驻车挡</td></tr></table>如变速器发现异常现象,则故障在于变速器本身。	

续上表

检查步骤	检修项目	操作要领与技术标准	检修记录
拆检自动变速器	变速器放油	按照维修手册规定程序对变速器放油,并检查油质。	
	拆卸变速器	注意:防止将线束折断,检查节气门阀能否动作。	
	分解变速器	按维修手册分解变速器,在分解时注意零件的摆放及目测所拆卸零件的性能。	
	检查离合器	离合器的间隙应在规定范围,离合器摩擦片无烧蚀、过度磨损、离合器活塞动作自由,否则应进行更换或修理。	
	伺服控制阀检查	检查伺服器控制阀门有否卡住,否则更换。	
	换挡拨叉检查	检查换挡拨叉有否变形,否则更换。	
	各挡位齿轮检查	检查各挡位齿轮是否磨损、变形、否则应更换。	
	变速器安装	将变速器按照维修手册要求规范地安装在汽车上,如果有自动变速器检测设备,则应先在设备上检测后才能装回汽车上。	
	自动变速器油加注	按照维修手册加注适量的自动变速油。	
检修结论与处理措施			

参 考 文 献

[1] 薛庆文,王力田.汽车无极变速器(CVT)结构原理与维修精华.北京:机械工业出版社,2006.
[2] 刘岩东.汽车自动变速器构造与原理解析.北京:机械工业出版社,2012.
[3] 周大森.汽车电控原理与维修.北京:国防工业出版社,1994.
[4] 尹万建.轿车自动变速器结构原理与检修.北京:人民交通出版社,2004.
[5] 过学讯.汽车自动变速器结构原理.北京:机械工业出版社,2012.
[6] 陈天民.自动变速器动力流分析大全.北京:中国电力出版社,2010.
[7] 葛安林.车辆自动变速理论与设计.北京:机械工业出版社,2012.
[8] 林平.新型汽车自动变速器结构原理与检修.福州:福建科学技术出版社,1997.